卞尺丹几乙し丹卞と
Translated Language Learning

Siddhartha

An Indian Poem
Puisi India

Hermann Hesse

English / Bahasa Melayu

Copyright © 2024 Tranzlaty
All rights reserved
Published by Tranzlaty
Siddhartha – Eine Indische Dichtung
ISBN: 978-1-83566-692-0
Original text by Hermann Hesse
First published in German in 1922
www.tranzlaty.com

The Son of the Brahman
Anak kepada Brahman

In the shade of the house
Dalam teduhan rumah
in the sunshine of the riverbank
di bawah sinar matahari tebing sungai
near the boats
berhampiran bot
in the shade of the Sal-wood forest
di bawah naungan hutan Sal-wood
in the shade of the fig tree
di bawah naungan pokok ara
this is where Siddhartha grew up
di sinilah Siddhartha dibesarkan
he was the handsome son of a Brahman, the young falcon
dia adalah anak lelaki seorang Brahman yang kacak, si helang muda
he grew up with his friend Govinda
dia membesar dengan kawannya Govinda
Govinda was also the son of a Brahman
Govinda juga merupakan anak kepada seorang Brahman
by the banks of the river the sun tanned his light shoulders
di tepi sungai matahari menyamak bahunya yang ringan
bathing, performing the sacred ablutions, making sacred offerings
mandi, berwuduk, berkurban
In the mango garden, shade poured into his black eyes
Di taman mangga, teduhan mencurah ke dalam mata hitamnya
when playing as a boy, when his mother sang
ketika bermain sebagai budak, ketika ibunya menyanyi
when the sacred offerings were made
apabila persembahan suci itu dibuat
when his father, the scholar, taught him
ketika bapanya, ulama itu, mengajarnya

when the wise men talked
apabila orang bijak bercakap
For a long time, Siddhartha had been partaking in the discussions of the wise men
Untuk masa yang lama, Siddhartha telah mengambil bahagian dalam perbincangan orang bijak
he practiced debating with Govinda
dia berlatih berdebat dengan Govinda
he practiced the art of reflection with Govinda
dia mengamalkan seni renungan bersama Govinda
and he practiced meditation
dan dia berlatih meditasi
He already knew how to speak the Om silently
Dia sudah tahu bagaimana bercakap Om secara senyap
he knew the word of words
dia tahu kata-kata
he spoke it silently into himself while inhaling
dia bercakap secara senyap ke dalam dirinya sambil menarik nafas
he spoke it silently out of himself while exhaling
dia bercakap secara senyap daripada dirinya sambil menghembus nafas
he did this with all the concentration of his soul
dia melakukan ini dengan sepenuh tumpuan jiwanya
his forehead was surrounded by the glow of the clear-thinking spirit
dahinya dikelilingi oleh cahaya roh yang berfikiran jernih
He already knew how to feel Atman in the depths of his being
Dia sudah tahu bagaimana merasakan Atman di lubuk jiwanya
he could feel the indestructible
dia dapat merasakan yang tidak dapat dihancurkan
he knew what it was to be at one with the universe
dia tahu apa itu menjadi satu dengan alam semesta
Joy leapt in his father's heart

Kegembiraan melonjak dalam hati ayahnya
because his son was quick to learn
kerana anaknya cepat belajar
he was thirsty for knowledge
dia dahagakan ilmu
his father could see him growing up to become a great wise man
bapanya dapat melihat dia membesar menjadi seorang yang bijak pandai
he could see him becoming a priest
dia dapat melihat dia menjadi imam
he could see him becoming a prince among the Brahmans
dia dapat melihat dia menjadi putera raja di kalangan Brahman
Bliss leapt in his mother's breast when she saw him walking
Kebahagiaan melonjak dalam dada ibunya apabila dia melihat dia berjalan
Bliss leapt in her heart when she saw him sit down and get up
Bahagia melonjak dalam hatinya apabila dia melihat dia duduk dan bangun
Siddhartha was strong and handsome
Siddhartha kuat dan tampan
he, who was walking on slender legs
dia, yang berjalan dengan kaki langsing
he greeted her with perfect respect
dia menyambutnya dengan penuh hormat
Love touched the hearts of the Brahmans' young daughters
Cinta menyentuh hati anak-anak perempuan Brahman
they were charmed when Siddhartha walked through the lanes of the town
mereka terpesona apabila Siddhartha berjalan melalui lorong bandar
his luminous forehead, his eyes of a king, his slim hips
dahinya yang bercahaya, matanya seperti raja, pinggulnya yang ramping

But most of all he was loved by Govinda
Tetapi yang paling penting dia disayangi oleh Govinda
Govinda, his friend, the son of a Brahman
Govinda, kawannya, anak seorang Brahman
He loved Siddhartha's eye and sweet voice
Dia suka mata dan suara manis Siddhartha
he loved the way he walked
dia suka cara dia berjalan
and he loved the perfect decency of his movements
dan dia menyukai kesopanan sempurna pergerakannya
he loved everything Siddhartha did and said
dia suka semua yang Siddhartha lakukan dan katakan
but what he loved most was his spirit
tetapi yang paling dia sayang ialah semangatnya
he loved his transcendent, fiery thoughts
dia suka fikirannya yang transenden dan berapi-api
he loved his ardent will and high calling
dia menyukai kehendaknya yang bersemangat dan panggilan tinggi
Govinda knew he would not become a common Brahman
Govinda tahu dia tidak akan menjadi Brahman biasa
no, he would not become a lazy official
tidak, dia tidak akan menjadi pegawai yang malas
no, he would not become a greedy merchant
tidak, dia tidak akan menjadi saudagar yang tamak
not a vain, vacuous speaker
bukan penceramah yang sia-sia dan hampa
nor a mean, deceitful priest
mahupun imam yang jahat dan penipu
and he also would not become a decent, stupid sheep
dan dia juga tidak akan menjadi domba yang baik dan bodoh
a sheep in the herd of the many
seekor biri-biri dalam kumpulan yang banyak
and he did not want to become one of those things
dan dia tidak mahu menjadi salah satu daripada perkara itu

he did not want to be one of those tens of thousands of Brahmans
dia tidak mahu menjadi salah seorang daripada puluhan ribu Brahman itu
He wanted to follow Siddhartha; the beloved, the splendid
Dia mahu mengikut Siddhartha; yang dikasihi, yang hebat
in days to come, when Siddhartha would become a god, he would be there
pada hari-hari yang akan datang, apabila Siddhartha akan menjadi tuhan, dia akan berada di sana
when he would join the glorious, he would be there
apabila dia akan menyertai yang mulia, dia akan berada di sana
Govinda wanted to follow him as his friend
Govinda mahu mengikutnya sebagai kawannya
he was his companion and his servant
dia adalah sahabat dan hambanya
he was his spear-carrier and his shadow
dia adalah pembawa lembing dan bayangannya
Siddhartha was loved by everyone
Siddhartha disayangi oleh semua orang
He was a source of joy for everybody
Dia adalah sumber kegembiraan bagi semua orang
he was a delight for them all
dia menggembirakan mereka semua
But he, Siddhartha, was not a source of joy for himself
Tetapi dia, Siddhartha, bukanlah sumber kegembiraan untuk dirinya sendiri
he found no delight in himself
dia tidak mendapati kegembiraan dalam dirinya
he walked the rosy paths of the fig tree garden
dia berjalan di laluan kemerahan di taman pokok ara
he sat in the bluish shade in the garden of contemplation
dia duduk di bawah naungan kebiruan di taman renungan
he washed his limbs daily in the bath of repentance

dia membasuh anggota badannya setiap hari dalam mandi taubat
he made sacrifices in the dim shade of the mango forest
dia berkorban di bawah naungan hutan mangga yang redup
his gestures were of perfect decency
gerak isyaratnya adalah kesopanan yang sempurna
he was everyone's love and joy
dia adalah cinta dan kegembiraan semua orang
but he still lacked all joy in his heart
tetapi dia masih kekurangan semua kegembiraan dalam hatinya
Dreams and restless thoughts came into his mind
Mimpi dan fikiran gelisah datang ke fikirannya
his dreams flowed from the water of the river
mimpinya mengalir dari air sungai
his dreams sparked from the stars of the night
mimpinya tercetus dari bintang malam
his dreams melted from the beams of the sun
mimpinya lebur dari pancaran matahari
dreams came to him, and a restlessness of the soul came to him
mimpi datang kepadanya, dan kegelisahan jiwa datang kepadanya
his soul was fuming from the sacrifices
jiwanya berang kerana pengorbanan
he breathed forth from the verses of the Rig-Veda
dia menghembuskan nafas daripada ayat-ayat Rig-Veda
the verses were infused into him, drop by drop
ayat-ayat itu diselitkan ke dalam dirinya, setitis demi setitis
the verses from the teachings of the old Brahmans
ayat-ayat dari ajaran Brahman lama
Siddhartha had started to nurse discontent in himself
Siddhartha mula memupuk rasa tidak puas hati dalam dirinya
he had started to feel doubt about the love of his father
dia sudah mula berasa ragu-ragu tentang kasih sayang ayahnya

he doubted the love of his mother
dia meragui kasih sayang ibunya
and he doubted the love of his friend, Govinda
dan dia meragui cinta kawannya, Govinda
he doubted if their love could bring him joy forever and ever
dia ragu-ragu jika cinta mereka boleh membawanya kegembiraan selama-lamanya
their love could not nurse him
cinta mereka tidak dapat menyusukannya
their love could not feed him
cinta mereka tidak dapat memberinya makan
their love could not satisfy him
cinta mereka tidak dapat memuaskannya
he had started to suspect his father's teachings
dia sudah mula curiga dengan ajaran ayahnya
perhaps he had shown him everything he knew
mungkin dia telah menunjukkan kepadanya semua yang dia tahu
there were his other teachers, the wise Brahmans
terdapat guru-gurunya yang lain, Brahman yang bijaksana
perhaps they had already revealed to him the best of their wisdom
mungkin mereka telah pun mendedahkan kepadanya sebaik-baik hikmah mereka
he feared that they had already filled his expecting vessel
dia khuatir bahawa mereka telah memenuhi bejana yang dijangkakan
despite the richness of their teachings, the vessel was not full
walaupun kekayaan ajaran mereka, kapal itu tidak penuh
the spirit was not content
semangat tidak puas
the soul was not calm
jiwa tidak tenang
the heart was not satisfied

hati tak puas
the ablutions were good, but they were water
wuduk itu baik, tetapi ia adalah air
the ablutions did not wash off the sin
wuduk itu tidak membasuh dosa
they did not heal the spirit's thirst
mereka tidak mengubati dahaga roh
they did not relieve the fear in his heart
mereka tidak menghilangkan rasa takut di hatinya
The sacrifices and the invocation of the gods were excellent
Pengorbanan dan seruan para dewa sangat baik
but was that all there was?
tetapi adakah itu sahaja yang ada?
did the sacrifices give a happy fortune?
adakah pengorbanan itu memberi rezeki yang membahagiakan?
and what about the gods?
dan bagaimana pula dengan tuhan-tuhan?
Was it really Prajapati who had created the world?
Benarkah Prajapati yang telah mencipta dunia?
Was it not the Atman who had created the world?
Bukankah Atman yang telah mencipta dunia?
Atman, the only one, the singular one
Atman, satu-satunya, yang tunggal
Were the gods not creations?
Adakah tuhan-tuhan itu bukan ciptaan?
were they not created like me and you?
bukankah mereka diciptakan seperti aku dan kamu?
were the Gods not subject to time?
adakah Tuhan tidak tertakluk kepada masa?
were the Gods mortal? Was it good?
adakah tuhan-tuhan itu fana? Adakah ia bagus?
was it right? was it meaningful?
betul ke? adakah ia bermakna?
was it the highest occupation to make offerings to the gods?

adakah pekerjaan tertinggi untuk membuat persembahan kepada tuhan?
For whom else were offerings to be made?
Untuk siapa lagi persembahan harus dibuat?
who else was to be worshipped?
siapa lagi yang patut disembah?
who else was there, but Him?
siapa lagi yang ada selain Dia?
The only one, the Atman
Satu-satunya, Atman
And where was Atman to be found?
Dan di manakah Atman ditemui?
where did He reside?
di mana Dia tinggal?
where did His eternal heart beat?
di manakah jantung-Nya yang kekal berdegup?
where else but in one's own self?
mana lagi kalau bukan pada diri sendiri?
in its innermost indestructible part
di bahagian paling dalam yang tidak boleh dihancurkan
could he be that which everyone had in himself?
bolehkah dia menjadi yang semua orang ada dalam dirinya?
But where was this self?
Tetapi di manakah diri ini?
where was this innermost part?
di manakah bahagian paling dalam ini?
where was this ultimate part?
di manakah bahagian muktamad ini?
It was not flesh and bone
Ia bukan daging dan tulang
it was neither thought nor consciousness
ia bukan pemikiran mahupun kesedaran
this is what the wisest ones taught
inilah yang diajar oleh mereka yang paling bijak
So where was it?
Jadi di mana ia?

the self, myself, the Atman
diri, diri sendiri, Atman
To reach this place, there was another way
Untuk sampai ke tempat ini, ada jalan lain
was this other way worth looking for?
adakah cara lain ini patut dicari?
Alas, nobody showed him this way
Malangnya, tiada siapa yang menunjukkan kepadanya cara ini
nobody knew this other way
tiada siapa yang tahu ini dengan cara lain
his father did not know it
bapanya tidak mengetahuinya
and the teachers and wise men did not know it
dan guru-guru dan orang bijak pandai tidak mengetahuinya
They knew everything, the Brahmans
Mereka tahu segala-galanya, Brahman
and their holy books knew everything
dan kitab suci mereka mengetahui segala-galanya
they had taken care of everything
mereka telah menguruskan segala-galanya
they took care of the creation of the world
mereka menjaga penciptaan dunia
they described origin of speech, food, inhaling, exhaling
mereka menerangkan asal usul ucapan, makanan, menarik nafas, menghembus nafas
they described the arrangement of the senses
mereka menerangkan susunan deria
they described the acts of the gods
mereka menggambarkan perbuatan para dewa
their books knew infinitely much
buku mereka tahu banyak perkara
but was it valuable to know all of this?
tetapi adakah ia berharga untuk mengetahui semua ini?
was there not only one thing to be known?
bukankah hanya ada satu perkara yang perlu diketahui?

was there still not the most important thing to know?
adakah masih tiada perkara yang paling penting untuk diketahui?
many verses of the holy books spoke of this innermost, ultimate thing
banyak ayat dalam kitab suci bercakap tentang perkara yang paling dalam dan paling utama ini
it was spoken of particularly in the Upanishades of Samaveda
ia diperkatakan khususnya dalam Upanishades of Samaveda
they were wonderful verses
mereka adalah ayat-ayat yang indah
"Your soul is the whole world", this was written there
"Jiwa anda adalah seluruh dunia", ini ditulis di sana
and it was written that man in deep sleep would meet with his innermost part
dan telah tertulis bahawa manusia dalam tidur nyenyak akan bertemu dengan bahagian terdalamnya
and he would reside in the Atman
dan dia akan tinggal di Atman
Marvellous wisdom was in these verses
Kebijaksanaan yang menakjubkan terdapat dalam ayat-ayat ini
all knowledge of the wisest ones had been collected here in magic words
semua pengetahuan tentang yang paling bijak telah dikumpulkan di sini dalam kata-kata sihir
it was as pure as honey collected by bees
ia sesuci madu yang dikumpul oleh lebah
No, the verses were not to be looked down upon
Tidak, ayat-ayat itu tidak boleh dipandang rendah
they contained tremendous amounts of enlightenment
mereka mengandungi sejumlah besar pencerahan
they contained wisdom which lay collected and preserved
mereka mengandungi kebijaksanaan yang terkumpul dan dipelihara

wisdom collected by innumerable generations of wise Brahmans
kebijaksanaan yang dikumpul oleh tidak terhitung generasi Brahman yang bijak
But where were the Brahmans?
Tetapi di manakah Brahman?
where were the priests?
di manakah para imam?
where the wise men or penitents?
di manakah orang bijak atau orang yang bertaubat?
where were those that had succeeded?
di manakah mereka yang telah berjaya?
where were those who knew more than deepest of all knowledge?
di manakah mereka yang mengetahui lebih daripada pengetahuan yang paling mendalam?
where were those that also lived out the enlightened wisdom?
di manakah mereka yang turut menghayati kebijaksanaan tercerahkan?
Where was the knowledgeable one who brought Atman out of his sleep?
Di manakah orang yang berilmu yang membawa Atman daripada tidurnya?
who had brought this knowledge into the day?
siapakah yang telah membawa ilmu ini ke hari ini?
who had taken this knowledge into their life?
yang telah mengambil pengetahuan ini ke dalam hidup mereka?
who carried this knowledge with every step they took?
siapakah yang membawa ilmu ini dengan setiap langkah yang mereka ambil?
who had married their words with their deeds?
siapakah yang menikahkan perkataan mereka dengan perbuatan mereka?
Siddhartha knew many venerable Brahmans

Siddhartha mengenali ramai Brahman yang dihormati
his father, the pure one
bapanya, yang suci
the scholar, the most venerable one
ulama, yang paling mulia
His father was worthy of admiration
Ayahnya patut dikagumi
quiet and noble were his manners
pendiam dan mulia akhlaknya
pure was his life, wise were his words
murni hidupnya, bijaksana adalah kata-katanya
delicate and noble thoughts lived behind his brow
pemikiran halus dan mulia hidup di belakang dahinya
but even though he knew so much, did he live in blissfulness?
tetapi walaupun dia tahu begitu banyak, adakah dia hidup dalam kebahagiaan?
despite all his knowledge, did he have peace?
walaupun semua pengetahuannya, adakah dia mempunyai kedamaian?
was he not also just a searching man?
bukankah dia juga hanya seorang yang mencari?
was he still not a thirsty man?
adakah dia masih tidak kehausan?
Did he not have to drink from holy sources again and again?
Adakah dia tidak perlu minum dari sumber suci lagi dan lagi?
did he not drink from the offerings?
tidakkah dia minum dari persembahan itu?
did he not drink from the books?
adakah dia tidak minum dari buku-buku itu?
did he not drink from the disputes of the Brahmans?
bukankah dia minum daripada perselisihan golongan Brahman?
Why did he have to wash off sins every day?
Mengapa dia perlu membasuh dosa setiap hari?
must he strive for a cleansing every day?

mesti dia berusaha untuk pembersihan setiap hari?
over and over again, every day
berulang kali, setiap hari
Was Atman not in him?
Adakah Atman tiada dalam dirinya?
did not the pristine source spring from his heart?
bukankah sumber murni itu terbit dari hatinya?
the pristine source had to be found in one's own self
sumber murni itu terpaksa ditemui dalam diri sendiri
the pristine source had to be possessed!
sumber murni itu terpaksa dimiliki!
doing anything else else was searching
melakukan perkara lain adalah mencari
taking any other pass is a detour
mengambil sebarang pas lain adalah melencong
going any other way leads to getting lost
pergi mana-mana cara lain membawa kepada tersesat
These were Siddhartha's thoughts
Ini adalah pemikiran Siddhartha
this was his thirst, and this was his suffering
ini adalah kehausannya, dan ini adalah penderitaannya
Often he spoke to himself from a Chandogya-Upanishad:
Selalunya dia bercakap kepada dirinya sendiri dari Chandogya-Upanishad:
"Truly, the name of the Brahman is Satyam"
"Sesungguhnya, nama Brahman ialah Satyam"
"he who knows such a thing, will enter the heavenly world every day"
"Sesiapa yang mengetahui perkara seperti itu, akan masuk ke dunia syurga setiap hari"
Often the heavenly world seemed near
Selalunya dunia syurga kelihatan dekat
but he had never reached the heavenly world completely
tetapi dia tidak pernah sampai ke dunia syurga sepenuhnya
he had never quenched the ultimate thirst
dia tidak pernah menghilangkan dahaga

And among all the wise and wisest men, none had reached it
Dan di antara semua orang yang bijak dan bijak, tidak ada yang mencapainya
he received instructions from them
dia mendapat arahan daripada mereka
but they hadn't completely reached the heavenly world
tetapi mereka belum sampai sepenuhnya ke dunia syurga
they hadn't completely quenched their thirst
mereka tidak sepenuhnya menghilangkan dahaga mereka
because this thirst is an eternal thirst
kerana dahaga ini adalah dahaga yang kekal

"Govinda" Siddhartha spoke to his friend
"Govinda" Siddhartha bercakap kepada rakannya
"Govinda, my dear, come with me under the Banyan tree"
"Govinda, sayangku, ikut saya di bawah pokok Beringin"
"let's practise meditation"
"mari kita berlatih meditasi"
They went to the Banyan tree
Mereka pergi ke pokok Beringin
under the Banyan tree they sat down
di bawah pokok Beringin mereka duduk
Siddhartha was right here
Siddhartha berada di sini
Govinda was twenty paces away
Govinda berada dalam jarak dua puluh langkah
Siddhartha seated himself and he repeated murmuring the verse
Siddhartha duduk sendiri dan dia mengulangi merungut ayat itu
Om is the bow, the arrow is the soul
Om adalah busur, anak panah adalah jiwa
The Brahman is the arrow's target
Brahman adalah sasaran anak panah
the target that one should incessantly hit
sasaran yang harus dipukul tanpa henti

the usual time of the exercise in meditation had passed
masa biasa latihan dalam meditasi telah berlalu
Govinda got up, the evening had come
Govinda bangun, petang sudah tiba
it was time to perform the evening's ablution
tiba masa untuk berwuduk petang
He called Siddhartha's name, but Siddhartha did not answer
Dia memanggil nama Siddhartha, tetapi Siddhartha tidak menjawab
Siddhartha sat there, lost in thought
Siddhartha duduk di sana, tenggelam dalam pemikiran
his eyes were rigidly focused towards a very distant target
matanya kaku tertumpu ke arah sasaran yang sangat jauh
the tip of his tongue was protruding a little between the teeth
hujung lidahnya terjulur sedikit di celah-celah gigi
he seemed not to breathe
dia seolah-olah tidak bernafas
Thus sat he, wrapped up in contemplation
Demikianlah dia duduk, terbungkus dalam renungan
he was deep in thought of the Om
dia termenung jauh tentang Om
his soul sent after the Brahman like an arrow
jiwanya dihantar mengejar Brahman seperti anak panah
Once, Samanas had travelled through Siddhartha's town
Suatu ketika, Samanas telah mengembara melalui bandar Siddhartha
they were ascetics on a pilgrimage
mereka adalah orang-orang zuhud yang sedang mengerjakan haji
three skinny, withered men, neither old nor young
tiga orang lelaki kurus kering, tidak tua dan tidak muda
dusty and bloody were their shoulders
berdebu dan berdarah adalah bahu mereka
almost naked, scorched by the sun, surrounded by loneliness

hampir telanjang, terik matahari, dikelilingi kesunyian
strangers and enemies to the world
asing dan musuh dunia
strangers and jackals in the realm of humans
orang asing dan serigala di alam manusia
Behind them blew a hot scent of quiet passion
Di belakang mereka tercium bau harum semangat yang tenang
a scent of destructive service
bau perkhidmatan yang merosakkan
a scent of merciless self-denial
bau penafian diri tanpa belas kasihan
the evening had come
petang telah tiba
after the hour of contemplation, Siddhartha spoke to Govinda
selepas satu jam merenung, Siddhartha bercakap dengan Govinda
"Early tomorrow morning, my friend, Siddhartha will go to the Samanas"
"Awal pagi esok, kawan saya, Siddhartha akan pergi ke Samana"
"He will become a Samana"
"Dia akan menjadi Samana"
Govinda turned pale when he heard these words
Govinda menjadi pucat apabila mendengar kata-kata ini
and he read the decision in the motionless face of his friend
dan dia membaca keputusan itu di wajah rakannya yang tidak bergerak
the determination was unstoppable, like the arrow shot from the bow
keazaman itu tidak dapat dihalang, seperti anak panah yang ditembak dari busur
Govinda realized at first glance; now it is beginning
Govinda sedar pada pandangan pertama; kini ia bermula
now Siddhartha is taking his own way

kini Siddhartha mengambil jalan sendiri
now his fate is beginning to sprout
kini nasibnya mula berputik
and because of Siddhartha, Govinda's fate is sprouting too
dan kerana Siddhartha, nasib Govinda juga bercambah
he turned pale like a dry banana-skin
dia menjadi pucat seperti kulit pisang yang kering
"Oh Siddhartha," he exclaimed
"Oh Siddhartha," dia berseru
"will your father permit you to do that?"
"Adakah bapa kamu membenarkan kamu berbuat demikian?"
Siddhartha looked over as if he was just waking up
Siddhartha melihat ke atas seolah-olah dia baru bangun
like an Arrow he read Govinda's soul
seperti anak panah dia membaca jiwa Govinda
he could read the fear and the submission in him
dia dapat membaca ketakutan dan ketundukan dalam dirinya
"Oh Govinda," he spoke quietly, "let's not waste words"
"Oh Govinda," dia bercakap perlahan, "jangan buang kata-kata"
"Tomorrow at daybreak I will begin the life of the Samanas"
"Esok pada waktu subuh saya akan memulakan kehidupan Samana"
"let us speak no more of it"
"janganlah kita bercakap tentangnya lagi"

Siddhartha entered the chamber where his father was sitting
Siddhartha memasuki bilik tempat ayahnya duduk
his father was was on a mat of bast
bapanya berada di atas tikar bast
Siddhartha stepped behind his father
Siddhartha melangkah di belakang ayahnya
and he remained standing behind him
dan dia tetap berdiri di belakangnya
he stood until his father felt that someone was standing behind him

dia berdiri sehingga ayahnya merasakan seseorang sedang berdiri di belakangnya
Spoke the Brahman: "Is that you, Siddhartha?"
Berkata Brahman: "Adakah itu anda, Siddhartha?"
"Then say what you came to say"
"Kemudian katakan apa yang kamu ingin katakan"
Spoke Siddhartha: "With your permission, my father"
Bercakap Siddhartha: "Dengan izinmu, ayahku"
"I came to tell you that it is my longing to leave your house tomorrow"
"Saya datang untuk memberitahu anda bahawa adalah kerinduan saya untuk meninggalkan rumah anda esok"
"I wish to go to the ascetics"
"Saya ingin pergi kepada pertapa"
"My desire is to become a Samana"
"Hasrat saya adalah untuk menjadi seorang Samana"
"May my father not oppose this"
"Semoga ayah saya tidak menentang ini"
The Brahman fell silent, and he remained so for long
Brahman itu terdiam, dan dia kekal begitu lama
the stars in the small window wandered
bintang di tingkap kecil berkeliaran
and they changed their relative positions
dan mereka menukar kedudukan relatif mereka
Silent and motionless stood the son with his arms folded
Diam dan tidak bergerak berdiri anak lelaki itu dengan tangan dilipat
silent and motionless sat the father on the mat
diam dan tidak bergerak duduk ayah di atas tikar
and the stars traced their paths in the sky
dan bintang-bintang menjejaki jalan mereka di langit
Then spoke the father
Kemudian ayah bercakap
"it is not proper for a Brahman to speak harsh and angry words"

"Tidak patut bagi seorang Brahman untuk bercakap kata-kata yang kasar dan marah"
"But indignation is in my heart"
"Tetapi kemarahan ada dalam hati saya"
"I wish not to hear this request for a second time"
"Saya tidak mahu mendengar permintaan ini untuk kali kedua"
Slowly, the Brahman rose
Perlahan-lahan, Brahman itu bangkit
Siddhartha stood silently, his arms folded
Siddhartha berdiri diam, tangannya dilipat
"What are you waiting for?" asked the father
"Tunggu apa lagi?" tanya ayah
Spoke Siddhartha, "You know what I'm waiting for"
Bercakap Siddhartha, "Anda tahu apa yang saya tunggu"
Indignant, the father left the chamber
Dengan rasa marah, bapanya meninggalkan bilik itu
indignant, he went to his bed and lay down
marah, dia pergi ke katilnya dan berbaring
an hour passed, but no sleep had come over his eyes
sejam berlalu, tetapi matanya tidak dapat tidur
the Brahman stood up and he paced to and fro
Brahman itu berdiri dan dia mundar-mandir
and he left the house in the night
dan dia keluar dari rumah pada waktu malam
Through the small window of the chamber he looked back inside
Melalui tingkap kecil bilik itu dia menoleh ke dalam
and there he saw Siddhartha standing
dan di sana dia melihat Siddhartha berdiri
his arms were folded and he had not moved from his spot
lengannya dilipat dan dia tidak berganjak dari tempatnya
Pale shimmered his bright robe
Pucat berkilauan jubahnya yang terang
With anxiety in his heart, the father returned to his bed
Dengan rasa cemas di hati, si ayah kembali ke katilnya

another sleepless hour passed
satu lagi jam tanpa tidur berlalu
since no sleep had come over his eyes, the Brahman stood up again
memandangkan matanya tidak tidur, Brahman itu berdiri semula
he paced to and fro, and he walked out of the house
dia mundar-mandir, dan dia berjalan keluar dari rumah
and he saw that the moon had risen
dan dia melihat bahawa bulan telah terbit
Through the window of the chamber he looked back inside
Melalui tingkap bilik dia menoleh ke dalam
there stood Siddhartha, unmoved from his spot
berdiri Siddhartha, tidak berganjak dari tempatnya
his arms were folded, as they had been
lengannya dilipat, seperti yang telah berlaku
moonlight was reflecting from his bare shins
cahaya bulan memantul dari tulang keringnya
With worry in his heart, the father went back to bed
Dengan rasa risau di hati, si ayah kembali ke katil
he came back after an hour
dia balik selepas sejam
and he came back again after two hours
dan dia kembali semula selepas dua jam
he looked through the small window
dia melihat melalui tingkap kecil
he saw Siddhartha standing in the moon light
dia melihat Siddhartha berdiri di bawah cahaya bulan
he stood by the light of the stars in the darkness
dia berdiri di tepi cahaya bintang dalam kegelapan
And he came back hour after hour
Dan dia kembali jam demi jam
silently, he looked into the chamber
senyap, dia melihat ke dalam bilik
he saw him standing in the same place
dia melihat dia berdiri di tempat yang sama

it filled his heart with anger
itu memenuhi hatinya dengan kemarahan
it filled his heart with unrest
ia memenuhi hatinya dengan kegelisahan
it filled his heart with anguish
ia memenuhi hatinya dengan kesedihan
it filled his heart with sadness
itu memenuhi hatinya dengan kesedihan
the night's last hour had come
jam terakhir malam telah tiba
his father returned and stepped into the room
ayahnya kembali dan melangkah masuk ke dalam bilik
he saw the young man standing there
dia melihat pemuda itu berdiri di situ
he seemed tall and like a stranger to him
dia kelihatan tinggi dan seperti orang asing baginya
"Siddhartha," he spoke, "what are you waiting for?"
"Siddhartha," dia bercakap, "apa yang anda tunggu?"
"You know what I'm waiting for"
"Anda tahu apa yang saya tunggu"
"Will you always stand that way and wait?
"Adakah anda akan sentiasa berdiri seperti itu dan menunggu?
"I will always stand and wait"
"Saya akan sentiasa berdiri dan menunggu"
"will you wait until it becomes morning, noon, and evening?"
"Adakah anda akan menunggu sehingga ia menjadi pagi, tengah hari, dan petang?"
"I will wait until it become morning, noon, and evening"
"Saya akan menunggu sehingga ia menjadi pagi, tengah hari, dan petang"
"You will become tired, Siddhartha"
"Anda akan menjadi letih, Siddhartha"
"I will become tired"
"Saya akan menjadi letih"

"You will fall asleep, Siddhartha"
"Anda akan tertidur, Siddhartha"
"I will not fall asleep"
"Saya tidak akan tidur"
"You will die, Siddhartha"
"Anda akan mati, Siddhartha"
"I will die," answered Siddhartha
"Saya akan mati," jawab Siddhartha
"And would you rather die, than obey your father?"
"Dan adakah anda lebih suka mati, daripada mematuhi bapa anda?"
"Siddhartha has always obeyed his father"
"Siddhartha sentiasa taat kepada bapanya"
"So will you abandon your plan?"
"Jadi adakah anda akan meninggalkan rancangan anda?"
"Siddhartha will do what his father will tell him to do"
"Siddhartha akan melakukan apa yang ayahnya akan suruh dia lakukan"
The first light of day shone into the room
Cahaya hari pertama menyinar ke dalam bilik
The Brahman saw that Siddhartha knees were softly trembling
Brahman itu melihat bahawa lutut Siddhartha bergetar perlahan
In Siddhartha's face he saw no trembling
Di wajah Siddhartha dia tidak nampak gementar
his eyes were fixed on a distant spot
matanya tertancap pada satu tempat yang jauh
This was when his father realized
Barulah ayahnya sedar
even now Siddhartha no longer dwelt with him in his home
malah kini Siddhartha tidak lagi tinggal bersamanya di rumahnya
he saw that he had already left him
dia melihat bahawa dia sudah meninggalkannya
The Father touched Siddhartha's shoulder

Bapa menyentuh bahu Siddhartha
"You will," he spoke, "go into the forest and be a Samana"
"Anda akan," katanya, "pergi ke dalam hutan dan menjadi Samana"
"When you find blissfulness in the forest, come back"
"Apabila anda mendapati kebahagiaan di dalam hutan, kembalilah"
"come back and teach me to be blissful"
"kembali dan ajar saya untuk menjadi bahagia"
"If you find disappointment, then return"
"Jika kamu mendapati kekecewaan, maka kembalilah"
"return and let us make offerings to the gods together, again"
"kembali dan marilah kita mempersembahkan persembahan kepada para dewa bersama-sama, sekali lagi"
"Go now and kiss your mother"
"Pergi sekarang dan cium ibu kamu"
"tell her where you are going"
"beritahu dia ke mana kamu pergi"
"But for me it is time to go to the river"
"Tetapi bagi saya sudah tiba masanya untuk pergi ke sungai"
"it is my time to perform the first ablution"
"Sudah tiba masa saya untuk berwuduk pertama"
He took his hand from the shoulder of his son, and went outside
Dia mengambil tangannya dari bahu anaknya, dan pergi ke luar
Siddhartha wavered to the side as he tried to walk
Siddhartha bergoyang ke tepi sambil cuba berjalan
He put his limbs back under control and bowed to his father
Dia meletakkan kembali anggota badannya di bawah kawalan dan tunduk kepada bapanya
he went to his mother to do as his father had said
dia pergi kepada ibunya untuk melakukan seperti yang ayahnya katakan
As he slowly left on stiff legs a shadow rose near the last hut

Semasa dia perlahan-lahan pergi dengan kaki yang kaku,
bayangan muncul berhampiran pondok terakhir
who had crouched there, and joined the pilgrim?
yang telah membongkok di sana, dan menyertai haji?
"Govinda, you have come" said Siddhartha and smiled
"Govinda, awak telah datang" kata Siddhartha dan tersenyum
"I have come," said Govinda
"Saya sudah datang," kata Govinda

With the Samanas
Dengan Samana

In the evening of this day they caught up with the ascetics
Pada petang hari ini mereka mengejar para zuhud
the ascetics; the skinny Samanas
orang zuhud; si Samana yang kurus
they offered them their companionship and obedience
mereka menawarkan kepada mereka persahabatan dan ketaatan mereka
Their companionship and obedience were accepted
Persahabatan dan ketaatan mereka diterima
Siddhartha gave his garments to a poor Brahman in the street
Siddhartha memberikan pakaiannya kepada seorang Brahman yang miskin di jalan
He wore nothing more than a loincloth and earth-coloured, unsown cloak
Dia tidak memakai apa-apa selain cawat dan jubah berwarna tanah yang tidak ditabur
He ate only once a day, and never anything cooked
Dia makan hanya sekali sehari, dan tidak pernah masak apa-apa
He fasted for fifteen days, he fasted for twenty-eight days
Dia berpuasa selama lima belas hari, dia berpuasa selama dua puluh lapan hari
The flesh waned from his thighs and cheeks
Daging semakin berkurangan dari peha dan pipinya
Feverish dreams flickered from his enlarged eyes
Mimpi demam melayang dari matanya yang membesar
long nails grew slowly on his parched fingers
kuku panjang tumbuh perlahan-lahan pada jari-jarinya yang kering
and a dry, shaggy beard grew on his chin
dan janggut kering dan lebat tumbuh di dagunya
His glance turned to ice when he encountered women

Pandangannya bertukar menjadi ais apabila terserempak
dengan perempuan
he walked through a city of nicely dressed people
dia berjalan melalui kota yang ramai berpakaian kemas
his mouth twitched with contempt for them
mulutnya terkumat-kamit menghina mereka
He saw merchants trading and princes hunting
Dia melihat saudagar berdagang dan putera raja memburu
he saw mourners wailing for their dead
dia melihat orang yang berkabung meratapi kematian mereka
and he saw whores offering themselves
dan dia melihat pelacur menawarkan diri
physicians trying to help the sick
doktor cuba membantu orang sakit
priests determining the most suitable day for seeding
imam menentukan hari yang paling sesuai untuk pembenihan
lovers loving and mothers nursing their children
kekasih penyayang dan ibu yang menyusukan anak-anak
mereka
and all of this was not worthy of one look from his eyes
dan semua ini tidak layak untuk dilihat dari matanya
it all lied, it all stank, it all stank of lies
semuanya berbohong, semuanya berbau busuk, semuanya
berbau pembohongan
it all pretended to be meaningful and joyful and beautiful
semuanya berpura-pura bermakna dan menggembirakan dan
indah
and it all was just concealed putrefaction
dan itu semua hanyalah kebusukan yang tersembunyi
the world tasted bitter; life was torture
dunia terasa pahit; hidup adalah penyeksaan

A single goal stood before Siddhartha
Satu gol berdiri di hadapan Siddhartha
his goal was to become empty
matlamatnya adalah untuk menjadi kosong

his goal was to be empty of thirst
matlamatnya adalah untuk menjadi kosong daripada dahaga
empty of wishing and empty of dreams
kosong dari angan-angan dan kosong dari mimpi
empty of joy and sorrow
kosong dari suka dan duka
his goal was to be dead to himself
matlamatnya adalah untuk mati kepada dirinya sendiri
his goal was not to be a self any more
matlamatnya bukan untuk menjadi diri sendiri lagi
his goal was to find tranquillity with an emptied heart
matlamatnya adalah untuk mencari ketenangan dengan hati yang kosong
his goal was to be open to miracles in unselfish thoughts
matlamatnya adalah untuk terbuka kepada keajaiban dalam pemikiran yang tidak mementingkan diri sendiri
to achieve this was his goal
untuk mencapai ini adalah matlamatnya
when all of his self was overcome and had died
apabila seluruh dirinya telah diatasi dan telah mati
when every desire and every urge was silent in the heart
ketika setiap keinginan dan setiap desakan sunyi di hati
then the ultimate part of him had to awake
maka bahagian akhir dia terpaksa bangun
the innermost of his being, which is no longer his self
yang paling dalam dari dirinya, yang bukan lagi dirinya
this was the great secret
ini adalah rahsia besar

Silently, Siddhartha exposed himself to the burning rays of the sun
Secara senyap, Siddhartha mendedahkan dirinya kepada sinaran matahari yang menyala
he was glowing with pain and he was glowing with thirst
dia bercahaya dengan kesakitan dan dia bercahaya kerana dahaga

and he stood there until he neither felt pain nor thirst
dan dia berdiri di situ sehingga dia tidak merasa sakit mahupun dahaga
Silently, he stood there in the rainy season
Diam-diam dia berdiri di situ pada musim hujan
from his hair the water was dripping over freezing shoulders
dari rambutnya air menitis di atas bahu yang membeku
the water was dripping over his freezing hips and legs
air menitis ke atas pinggul dan kakinya yang membeku
and the penitent stood there
dan orang yang bertaubat berdiri di sana
he stood there until he could not feel the cold any more
dia berdiri di situ sehingga dia tidak dapat merasakan kesejukan lagi
he stood there until his body was silent
dia berdiri di situ sehingga badannya senyap
he stood there until his body was quiet
dia berdiri di situ sehingga badannya senyap
Silently, he cowered in the thorny bushes
Diam-diam dia meringkuk di dalam semak berduri
blood dripped from the burning skin
darah menitis dari kulit yang terbakar
blood dripped from festering wounds
darah menitis dari luka yang bernanah
and Siddhartha stayed rigid and motionless
dan Siddhartha kekal tegar dan tidak bergerak
he stood until no blood flowed any more
dia berdiri sehingga tiada darah yang mengalir lagi
he stood until nothing stung any more
dia berdiri sehingga tiada yang menyengat lagi
he stood until nothing burned any more
dia berdiri sehingga tiada yang terbakar lagi
Siddhartha sat upright and learned to breathe sparingly
Siddhartha duduk tegak dan belajar bernafas dengan berhati-hati

he learned to get along with few breaths
dia belajar untuk bergaul dengan beberapa nafas
he learned to stop breathing
dia belajar untuk berhenti bernafas
He learned, beginning with the breath, to calm the beating of his heart
Dia belajar, bermula dengan nafas, untuk menenangkan degupan jantungnya
he learned to reduce the beats of his heart
dia belajar untuk mengurangkan degupan jantungnya
he meditated until his heartbeats were only a few
dia bertafakur sehingga degupan jantungnya hanya sedikit
and then his heartbeats were almost none
dan kemudian degupan jantungnya hampir tiada
Instructed by the oldest of the Samanas, Siddhartha practised self-denial
Diarahkan oleh Samana yang tertua, Siddhartha mempraktikkan penyangkalan diri
he practised meditation, according to the new Samana rules
dia mengamalkan meditasi, mengikut peraturan Samana yang baharu
A heron flew over the bamboo forest
Bangau terbang di atas hutan buluh
Siddhartha accepted the heron into his soul
Siddhartha menerima bangau itu ke dalam jiwanya
he flew over forest and mountains
dia terbang melintasi hutan dan gunung
he was a heron, he ate fish
dia bangau, dia makan ikan
he felt the pangs of a heron's hunger
dia merasai perit kelaparan bangau
he spoke the heron's croak
dia bercakap kuak bangau
he died a heron's death
dia mati mati bangau
A dead jackal was lying on the sandy bank

Seekor serigala mati sedang berbaring di tebing berpasir
Siddhartha's soul slipped inside the body of the dead jackal
Jiwa Siddhartha menyelinap ke dalam badan serigala yang mati
he was the dead jackal laying on the banks and bloated
dia adalah serigala yang mati berbaring di tebing dan kembung
he stank and decayed and was dismembered by hyenas
dia berbau busuk dan reput dan dikerat oleh dubuk
he was skinned by vultures and turned into a skeleton
dia dikuliti oleh burung nasar dan bertukar menjadi rangka
he was turned to dust and blown across the fields
dia menjadi debu dan ditiup melintasi padang
And Siddhartha's soul returned
Dan jiwa Siddhartha kembali
it had died, decayed, and was scattered as dust
ia telah mati, reput, dan bertaburan seperti debu
it had tasted the gloomy intoxication of the cycle
ia telah merasai mabuk suram kitaran
it awaited with a new thirst, like a hunter in the gap
ia menunggu dengan dahaga baru, seperti pemburu di celah
in the gap where he could escape from the cycle
dalam jurang di mana dia boleh melarikan diri dari kitaran
in the gap where an eternity without suffering began
dalam jurang di mana keabadian tanpa penderitaan bermula
he killed his senses and his memory
dia membunuh deria dan ingatannya
he slipped out of his self into thousands of other forms
dia tergelincir daripada dirinya kepada beribu-ribu bentuk lain
he was an animal, a carrion, a stone
dia adalah haiwan, bangkai, batu
he was wood and water
dia adalah kayu dan air
and he awoke every time to find his old self again

dan dia bangun setiap kali untuk mencari semula dirinya yang lama
whether sun or moon, he was his self again
sama ada matahari atau bulan, dia adalah dirinya semula
he turned round in the cycle
dia pusing pusing dalam kitaran
he felt thirst, overcame the thirst, felt new thirst
dia merasa dahaga, mengatasi dahaga, merasakan dahaga baru

Siddhartha learned a lot when he was with the Samanas
Siddhartha belajar banyak ketika dia bersama Samana
he learned many ways leading away from the self
dia belajar banyak cara untuk menjauhi diri sendiri
he learned how to let go
dia belajar bagaimana untuk melepaskan
He went the way of self-denial by means of pain
Dia pergi ke jalan penyangkalan diri dengan cara kesakitan
he learned self-denial through voluntarily suffering and overcoming pain
dia belajar penafian diri melalui penderitaan secara sukarela dan mengatasi kesakitan
he overcame hunger, thirst, and tiredness
dia mengatasi kelaparan, dahaga, dan keletihan
He went the way of self-denial by means of meditation
Dia pergi ke jalan penyangkalan diri dengan cara meditasi
he went the way of self-denial through imagining the mind to be void of all conceptions
dia pergi ke jalan penafian diri dengan membayangkan fikiran menjadi kosong dari semua konsep
with these and other ways he learned to let go
dengan cara ini dan lain-lain dia belajar untuk melepaskan
a thousand times he left his self
seribu kali dia meninggalkan dirinya
for hours and days he remained in the non-self
berjam-jam dan berhari-hari dia kekal dalam diri bukan diri

all these ways led away from the self
semua cara ini membawa jauh dari diri sendiri
but their path always led back to the self
tetapi jalan mereka sentiasa membawa kembali kepada diri sendiri
Siddhartha fled from the self a thousand times
Siddhartha melarikan diri dari diri seribu kali
but the return to the self was inevitable
tetapi kembali kepada diri tidak dapat dielakkan
although he stayed in nothingness, coming back was inevitable
walaupun dia tinggal dalam ketiadaan, kembali tidak dapat dielakkan
although he stayed in animals and stones, coming back was inevitable
walaupun dia tinggal di haiwan dan batu, kembali tidak dapat dielakkan
he found himself in the sunshine or in the moonlight again
dia mendapati dirinya di bawah sinar matahari atau di bawah cahaya bulan lagi
he found himself in the shade or in the rain again
dia mendapati dirinya di bawah naungan atau dalam hujan lagi
and he was once again his self; Siddhartha
dan dia sekali lagi menjadi dirinya sendiri; Siddhartha
and again he felt the agony of the cycle which had been forced upon him
dan sekali lagi dia merasakan penderitaan kitaran yang telah dipaksa ke atasnya

by his side lived Govinda, his shadow
di sisinya tinggal Govinda, bayangannya
Govinda walked the same path and undertook the same efforts
Govinda menempuh jalan yang sama dan melakukan usaha yang sama

they spoke to one another no more than the exercises required
mereka bercakap antara satu sama lain tidak lebih daripada latihan yang diperlukan
occasionally the two of them went through the villages
sesekali mereka berdua melalui kampung
they went to beg for food for themselves and their teachers
mereka pergi meminta makanan untuk diri mereka dan guru mereka
"How do you think we have progressed, Govinda" he asked
"Bagaimana anda fikir kami telah maju, Govinda" dia bertanya
"Did we reach any goals?" Govinda answered
"Adakah kita mencapai sebarang matlamat?" Govinda menjawab
"We have learned, and we'll continue learning"
"Kami telah belajar, dan kami akan terus belajar"
"You'll be a great Samana, Siddhartha"
"Anda akan menjadi Samana yang hebat, Siddhartha"
"Quickly, you've learned every exercise"
"Cepat, anda telah mempelajari setiap latihan"
"often, the old Samanas have admired you"
"Selalunya, Samana lama telah mengagumi anda"
"One day, you'll be a holy man, oh Siddhartha"
"Suatu hari nanti, kamu akan menjadi orang suci, oh Siddhartha"
Spoke Siddhartha, "I can't help but feel that it is not like this, my friend"
Bercakap Siddhartha, "Saya tidak dapat menahan perasaan bahawa ia tidak seperti ini, kawan saya"
"What I've learned being among the Samanas could have been learned more quickly"
"Apa yang saya pelajari sebagai antara Samana boleh dipelajari dengan lebih cepat"
"it could have been learned by simpler means"
"ia boleh dipelajari dengan cara yang lebih mudah"
"it could have been learned in any tavern"

"ia boleh dipelajari di mana-mana kedai minuman"
"it could have been learned where the whorehouses are"
"Ia boleh dipelajari di mana rumah pelacur itu berada"
"I could have learned it among carters and gamblers"
"Saya boleh mempelajarinya di kalangan pelumba dan penjudi"
Spoke Govinda, "Siddhartha is joking with me"
Bercakap Govinda, "Siddhartha bergurau dengan saya"
"How could you have learned meditation among wretched people?"
"Bagaimana anda boleh belajar meditasi di kalangan orang yang celaka?"
"how could whores have taught you about holding your breath?"
"bagaimana pelacur boleh mengajar anda tentang menahan nafas?"
"how could gamblers have taught you insensitivity against pain?"
"bagaimana penjudi boleh mengajar anda tidak sensitif terhadap kesakitan?"
Siddhartha spoke quietly, as if he was talking to himself
Siddhartha bercakap dengan perlahan, seolah-olah dia bercakap dengan dirinya sendiri
"What is meditation?"
"Apa itu meditasi?"
"What is leaving one's body?"
"Apa yang meninggalkan tubuh seseorang?"
"What is fasting?"
"Apa itu puasa?"
"What is holding one's breath?"
"Apa yang menahan nafas?"
"It is fleeing from the self"
"Ia melarikan diri dari diri sendiri"
"it is a short escape of the agony of being a self"
"ia adalah pelarian singkat dari penderitaan menjadi diri sendiri"

"it is a short numbing of the senses against the pain"
"ia adalah kebas deria yang singkat terhadap kesakitan"
"it is avoiding the pointlessness of life"
"ia adalah mengelakkan kesia-siaan hidup"
"The same numbing is what the driver of an ox-cart finds in the inn"
"Kebas yang sama adalah apa yang ditemui oleh pemandu kereta lembu di rumah penginapan"
"drinking a few bowls of rice-wine or fermented coconut-milk"
"minum beberapa mangkuk wain beras atau santan yang ditapai"
"Then he won't feel his self anymore"
"Maka dia tidak akan merasakan dirinya lagi"
"then he won't feel the pains of life anymore"
"maka dia tidak akan merasai keperitan hidup lagi"
"then he finds a short numbing of the senses"
"kemudian dia mendapati kebas deria yang singkat"
"When he falls asleep over his bowl of rice-wine, he'll find the same what we find"
"Apabila dia tertidur di atas mangkuk wain berasnya, dia akan mendapati perkara yang sama yang kita temui"
"he finds what we find when we escape our bodies through long exercises"
"dia mendapati apa yang kita temui apabila kita melarikan diri dari badan kita melalui latihan yang panjang"
"all of us are staying in the non-self"
"kita semua kekal dalam keadaan bukan diri"
"This is how it is, oh Govinda"
"Beginilah keadaannya, oh Govinda"
Spoke Govinda, "You say so, oh friend"
Bercakap Govinda, "Kamu berkata begitu, oh kawan"
"and yet you know that Siddhartha is no driver of an ox-cart"
"Namun anda tahu bahawa Siddhartha bukanlah pemandu kereta lembu"
"and you know a Samana is no drunkard"

"dan anda tahu Samana bukan pemabuk"
"it's true that a drinker numbs his senses"
"memang benar seorang peminum mematikan derianya"
"it's true that he briefly escapes and rests"
"memang benar dia melarikan diri sebentar dan berehat"
"but he'll return from the delusion and finds everything to be unchanged"
"tetapi dia akan kembali dari khayalan dan mendapati segala-galanya tidak berubah"
"he has not become wiser"
"dia tidak menjadi lebih bijak"
"he has gathered any enlightenment"
"dia telah mengumpulkan sebarang pencerahan"
"he has not risen several steps"
"dia belum naik beberapa langkah"
And Siddhartha spoke with a smile
Dan Siddhartha bercakap dengan senyuman
"I do not know, I've never been a drunkard"
"Saya tidak tahu, saya tidak pernah menjadi pemabuk"
"I know that I find only a short numbing of the senses"
"Saya tahu bahawa saya mendapati hanya kebas deria yang singkat"
"I find it in my exercises and meditations"
"Saya dapati ia dalam latihan dan meditasi saya"
"and I find I am just as far removed from wisdom as a child in the mother's womb"
"dan saya dapati saya jauh dari kebijaksanaan seperti anak dalam kandungan ibu"
"this I know, oh Govinda"
"ini saya tahu, oh Govinda"

And once again, another time, Siddhartha began to speak
Dan sekali lagi, lain kali, Siddhartha mula bercakap
Siddhartha had left the forest, together with Govinda
Siddhartha telah meninggalkan hutan, bersama-sama dengan Govinda

they left to beg for some food in the village
mereka pergi untuk meminta makanan di kampung
he said, "What now, oh Govinda?"
dia berkata, "Apa sekarang, oh Govinda?"
"are we on the right path?"
"adakah kita di jalan yang betul?"
"are we getting closer to enlightenment?"
"adakah kita semakin hampir kepada makrifat?"
"are we getting closer to salvation?"
"adakah kita semakin hampir kepada keselamatan?"
"Or do we perhaps live in a circle?"
"Atau adakah kita mungkin hidup dalam bulatan?"
"we, who have thought we were escaping the cycle"
"kami, yang menyangka kami melarikan diri dari kitaran"
Spoke Govinda, "We have learned a lot"
Bercakap Govinda, "Kami telah belajar banyak"
"Siddhartha, there is still much to learn"
"Siddhartha, masih banyak yang perlu dipelajari"
"We are not going around in circles"
"Kami tidak berpusing-pusing"
"we are moving up; the circle is a spiral"
"kita bergerak ke atas; bulatan adalah lingkaran"
"we have already ascended many levels"
"kita sudah naik banyak peringkat"
Siddhartha answered, "How old would you think our oldest Samana is?"
Siddhartha menjawab, "Kamu rasa berapa umur Samana kita yang tertua?"
"how old is our venerable teacher?"
"berapa umur guru kita yang mulia?"
Spoke Govinda, "Our oldest one might be about sixty years of age"
Bercakap Govinda, "Yang tertua kami mungkin berumur kira-kira enam puluh tahun"
Spoke Siddhartha, "He has lived for sixty years"

Bercakap Siddhartha, "Dia telah hidup selama enam puluh tahun"
"and yet he has not reached the nirvana"
"Namun dia belum mencapai nirwana"
"He'll turn seventy and eighty"
"Dia akan berumur tujuh puluh lapan puluh tahun"
"you and me, we will grow just as old as him"
"awak dan saya, kita akan bertambah tua seperti dia"
"and we will do our exercises"
"dan kami akan melakukan latihan kami"
"and we will fast, and we will meditate"
"dan kami akan berpuasa, dan kami akan bertafakur"
"But we will not reach the nirvana"
"Tetapi kita tidak akan mencapai nirwana"
"he won't reach nirvana and we won't"
"dia tidak akan mencapai nirwana dan kita tidak akan"
"there are uncountable Samanas out there"
"Terdapat Samana yang tidak terhitung di luar sana"
"perhaps not a single one will reach the nirvana"
"Mungkin tidak seorang pun akan mencapai nirwana"
"We find comfort, we find numbness, we learn feats"
"Kami mendapati keselesaan, kami mendapati kebas, kami belajar prestasi"
"we learn these things to deceive others"
"kita belajar perkara ini untuk menipu orang lain"
"But the most important thing, the path of paths, we will not find"
"Tetapi perkara yang paling penting, jalan laluan, kita tidak akan jumpa"
Spoke Govinda "If you only wouldn't speak such terrible words, Siddhartha!"
Bercakap Govinda "Jika anda tidak akan bercakap kata-kata yang mengerikan itu, Siddhartha!"
"there are so many learned men"
"terdapat begitu ramai lelaki terpelajar"
"how could not one of them not find the path of paths?"

"Bagaimana mungkin salah seorang daripada mereka tidak menemui jalan-jalan?"
"how can so many Brahmans not find it?"
"bagaimana boleh begitu ramai Brahman tidak menemuinya?"
"how can so many austere and venerable Samanas not find it?"
"bagaimana banyak Samana yang keras dan terhormat tidak menemuinya?"
"how can all those who are searching not find it?"
"bagaimana semua orang yang mencari tidak menemuinya?"
"how can the holy men not find it?"
"bagaimana orang kudus tidak menemuinya?"
But Siddhartha spoke with as much sadness as mockery
Tetapi Siddhartha bercakap dengan kesedihan yang sama seperti ejekan
he spoke with a quiet, a slightly sad, a slightly mocking voice
dia bercakap dengan suara yang tenang, sedikit sedih, sedikit mengejek
"Soon, Govinda, your friend will leave the path of the Samanas"
"Tidak lama lagi, Govinda, kawanmu akan meninggalkan jalan Samana"
"he has walked along your side for so long"
"dia telah berjalan di sisi anda untuk sekian lama"
"I'm suffering of thirst"
"Saya menderita kehausan"
"on this long path of a Samana, my thirst has remained as strong as ever"
"Di jalan panjang Samana ini, dahaga saya tetap kuat seperti biasa"
"I always thirsted for knowledge"
"Saya sentiasa dahagakan ilmu"
"I have always been full of questions"
"Saya sentiasa penuh dengan soalan"
"I have asked the Brahmans, year after year"

"Saya telah bertanya kepada Brahman, tahun demi tahun"
"and I have asked the holy Vedas, year after year"
"dan saya telah bertanya Veda suci, tahun demi tahun"
"and I have asked the devoted Samanas, year after year"
"dan saya telah bertanya kepada Samana yang setia, tahun demi tahun"
"perhaps I could have learned it from the hornbill bird"
"Mungkin saya boleh belajar dari burung enggang"
"perhaps I should have asked the chimpanzee"
"Mungkin saya sepatutnya bertanya kepada cimpanzi"
"It took me a long time"
"Saya mengambil masa yang lama"
"and I am not finished learning this yet"
"dan saya belum habis belajar lagi"
"oh Govinda, I have learned that there is nothing to be learned!"
"oh Govinda, saya telah belajar bahawa tiada apa yang perlu dipelajari!"
"There is indeed no such thing as learning"
"Memang tidak ada yang namanya belajar"
"There is just one knowledge"
"Hanya ada satu pengetahuan"
"this knowledge is everywhere, this is Atman"
"ilmu ini ada di mana-mana, ini adalah Atman"
"this knowledge is within me and within you"
"ilmu ini ada dalam diri saya dan dalam diri anda"
"and this knowledge is within every creature"
"dan ilmu ini ada pada setiap makhluk"
"this knowledge has no worse enemy than the desire to know it"
"ilmu ini tidak mempunyai musuh yang lebih buruk daripada keinginan untuk mengetahuinya"
"that is what I believe"
"itulah yang saya percaya"
At this, Govinda stopped on the path
Pada masa ini, Govinda berhenti di laluan

he rose his hands, and spoke
dia mengangkat tangannya, dan bercakap
"If only you would not bother your friend with this kind of talk"
"Kalaulah awak tak ganggu kawan awak dengan cakap macam ni"
"Truly, your words stir up fear in my heart"
"Sungguh, kata-katamu menimbulkan ketakutan dalam hatiku"
"consider, what would become of the sanctity of prayer?"
"Pertimbangkan, apakah yang akan terjadi dengan kesucian solat?"
"what would become of the venerability of the Brahmans' caste?"
"Apakah yang akan terjadi dengan kehormatan kasta Brahman?"
"what would happen to the holiness of the Samanas?
"apa yang akan berlaku kepada kekudusan Samana?"
"What would then become of all of that is holy"
"Apa yang akan terjadi dengan semua itu adalah kudus"
"what would still be precious?"
"apa yang masih berharga?"
And Govinda mumbled a verse from an Upanishad to himself
Dan Govinda menggumamkan ayat dari seorang Upanishad kepada dirinya sendiri
"He who ponderingly, of a purified spirit, loses himself in the meditation of Atman"
"Dia yang merenung, dengan roh yang suci, kehilangan dirinya dalam meditasi Atman"
"inexpressible by words is the blissfulness of his heart"
"tak terungkap dengan kata-kata adalah kebahagiaan hatinya"
But Siddhartha remained silent
Tetapi Siddhartha tetap diam
He thought about the words which Govinda had said to him
Dia memikirkan kata-kata yang Govinda katakan kepadanya

and he thought the words through to their end
dan dia memikirkan kata-kata itu hingga akhir
he thought about what would remain of all that which seemed holy
dia berfikir tentang apa yang akan tinggal dari semua yang kelihatan suci
What remains? What can stand the test?
Apa yang tinggal? Apa yang boleh tahan ujian?
And he shook his head
Dan dia menggelengkan kepalanya

the two young men had lived among the Samanas for about three years
dua orang pemuda itu telah tinggal di kalangan Samana selama kira-kira tiga tahun
some news, a rumour, a myth reached them
beberapa berita, khabar angin, mitos sampai kepada mereka
the rumour had been retold many times
khabar angin itu telah diceritakan semula berkali-kali
A man had appeared, Gotama by name
Seorang lelaki telah muncul, Gotama namanya
the exalted one, the Buddha
yang dimuliakan, Sang Buddha
he had overcome the suffering of the world in himself
dia telah mengatasi penderitaan dunia dalam dirinya
and he had halted the cycle of rebirths
dan dia telah menghentikan kitaran kelahiran semula
He was said to wander through the land, teaching
Dia dikatakan mengembara melalui tanah, mengajar
he was said to be surrounded by disciples
dia dikatakan dikelilingi oleh murid-murid
he was said to be without possession, home, or wife
dia dikatakan tidak mempunyai harta, rumah, atau isteri
he was said to be in just the yellow cloak of an ascetic
dia dikatakan hanya berjubah kuning seorang zuhud
but he was with a cheerful brow

tetapi dia dengan dahi yang ceria
and he was said to be a man of bliss
dan dia dikatakan sebagai seorang yang berbahagia
Brahmans and princes bowed down before him
Brahman dan putera raja sujud di hadapannya
and they became his students
dan mereka menjadi muridnya
This myth, this rumour, this legend resounded
Mitos ini, khabar angin ini, legenda ini bergema
its fragrance rose up, here and there, in the towns
harumannya naik, di sana sini, di pekan-pekan
the Brahmans spoke of this legend
Brahman bercakap tentang legenda ini
and in the forest, the Samanas spoke of it
dan di dalam hutan, Samana bercakap mengenainya
again and again, the name of Gotama the Buddha reached the ears of the young men
lagi dan lagi, nama Gotama Sang Buddha sampai ke telinga para pemuda
there was good and bad talk of Gotama
ada cakap baik dan buruk tentang Gotama
some praised Gotama, others defamed him
ada yang memuji Gotama, yang lain memfitnahnya
It was as if the plague had broken out in a country
Seolah-olah wabak itu telah melanda sebuah negara
news had been spreading around that in one or another place there was a man
berita telah tersebar di sekeliling bahawa di satu atau tempat lain terdapat seorang lelaki
a wise man, a knowledgeable one
seorang yang bijak, seorang yang berilmu
a man whose word and breath was enough to heal everyone
seorang lelaki yang perkataan dan nafasnya cukup untuk menyembuhkan semua orang
his presence could heal anyone who had been infected with the pestilence

kehadirannya dapat menyembuhkan sesiapa sahaja yang telah dijangkiti wabak itu
such news went through the land, and everyone would talk about it
berita seperti itu tersebar di seluruh negeri, dan semua orang akan bercakap mengenainya
many believed the rumours, many doubted them
ramai yang percaya khabar angin itu, ramai yang meraguinya
but many got on their way as soon as possible
tetapi ramai yang meneruskan perjalanan mereka secepat mungkin
they went to seek the wise man, the helper
mereka pergi mencari orang bijak, penolong
the wise man of the family of Sakya
orang bijak dari keluarga Sakya
He possessed, so the believers said, the highest enlightenment
Dia memiliki, maka orang-orang mukmin berkata, makrifat yang paling tinggi
he remembered his previous lives; he had reached the nirvana
dia teringat kehidupannya yang terdahulu; dia telah mencapai nirwana
and he never returned into the cycle
dan dia tidak pernah kembali ke dalam kitaran
he was never again submerged in the murky river of physical forms
dia tidak pernah lagi tenggelam dalam sungai bentuk fizikal yang keruh
Many wonderful and unbelievable things were reported of him
Banyak perkara yang menakjubkan dan sukar dipercayai telah dilaporkan mengenainya
he had performed miracles
dia telah melakukan mukjizat
he had overcome the devil

dia telah mengalahkan syaitan
he had spoken to the gods
dia telah bercakap dengan para dewa
But his enemies and disbelievers said Gotama was a vain seducer
Tetapi musuh-musuhnya dan orang-orang kafir berkata Gotama adalah seorang penggoda yang sia-sia
they said he spent his days in luxury
mereka berkata dia menghabiskan hari-harinya dalam kemewahan
they said he scorned the offerings
mereka berkata dia mengejek persembahan
they said he was without learning
mereka berkata dia tidak belajar
they said he knew neither meditative exercises nor self-castigation
mereka berkata dia tidak tahu sama ada latihan meditasi mahupun penghakiman diri
The myth of Buddha sounded sweet
Mitos Buddha kedengaran manis
The scent of magic flowed from these reports
Bau sihir mengalir dari laporan ini
After all, the world was sick, and life was hard to bear
Lagipun, dunia sedang sakit, dan hidup sukar untuk ditanggung
and behold, here a source of relief seemed to spring forth
dan lihatlah, di sini sumber kelegaan kelihatan muncul
here a messenger seemed to call out
di sini seorang utusan kelihatan memanggil
comforting, mild, full of noble promises
penghibur, lembut, penuh dengan janji mulia
Everywhere where the rumour of Buddha was heard, the young men listened up
Di mana-mana sahaja desas-desus tentang Buddha kedengaran, para pemuda mendengar
everywhere in the lands of India they felt a longing

di mana-mana di tanah India mereka berasa rindu
everywhere where the people searched, they felt hope
di mana-mana tempat orang mencari, mereka merasakan harapan
every pilgrim and stranger was welcome when he brought news of him
setiap jemaah haji dan orang asing dialu-alukan apabila dia membawa berita tentangnya
the exalted one, the Sakyamuni
yang mulia, Sakyamuni
The myth had also reached the Samanas in the forest
Mitos itu juga telah sampai ke Samana di dalam hutan
and Siddhartha and Govinda heard the myth too
dan Siddhartha dan Govinda mendengar mitos itu juga
slowly, drop by drop, they heard the myth
perlahan-lahan, setitik demi setitik, mereka mendengar mitos itu
every drop was laden with hope
setiap titisan sarat dengan harapan
every drop was laden with doubt
setiap titisan sarat dengan keraguan
They rarely talked about it
Mereka jarang bercakap mengenainya
because the oldest one of the Samanas did not like this myth
kerana Samana yang paling tua tidak menyukai mitos ini
he had heard that this alleged Buddha used to be an ascetic
dia telah mendengar bahawa Buddha yang dikatakan ini dahulunya seorang pertapa
he heard he had lived in the forest
dia mendengar dia telah tinggal di dalam hutan
but he had turned back to luxury and worldly pleasures
tetapi dia telah kembali kepada kemewahan dan kesenangan duniawi
and he had no high opinion of this Gotama
dan dia tidak mempunyai pandangan yang tinggi tentang Gotama ini

"Oh Siddhartha," Govinda spoke one day to his friend
"Oh Siddhartha," Govinda bercakap satu hari kepada rakannya
"Today, I was in the village"
"Hari ini, saya berada di kampung"
"and a Brahman invited me into his house"
"dan seorang Brahman menjemput saya ke rumahnya"
"and in his house, there was the son of a Brahman from Magadha"
"dan di rumahnya, ada anak seorang Brahman dari Magadha"
"he has seen the Buddha with his own eyes"
"dia telah melihat Buddha dengan matanya sendiri"
"and he has heard him teach"
"dan dia telah mendengar dia mengajar"
"Verily, this made my chest ache when I breathed"
"Sesungguhnya hal ini membuat dadaku sakit ketika aku bernafas"
"and I thought this to myself:"
"dan saya fikir ini kepada diri saya sendiri:"
"if only we heard the teachings from the mouth of this perfected man!"
"Seandainya kami mendengar ajaran dari mulut orang yang sempurna ini!"
"Speak, friend, wouldn't we want to go there too"
"Cakaplah kawan, takkan kita nak ke sana juga"
"wouldn't it be good to listen to the teachings from the Buddha's mouth?"
"Bukankah lebih baik untuk mendengar ajaran dari mulut Buddha?"
Spoke Siddhartha, "I had thought you would stay with the Samanas"
Bercakap Siddhartha, "Saya fikir anda akan tinggal bersama Samana"
"I always had believed your goal was to live to be seventy"

"Saya sentiasa percaya matlamat anda adalah untuk hidup sehingga tujuh puluh tahun"
"I thought you would keep practising those feats and exercises"
"Saya fikir anda akan terus berlatih prestasi dan latihan itu"
"and I thought you would become a Samana"
"dan saya fikir awak akan menjadi Samana"
"But behold, I had not known Govinda well enough"
"Tetapi lihatlah, saya belum cukup mengenali Govinda"
"I knew little of his heart"
"Saya tahu sedikit tentang hatinya"
"So now you want to take a new path"
"Jadi sekarang anda mahu mengambil jalan baru"
"and you want to go there where the Buddha spreads his teachings"
"dan anda ingin pergi ke sana di mana Buddha menyebarkan ajarannya"
Spoke Govinda, "You're mocking me"
Bercakap Govinda, "Anda mengejek saya"
"Mock me if you like, Siddhartha!"
"Ejek saya jika anda suka, Siddhartha!"
"But have you not also developed a desire to hear these teachings?"
"Tetapi bukankah anda juga telah mengembangkan keinginan untuk mendengar ajaran ini?"
"have you not said you would not walk the path of the Samanas for much longer?"
"Bukankah kamu telah berkata bahawa kamu tidak akan menempuh jalan Samana lebih lama lagi?"
At this, Siddhartha laughed in his very own manner
Mendengar ini, Siddhartha ketawa dengan caranya sendiri
the manner in which his voice assumed a touch of sadness
cara suaranya menerima sentuhan kesedihan
but it still had that touch of mockery
tetapi ia masih mempunyai sentuhan ejekan itu
Spoke Siddhartha, "Govinda, you've spoken well"

Bercakap Siddhartha, "Govinda, anda telah bercakap dengan baik"
"you've remembered correctly what I said"
"anda ingat betul apa yang saya katakan"
"If only you remembered the other thing you've heard from me"
"Kalaulah awak ingat perkara lain yang awak dengar dari saya"
"I have grown distrustful and tired against teachings and learning"
"Saya semakin tidak percaya dan letih terhadap pengajaran dan pembelajaran"
"my faith in words, which are brought to us by teachers, is small"
"Kepercayaan saya kepada kata-kata, yang dibawa oleh guru kepada kami, adalah kecil"
"But let's do it, my dear"
"Tetapi mari kita lakukannya, sayangku"
"I am willing to listen to these teachings"
"Saya bersedia mendengar ajaran ini"
"though in my heart I do not have hope"
"walaupun dalam hati saya tiada harapan"
"I believe that we've already tasted the best fruit of these teachings"
"Saya percaya bahawa kita telah merasai buah terbaik dari ajaran ini"
Spoke Govinda, "Your willingness delights my heart"
Bercakap Govinda, "Kesediaanmu menggembirakan hatiku"
"But tell me, how should this be possible?"
"Tetapi beritahu saya, bagaimana ini boleh berlaku?"
"How can the Gotama's teachings have already revealed their best fruit to us?"
"Bagaimana mungkin ajaran Gotama telah mendedahkan buah terbaik mereka kepada kita?"
"we have not heard his words yet"
"kami belum mendengar kata-katanya lagi"

Spoke Siddhartha, "Let us eat this fruit"
Bercakap Siddhartha, "Mari kita makan buah ini"
"and let us wait for the rest, oh Govinda!"
"dan marilah kita menunggu yang lain, oh Govinda!"
"But this fruit consists in him calling us away from the Samanas"
"Tetapi buah ini terdiri daripada dia memanggil kita jauh dari Samana"
"and we have already received it thanks to the Gotama!"
"dan kami telah menerimanya terima kasih kepada Gotama!"
"Whether he has more, let us await with calm hearts"
"Sama ada dia ada lebih, sama-sama kita tunggu dengan hati yang tenang"

On this very same day Siddhartha spoke to the oldest Samana
Pada hari yang sama Siddhartha bercakap dengan Samana yang paling tua
he told him of his decision to leaves the Samanas
dia memberitahunya tentang keputusannya untuk meninggalkan Samana
he informed the oldest one with courtesy and modesty
dia memberitahu yang paling tua dengan sopan dan sederhana
but the Samana became angry that the two young men wanted to leave him
tetapi Samana menjadi marah kerana dua pemuda itu mahu meninggalkannya
and he talked loudly and used crude words
dan dia bercakap dengan kuat dan menggunakan kata-kata kasar
Govinda was startled and became embarrassed
Govinda terkejut dan menjadi malu
But Siddhartha put his mouth close to Govinda's ear
Tetapi Siddhartha mendekatkan mulutnya ke telinga Govinda

"Now, I want to show the old man what I've learned from him"
"Sekarang, saya ingin menunjukkan kepada lelaki tua itu apa yang saya pelajari daripadanya"
Siddhartha positioned himself closely in front of the Samana
Siddhartha meletakkan dirinya rapat di hadapan Samana
with a concentrated soul, he captured the old man's glance
dengan jiwa yang tertumpu, dia menangkap pandangan lelaki tua itu
he deprived him of his power and made him mute
dia telah melucutkan kuasanya dan menjadikannya bisu
he took away his free will
dia mengambil kehendak bebasnya
he subdued him under his own will, and commanded him
Dia menundukkan dia di bawah kehendaknya sendiri, dan memerintahkannya
his eyes became motionless, and his will was paralysed
matanya menjadi tidak bergerak, dan kehendaknya lumpuh
his arms were hanging down without power
lengannya tergantung ke bawah tanpa kuasa
he had fallen victim to Siddhartha's spell
dia telah menjadi mangsa sihir Siddhartha
Siddhartha's thoughts brought the Samana under their control
Pemikiran Siddhartha membawa Samana di bawah kawalan mereka
he had to carry out what they commanded
dia terpaksa melaksanakan apa yang mereka perintahkan
And thus, the old man made several bows
Dan dengan itu, lelaki tua itu membuat beberapa busur
he performed gestures of blessing
dia melakukan isyarat memberkati
he spoke stammeringly a godly wish for a good journey
dia bercakap dengan tergagap-gagap berharap yang baik untuk perjalanan yang baik

the young men returned the good wishes with thanks
para pemuda membalas ucapan terima kasih
they went on their way with salutations
mereka meneruskan perjalanan dengan memberi salam
On the way, Govinda spoke again
Dalam perjalanan, Govinda bersuara lagi
"Oh Siddhartha, you have learned more from the Samanas than I knew"
"Oh Siddhartha, anda telah belajar lebih banyak daripada Samana daripada yang saya tahu"
"It is very hard to cast a spell on an old Samana"
"Sangat sukar untuk menjampi seorang Samana tua"
"Truly, if you had stayed there, you would soon have learned to walk on water"
"Sesungguhnya, jika kamu tinggal di sana, kamu pasti akan belajar berjalan di atas air"
"I do not seek to walk on water" said Siddhartha
"Saya tidak mahu berjalan di atas air" kata Siddhartha
"Let old Samanas be content with such feats!"
"Biarkan orang Samana tua berpuas hati dengan pencapaian seperti itu!"

Gotama

In Savathi, every child knew the name of the exalted Buddha
Di Savathi, setiap kanak-kanak tahu nama Buddha yang dimuliakan
every house was prepared for his coming
setiap rumah telah disediakan untuk kedatangannya
each house filled the alms-dishes of Gotama's disciples
setiap rumah memenuhi hidangan sedekah murid-murid Gotama
Gotama's disciples were the silently begging ones
Murid-murid Gotama adalah orang-orang yang meminta-minta secara senyap
Near the town was Gotama's favourite place to stay
Berhampiran bandar adalah tempat kegemaran Gotama untuk tinggal
he stayed in the garden of Jetavana
dia tinggal di taman Jetavana
the rich merchant Anathapindika had given the garden to Gotama
saudagar kaya Anathapindika telah memberikan taman itu kepada Gotama
he had given it to him as a gift
dia telah memberikannya kepadanya sebagai hadiah
he was an obedient worshipper of the exalted one
dia adalah seorang penyembah yang taat kepada Yang Maha Tinggi
the two young ascetics had received tales and answers
dua orang pertapa muda itu telah menerima cerita dan jawapan
all these tales and answers pointed them to Gotama's abode
semua cerita dan jawapan ini menunjukkan mereka ke tempat tinggal Gotama
they arrived in the town of Savathi
mereka tiba di bandar Savathi

they went to the very first door of the town
mereka pergi ke pintu pertama bandar itu
and they begged for food at the door
dan mereka meminta makanan di depan pintu
a woman offered them food
seorang wanita menawarkan makanan kepada mereka
and they accepted the food
dan mereka menerima makanan itu
Siddhartha asked the woman
Siddhartha bertanya kepada wanita itu
"oh charitable one, where does the Buddha dwell?"
"Wahai orang yang dermawan, di manakah Buddha tinggal?"
"we are two Samanas from the forest"
"kami adalah dua orang Samana dari hutan"
"we have come to see the perfected one"
"kami datang untuk melihat yang sempurna"
"we have come to hear the teachings from his mouth"
"kami datang untuk mendengar ajaran dari mulutnya"
Spoke the woman, "you Samanas from the forest"
Bercakap wanita itu, "kamu Samana dari hutan"
"you have truly come to the right place"
"anda benar-benar datang ke tempat yang betul"
"you should know, in Jetavana, there is the garden of Anathapindika"
"Anda harus tahu, di Jetavana, terdapat taman Anathapindika"
"that is where the exalted one dwells"
"di situlah tempat tinggal Yang Maha Tinggi"
"there you pilgrims shall spend the night"
"di sana kamu jemaah haji akan bermalam"
"there is enough space for the innumerable, who flock here"
"ada ruang yang cukup untuk orang yang tidak terhitung, yang berkumpul di sini"
"they too come to hear the teachings from his mouth"
"mereka juga datang untuk mendengar ajaran dari mulutnya"
This made Govinda happy, and full of joy

Ini membuatkan Govinda gembira, dan penuh kegembiraan
he exclaimed, "we have reached our destination"
dia berseru, "kita telah sampai ke destinasi kita"
"our path has come to an end!"
"jalan kita telah sampai ke penghujungnya!"
"But tell us, oh mother of the pilgrims"
"Tetapi beritahu kami, wahai ibu para jemaah haji"
"do you know him, the Buddha?"
"Adakah anda mengenalinya, Buddha?"
"have you seen him with your own eyes?"
"adakah anda melihatnya dengan mata anda sendiri?"
Spoke the woman, "Many times I have seen him, the exalted one"
Berkata wanita itu, "Banyak kali saya melihatnya, Yang Maha Tinggi"
"On many days I have seen him"
"Dalam beberapa hari saya telah melihatnya"
"I have seen him walking through the alleys in silence"
"Saya telah melihat dia berjalan melalui lorong dalam senyap"
"I have seen him wearing his yellow cloak"
"Saya telah melihat dia memakai jubah kuningnya"
"I have seen him presenting his alms-dish in silence"
"Saya telah melihat dia menyampaikan hidangan sedekahnya dalam diam"
"I have seen him at the doors of the houses"
"Saya telah melihat dia di pintu rumah"
"and I have seen him leaving with a filled dish"
"dan saya telah melihat dia pergi dengan hidangan yang penuh"
Delightedly, Govinda listened to the woman
Dengan gembira, Govinda mendengar wanita itu
and he wanted to ask and hear much more
dan dia ingin bertanya dan mendengar lebih banyak lagi
But Siddhartha urged him to walk on
Tetapi Siddhartha mendesaknya untuk terus berjalan
They thanked the woman and left

Mereka mengucapkan terima kasih kepada wanita itu dan pergi
they hardly had to ask for directions
mereka hampir tidak perlu bertanya arah
many pilgrims and monks were on their way to the Jetavana
ramai jemaah haji dan rahib sedang dalam perjalanan ke Jetavana
they reached it at night, so there were constant arrivals
mereka sampai ke sana pada waktu malam, jadi selalu ada ketibaan
and those who sought shelter got it
dan mereka yang mencari perlindungan mendapatnya
The two Samanas were accustomed to life in the forest
Kedua-dua Samana itu sudah terbiasa hidup di dalam hutan
so without making any noise they quickly found a place to stay
jadi tanpa membuat sebarang bunyi mereka cepat-cepat mencari tempat tinggal
and they rested there until the morning
dan mereka berehat di sana sehingga pagi

At sunrise, they saw with astonishment the size of the crowd
Ketika matahari terbit, mereka melihat dengan hairan saiz orang ramai
a great many number of believers had come
sebilangan besar orang percaya telah datang
and a great number of curious people had spent the night here
dan sebilangan besar orang yang ingin tahu telah bermalam di sini
On all paths of the marvellous garden, monks walked in yellow robes
Di semua laluan taman yang menakjubkan, para bhikkhu berjalan dengan jubah kuning
under the trees they sat here and there, in deep contemplation

di bawah pokok mereka duduk di sana sini, dalam renungan yang mendalam
or they were in a conversation about spiritual matters
atau mereka sedang berbual tentang hal-hal rohani
the shady gardens looked like a city
taman-taman yang rendang kelihatan seperti sebuah bandar
a city full of people, bustling like bees
bandar yang penuh dengan manusia, sibuk seperti lebah
The majority of the monks went out with their alms-dish
Majoriti bhikkhu keluar dengan hidangan sedekah mereka
they went out to collect food for their lunch
mereka keluar untuk mengambil makanan untuk makan tengah hari mereka
this would be their only meal of the day
ini akan menjadi satu-satunya hidangan mereka pada hari itu
The Buddha himself, the enlightened one, also begged in the mornings
Buddha sendiri, yang tercerahkan, juga memohon pada waktu pagi
Siddhartha saw him, and he instantly recognised him
Siddhartha melihatnya, dan dia serta-merta mengenalinya
he recognised him as if a God had pointed him out
dia mengenalinya seolah-olah Tuhan telah menunjukkannya
He saw him, a simple man in a yellow robe
Dia melihatnya, seorang lelaki sederhana berjubah kuning
he was bearing the alms-dish in his hand, walking silently
dia sedang membawa hidangan sedekah di tangannya, berjalan dengan senyap
"Look here!" Siddhartha said quietly to Govinda
"Tengok sini!" Siddhartha berkata perlahan kepada Govinda
"This one is the Buddha"
"Yang ini adalah Buddha"
Attentively, Govinda looked at the monk in the yellow robe
Dengan penuh perhatian, Govinda memandang rahib berjubah kuning itu

this monk seemed to be in no way different from any of the others
sami ini nampaknya tidak berbeza dengan mana-mana yang lain
but soon, Govinda also realized that this is the one
tetapi tidak lama kemudian, Govinda juga menyedari bahawa ini adalah satu
And they followed him and observed him
Dan mereka mengikut Dia dan memerhatikannya
The Buddha went on his way, modestly and deep in his thoughts
Buddha meneruskan perjalanannya, dengan sederhana dan mendalam dalam pemikirannya
his calm face was neither happy nor sad
wajahnya yang tenang tidak gembira mahupun sedih
his face seemed to smile quietly and inwardly
wajahnya kelihatan tersenyum senyap dan dalam hati
his smile was hidden, quiet and calm
senyumannya tersembunyi, tenang dan tenang
the way the Buddha walked somewhat resembled a healthy child
cara Buddha berjalan agak menyerupai kanak-kanak yang sihat
he walked just as all of his monks did
dia berjalan sama seperti semua bhikkhunya
he placed his feet according to a precise rule
dia meletakkan kakinya mengikut peraturan yang tepat
his face and his walk, his quietly lowered glance
mukanya dan berjalannya, pandangannya perlahan-lahan direndahkan
his quietly dangling hand, every finger of it
tangannya yang menjuntai secara senyap-senyap, setiap jarinya
all these things expressed peace
semua perkara ini menyatakan keamanan
all these things expressed perfection

semua perkara ini menyatakan kesempurnaan
he did not search, nor did he imitate
dia tidak mencari, dan tidak pula meniru
he softly breathed inwardly an unwhithering calm
dia menghembuskan nafas dalam-dalam dengan tenang yang tidak menentu
he shone outwardly an unwhithering light
dia memancarkan cahaya yang tidak menentu
he had about him an untouchable peace
dia mempunyai tentang dia kedamaian yang tidak dapat disentuh
the two Samanas recognised him solely by the perfection of his calm
dua Samana mengenalinya semata-mata dengan kesempurnaan ketenangannya
they recognized him by the quietness of his appearance
mereka mengenalinya dengan kesunyian penampilannya
the quietness in his appearance in which there was no searching
ketenangan dalam penampilannya yang tiada pencarian
there was no desire, nor imitation
tidak ada keinginan, atau tiruan
there was no effort to be seen
tiada usaha untuk dilihat
only light and peace was to be seen in his appearance
hanya cahaya dan kedamaian yang dapat dilihat pada penampilannya
"Today, we'll hear the teachings from his mouth" said Govinda
"Hari ini, kita akan mendengar ajaran dari mulutnya" kata Govinda
Siddhartha did not answer
Siddhartha tidak menjawab
He felt little curiosity for the teachings
Dia berasa sedikit ingin tahu tentang ajaran itu
he did not believe that they would teach him anything new

dia tidak percaya bahawa mereka akan mengajarnya sesuatu yang baru
he had heard the contents of this Buddha's teachings again and again
dia telah mendengar isi ajaran Buddha ini berulang kali
but these reports only represented second hand information
tetapi laporan ini hanya mewakili maklumat terpakai
But attentively he looked at Gotama's head
Tetapi dengan penuh perhatian dia memandang kepala Gotama
his shoulders, his feet, his quietly dangling hand
bahunya, kakinya, tangannya terjuntai senyap-senyap
it was as if every finger of this hand was of these teachings
seolah-olah setiap jari tangan ini adalah ajaran ini
his fingers spoke of truth
jarinya bercakap tentang kebenaran
his fingers breathed and exhaled the fragrance of truth
jari-jemarinya menghirup dan menghembus keharuman kebenaran
his fingers glistened with truth
jarinya bergemerlapan dengan kebenaran
this Buddha was truthful down to the gesture of his last finger
Buddha ini jujur hingga isyarat jari terakhirnya
Siddhartha could see that this man was holy
Siddhartha dapat melihat bahawa lelaki ini adalah suci
Never before, Siddhartha had venerated a person so much
Tidak pernah sebelum ini, Siddhartha begitu memuja seseorang
he had never before loved a person as much as this one
sebelum ini dia tidak pernah menyayangi seseorang seperti ini
They both followed the Buddha until they reached the town
Mereka berdua mengikut Buddha sehingga sampai ke bandar
and then they returned to their silence
dan kemudian mereka kembali kepada kesunyian mereka
they themselves intended to abstain on this day

mereka sendiri berniat untuk berpantang pada hari ini
They saw Gotama returning the food that had been given to him
Mereka melihat Gotama memulangkan makanan yang telah diberikan kepadanya
what he ate could not even have satisfied a bird's appetite
apa yang dia makan tidak dapat memuaskan selera burung
and they saw him retiring into the shade of the mango-trees
dan mereka melihat dia bersara di bawah naungan pokok mangga

in the evening the heat had cooled down
pada waktu petang panas telah menjadi sejuk
everyone in the camp started to bustle about and gathered around
semua orang di kem mula sibuk dan berkumpul
they heard the Buddha teaching, and his voice
mereka mendengar ajaran Buddha, dan suaranya
and his voice was also perfected
dan suaranya juga sempurna
his voice was of perfect calmness
suaranya benar-benar tenang
his voice was full of peace
suaranya penuh kedamaian
Gotama taught the teachings of suffering
Gotama mengajarkan ajaran penderitaan
he taught of the origin of suffering
dia mengajar asal usul penderitaan
he taught of the way to relieve suffering
dia mengajar cara untuk meringankan penderitaan
Calmly and clearly his quiet speech flowed on
Tenang dan jelas ucapannya yang tenang mengalir
Suffering was life, and full of suffering was the world
Penderitaan adalah kehidupan, dan penuh dengan penderitaan adalah dunia
but salvation from suffering had been found

tetapi keselamatan daripada penderitaan telah ditemui
salvation was obtained by him who would walk the path of the Buddha
keselamatan diperoleh oleh dia yang akan berjalan di jalan Buddha
With a soft, yet firm voice the exalted one spoke
Dengan suara yang lembut namun tegas Yang Mulia bercakap
he taught the four main doctrines
dia mengajar empat doktrin utama
he taught the eight-fold path
dia mengajar jalan lapan kali ganda
patiently he went the usual path of the teachings
dengan sabar dia menempuh jalan ajaran yang biasa
his teachings contained the examples
ajarannya mengandungi teladan
his teaching made use of the repetitions
pengajarannya menggunakan pengulangan
brightly and quietly his voice hovered over the listeners
terang dan senyap suaranya berlegar-legar di atas pendengar
his voice was like a light
suaranya seperti cahaya
his voice was like a starry sky
suaranya seperti langit berbintang
When the Buddha ended his speech, many pilgrims stepped forward
Apabila Buddha mengakhiri ucapannya, ramai jemaah haji melangkah ke hadapan
they asked to be accepted into the community
mereka meminta untuk diterima dalam masyarakat
they sought refuge in the teachings
mereka mencari perlindungan dalam ajaran
And Gotama accepted them by speaking
Dan Gotama menerima mereka dengan bercakap
"You have heard the teachings well"
"Anda telah mendengar ajaran dengan baik"
"join us and walk in holiness"

"bergabunglah dengan kami dan berjalan dalam kekudusan"
"put an end to all suffering"
"mengakhiri semua penderitaan"
Behold, then Govinda, the shy one, also stepped forward and spoke
Lihatlah, kemudian Govinda, yang pemalu, juga melangkah ke hadapan dan bercakap
"I also take my refuge in the exalted one and his teachings"
"Aku juga berlindung kepada Yang Maha Tinggi dan ajaran-Nya"
and he asked to be accepted into the community of his disciples
dan dia meminta untuk diterima ke dalam komuniti murid-muridnya
and he was accepted into the community of Gotama's disciples
dan dia diterima ke dalam komuniti murid Gotama

the Buddha had retired for the night
Buddha telah bersara untuk malam itu
Govinda turned to Siddhartha and spoke eagerly
Govinda menoleh ke Siddhartha dan bercakap dengan penuh semangat
"Siddhartha, it is not my place to scold you"
"Siddhartha, bukan tempat saya untuk memarahi awak"
"We have both heard the exalted one"
"Kami berdua telah mendengar Yang Maha Tinggi"
"we have both perceived the teachings"
"Kami berdua telah memahami ajarannya"
"Govinda has heard the teachings"
"Govinda telah mendengar ajaran"
"he has taken refuge in the teachings"
"dia berlindung kepada ajaran"
"But, my honoured friend, I must ask you"
"Tetapi, kawan saya yang dihormati, saya mesti bertanya kepada anda"

"don't you also want to walk the path of salvation?"
"bukankah kamu juga mahu berjalan di jalan keselamatan?"
"Would you want to hesitate?"
"Adakah anda mahu teragak-agak?"
"do you want to wait any longer?"
"awak nak tunggu lagi ke?"
Siddhartha awakened as if he had been asleep
Siddhartha terjaga seolah-olah dia telah tidur
For a long time, he looked into Govinda's face
Lama dia memandang wajah Govinda
Then he spoke quietly, in a voice without mockery
Kemudian dia bercakap dengan tenang, dengan suara tanpa ejekan
"Govinda, my friend, now you have taken this step"
"Govinda, kawan saya, sekarang anda telah mengambil langkah ini"
"now you have chosen this path"
"sekarang anda telah memilih jalan ini"
"Always, oh Govinda, you've been my friend"
"Selalu, oh Govinda, awak telah menjadi kawan saya"
"you've always walked one step behind me"
"awak selalu berjalan selangkah di belakang saya"
"Often I have thought about you"
"Seringkali saya terfikir tentang awak"
"'Won't Govinda for once also take a step by himself'"
"'Bukankah Govinda juga akan mengambil langkah sendiri'"
"'won't Govinda take a step without me?'"
"'Tidakkah Govinda akan mengambil langkah tanpa saya?'"
"'won't he take a step driven by his own soul?'"
"'tidakkah dia akan mengambil langkah yang didorong oleh jiwanya sendiri?'"
"Behold, now you've turned into a man"
"Lihat, sekarang kamu telah berubah menjadi seorang lelaki"
"you are choosing your path for yourself"
"anda memilih jalan anda untuk diri anda sendiri"
"I wish that you would go it up to its end"

"Saya berharap anda akan meneruskannya hingga ke penghujungnya"

"oh my friend, I hope that you shall find salvation!"
"Wahai kawanku, saya berharap bahawa anda akan mendapat keselamatan!"

Govinda, did not completely understand it yet
Govinda, belum faham sepenuhnya

he repeated his question in an impatient tone
dia mengulangi soalannya dengan nada tidak sabar

"Speak up, I beg you, my dear!"
"Cakaplah, saya mohon, sayang!"

"Tell me, since it could not be any other way"
"Beritahu saya, kerana ia tidak mungkin dengan cara lain"

"won't you also take your refuge with the exalted Buddha?"
"Bukankah kamu juga akan berlindung dengan Buddha yang mulia?"

Siddhartha placed his hand on Govinda's shoulder
Siddhartha meletakkan tangannya di bahu Govinda

"You failed to hear my good wish for you"
"Awak gagal dengar doa saya untuk awak"

"I'm repeating my wish for you"
"Saya ulangi hasrat saya untuk awak"

"I wish that you would go this path"
"Saya harap awak akan melalui jalan ini"

"I wish that you would go up to this path's end"
"Saya berharap anda akan pergi ke penghujung jalan ini"

"I wish that you shall find salvation!"
"Saya berharap anda akan mendapat keselamatan!"

In this moment, Govinda realized that his friend had left him
Pada saat ini, Govinda menyedari bahawa rakannya telah meninggalkannya

when he realized this he started to weep
apabila dia menyedari ini dia mula menangis

"Siddhartha!" he exclaimed lamentingly
"Siddhartha!" dia meratap

Siddhartha kindly spoke to him
Siddhartha dengan ramah bercakap dengannya
"don't forget, Govinda, who you are"
"jangan lupa, Govinda, siapa awak"
"you are now one of the Samanas of the Buddha"
"anda kini adalah salah seorang Samana Buddha"
"You have renounced your home and your parents"
"Kamu telah meninggalkan rumahmu dan ibu bapamu"
"you have renounced your birth and possessions"
"kamu telah meninggalkan kelahiran dan harta benda kamu"
"you have renounced your free will"
"anda telah meninggalkan kehendak bebas anda"
"you have renounced all friendship"
"kamu telah meninggalkan semua persahabatan"
"This is what the teachings require"
"Inilah yang diperlukan oleh ajaran"
"this is what the exalted one wants"
"Inilah yang dikehendaki oleh Yang Maha Tinggi"
"This is what you wanted for yourself"
"Ini adalah apa yang anda mahukan untuk diri sendiri"
"Tomorrow, oh Govinda, I will leave you"
"Esok, oh Govinda, saya akan tinggalkan awak"
For a long time, the friends continued walking in the garden
Agak lama kawan-kawan terus berjalan di taman
for a long time, they lay there and found no sleep
untuk masa yang lama, mereka berbaring di sana dan tidak dapat tidur
And over and over again, Govinda urged his friend
Dan berulang kali, Govinda mendesak rakannya
"why would you not want to seek refuge in Gotama's teachings?"
"mengapa kamu tidak mahu mencari perlindungan dalam ajaran Gotama?"
"what fault could you find in these teachings?"
"Apakah kesalahan yang anda dapati dalam ajaran ini?"
But Siddhartha turned away from his friend

Tetapi Siddhartha berpaling dari kawannya
every time he said, "Be content, Govinda!"
setiap kali dia berkata, "Redhalah, Govinda!"
"Very good are the teachings of the exalted one"
"Sangat baik ajaran Yang Maha Tinggi"
"how could I find a fault in his teachings?"
"bagaimana saya boleh mencari kesalahan dalam ajarannya?"

it was very early in the morning
ia adalah awal pagi
one of the oldest monks went through the garden
salah seorang rahib tertua pergi melalui taman
he called to those who had taken their refuge in the teachings
dia menyeru kepada mereka yang telah berlindung dalam ajaran
he called them to dress them up in the yellow robe
dia memanggil mereka untuk memakaikan mereka dengan jubah kuning
and he instruct them in the first teachings and duties of their position
dan dia mengajar mereka dalam ajaran dan tugas pertama kedudukan mereka
Govinda once again embraced his childhood friend
Govinda sekali lagi memeluk kawannya sejak kecil
and then he left with the novices
dan kemudian dia pergi dengan orang baru
But Siddhartha walked through the garden, lost in thought
Tetapi Siddhartha berjalan melalui taman itu, hilang akal
Then he happened to meet Gotama, the exalted one
Kemudian dia kebetulan bertemu dengan Gotama, Yang Mulia
he greeted him with respect
dia menyambutnya dengan penuh hormat
the Buddha's glance was full of kindness and calm
Pandangan Buddha penuh dengan kebaikan dan ketenangan

the young man summoned his courage
pemuda itu menyeru keberaniannya
he asked the venerable one for the permission to talk to him
dia meminta izin kepada Yang Mulia untuk bercakap dengannya
Silently, the exalted one nodded his approval
Diam-diam, Yang Mulia mengangguk tanda setuju
Spoke Siddhartha, "Yesterday, oh exalted one"
Berkata Siddhartha, "Semalam, oh yang dimuliakan"
"I had been privileged to hear your wondrous teachings"
"Saya telah mendapat keistimewaan untuk mendengar ajaran anda yang menakjubkan"
"Together with my friend, I had come from afar, to hear your teachings"
"Bersama kawan saya, saya datang dari jauh, untuk mendengar ajaran anda"
"And now my friend is going to stay with your people"
"Dan sekarang kawan saya akan tinggal bersama orang awak"
"he has taken his refuge with you"
"dia telah berlindung dengan kamu"
"But I will again start on my pilgrimage"
"Tetapi saya akan memulakan semula haji saya"
"As you please," the venerable one spoke politely
"Sesuka hati anda," Yang Mulia bercakap dengan sopan
"Too bold is my speech," Siddhartha continued
"Terlalu berani adalah ucapan saya," Siddhartha menyambung
but I do not want to leave the exalted on this note"
"tetapi saya tidak mahu meninggalkan yang mulia pada catatan ini"
"I want to share with the most venerable one my honest thoughts"
"Saya ingin berkongsi dengan yang paling dihormati pemikiran jujur saya"
"Does it please the venerable one to listen for one moment longer?"

"Adakah menyenangkan Yang Mulia untuk mendengar sebentar lagi?"

Silently, the Buddha nodded his approval

Dengan senyap, Buddha mengangguk tanda setuju

Spoke Siddhartha, "oh most venerable one"

Berkata Siddhartha, "wahai yang dihormati"

"there is one thing I have admired in your teachings most of all"

"Ada satu perkara yang paling saya kagumi dalam ajaran anda"

"Everything in your teachings is perfectly clear"

"Semua dalam ajaran anda adalah jelas"

"what you speak of is proven"

"apa yang kamu cakap itu terbukti"

"you are presenting the world as a perfect chain"

"anda mempersembahkan dunia sebagai rantai yang sempurna"

"a chain which is never and nowhere broken"

"rantai yang tidak pernah dan tidak pernah putus"

"an eternal chain the links of which are causes and effects"

"rantai kekal yang pautannya adalah sebab dan akibat"

"Never before, has this been seen so clearly"

"Tidak pernah sebelum ini, adakah ini dilihat dengan jelas"

"never before, has this been presented so irrefutably"

"tidak pernah sebelum ini, adakah ini dipersembahkan dengan begitu tidak dapat dinafikan"

"truly, the heart of every Brahman has to beat stronger with love"

"Sesungguhnya, hati setiap Brahman harus berdegup lebih kuat dengan cinta"

"he has seen the world through your perfectly connected teachings"

"dia telah melihat dunia melalui ajaran anda yang berkaitan dengan sempurna"

"without gaps, clear as a crystal"

"tanpa celah, jernih seperti kristal"

"not depending on chance, not depending on Gods"
"bukan bergantung pada peluang, bukan bergantung pada Tuhan"
"he has to accept it whether it may be good or bad"
"dia harus menerimanya sama ada ia mungkin baik atau buruk"
"he has to live by it whether it would be suffering or joy"
"dia harus menjalaninya sama ada penderitaan atau kegembiraan"
"but I do not wish to discuss the uniformity of the world"
"tetapi saya tidak mahu membincangkan keseragaman dunia"
"it is possible that this is not essential"
"Mungkin ini tidak penting"
"everything which happens is connected"
"segala yang berlaku adalah berkaitan"
"the great and the small things are all encompassed"
"yang besar dan yang kecil semuanya diliputi"
"they are connected by the same forces of time"
"mereka disambungkan oleh kuasa masa yang sama"
"they are connected by the same law of causes"
"mereka disambungkan oleh undang-undang sebab yang sama"
"the causes of coming into being and of dying"
"sebab-sebab wujud dan kematian"
"this is what shines brightly out of your exalted teachings"
"Inilah yang bersinar terang dari ajaranmu yang agung"
"But, according to your very own teachings, there is a small gap"
"Tetapi, mengikut ajaran anda sendiri, terdapat jurang kecil"
"this unity and necessary sequence of all things is broken in one place"
"perpaduan ini dan urutan yang diperlukan untuk semua perkara dipecahkan di satu tempat"
"this world of unity is invaded by something alien"
"dunia perpaduan ini diceroboh oleh sesuatu yang asing"
"there is something new, which had not been there before"

"ada sesuatu yang baru, yang tidak pernah ada sebelum ini"
"there is something which cannot be demonstrated"
"ada sesuatu yang tidak boleh ditunjukkan"
"there is something which cannot be proven"
"Ada sesuatu yang tidak boleh dibuktikan"
"these are your teachings of overcoming the world"
"ini adalah ajaran anda untuk mengatasi dunia"
"these are your teachings of salvation"
"inilah ajaran keselamatanmu"
"But with this small gap, the eternal breaks apart again"
"Tetapi dengan jurang kecil ini, yang abadi pecah lagi"
"with this small breach, the law of the world becomes void"
"Dengan pelanggaran kecil ini, undang-undang dunia menjadi tidak sah"
"Please forgive me for expressing this objection"
"Mohon maafkan saya kerana menyatakan bantahan ini"
Quietly, Gotama had listened to him, unmoved
Diam-diam, Gotama telah mendengarnya, tidak tergerak
Now he spoke, the perfected one, with his kind and polite clear voice
Sekarang dia bercakap, yang sempurna, dengan suaranya yang baik dan sopan
"You've heard the teachings, oh son of a Brahman"
"Kamu telah mendengar ajarannya, oh anak seorang Brahman"
"and good for you that you've thought about it this deeply"
"dan baik untuk anda kerana anda telah memikirkannya sedalam ini"
"You've found a gap in my teachings, an error"
"Anda telah menemui jurang dalam ajaran saya, kesilapan"
"You should think about this further"
"Anda harus memikirkan perkara ini lebih lanjut"
"But be warned, oh seeker of knowledge, of the thicket of opinions"
"Tetapi waspadalah wahai penuntut ilmu, tentang belukar pendapat"

"be warned of arguing about words"
"berhati-hati untuk bertengkar tentang perkataan"
"There is nothing to opinions"
"Tiada apa-apa untuk pendapat"
"they may be beautiful or ugly"
"mereka mungkin cantik atau hodoh"
"opinions may be smart or foolish"
"pendapat mungkin bijak atau bodoh"
"everyone can support opinions, or discard them"
"semua orang boleh menyokong pendapat, atau membuangnya"
"But the teachings, you've heard from me, are no opinion"
"Tetapi ajaran, yang anda dengar daripada saya, bukanlah pendapat"
"their goal is not to explain the world to those who seek knowledge"
"Matlamat mereka bukanlah untuk menerangkan dunia kepada mereka yang menuntut ilmu"
"They have a different goal"
"Mereka mempunyai matlamat yang berbeza"
"their goal is salvation from suffering"
"Matlamat mereka adalah keselamatan daripada penderitaan"
"This is what Gotama teaches, nothing else"
"Inilah yang Gotama ajar, tidak ada yang lain"
"I wish that you, oh exalted one, would not be angry with me" said the young man
"Saya harap anda, wahai yang dimuliakan, tidak akan marah kepada saya" kata pemuda itu
"I have not spoken to you like this to argue with you"
"Saya tidak bercakap dengan anda seperti ini untuk berdebat dengan anda"
"I do not wish to argue about words"
"Saya tidak mahu berdebat tentang kata-kata"
"You are truly right, there is little to opinions"
"Anda benar, ada sedikit pendapat"
"But let me say one more thing"

"Tetapi biar saya katakan satu perkara lagi"
"I have not doubted in you for a single moment"
"Saya tidak meragui awak walau sesaat pun"
"I have not doubted for a single moment that you are Buddha"
"Saya tidak meragui walau sesaat pun bahawa anda adalah Buddha"
"I have not doubted that you have reached the highest goal"
"Saya tidak meragui bahawa anda telah mencapai matlamat tertinggi"
"the highest goal towards which so many Brahmans are on their way"
"matlamat tertinggi yang dituju oleh begitu ramai Brahman"
"You have found salvation from death"
"Engkau telah mendapat keselamatan daripada kematian"
"It has come to you in the course of your own search"
"Ia telah datang kepada anda semasa pencarian anda sendiri"
"it has come to you on your own path"
"ia telah datang kepada anda di jalan anda sendiri"
"it has come to you through thoughts and meditation"
"ia telah datang kepada anda melalui pemikiran dan meditasi"
"it has come to you through realizations and enlightenment"
"ia telah datang kepada anda melalui kesedaran dan pencerahan"
"but it has not come to you by means of teachings!"
"tetapi ia tidak datang kepada kamu dengan cara pengajaran!"
"And this is my thought"
"Dan ini adalah pemikiran saya"
"nobody will obtain salvation by means of teachings!"
"tiada seorang pun akan memperoleh keselamatan melalui ajaran!"
"You will not be able to convey your hour of enlightenment"
"Anda tidak akan dapat menyampaikan masa pencerahan anda"
"words of what has happened to you won't convey the moment!"

"kata-kata tentang apa yang telah berlaku kepada anda tidak akan menyampaikan masa ini!"
"The teachings of the enlightened Buddha contain much"
"Ajaran Buddha yang tercerahkan mengandungi banyak"
"it teaches many to live righteously"
"ia mengajar ramai untuk hidup benar"
"it teaches many to avoid evil"
"ia mengajar ramai untuk mengelakkan kejahatan"
"But there is one thing which these teachings do not contain"
"Tetapi ada satu perkara yang tidak terkandung dalam ajaran ini"
"they are clear and venerable, but the teachings miss something"
"mereka jelas dan dihormati, tetapi ajaran merindui sesuatu"
"the teachings do not contain the mystery"
"ajaran tidak mengandungi misteri"
"the mystery of what the exalted one has experienced for himself"
"misteri tentang apa yang telah dialami oleh Yang Maha Tinggi untuk dirinya sendiri"
"among hundreds of thousands, only he experienced it"
"Di antara ratusan ribu, hanya dia yang mengalaminya"
"This is what I have thought and realized, when I heard the teachings"
"Inilah yang saya fikirkan dan sedar, apabila saya mendengar ajaran"
"This is why I am continuing my travels"
"Inilah sebabnya saya meneruskan perjalanan saya"
"this is why I do not to seek other, better teachings"
"Inilah sebabnya saya tidak mencari ajaran lain yang lebih baik"
"I know there are no better teachings"
"Saya tahu tidak ada ajaran yang lebih baik"
"I leave to depart from all teachings and all teachers"
"Saya pergi meninggalkan semua ajaran dan semua guru"
"I leave to reach my goal by myself, or to die"

"Saya pergi untuk mencapai matlamat saya sendiri, atau mati"
"But often, I'll think of this day, oh exalted one"
"Tetapi selalunya, saya akan memikirkan hari ini, wahai yang dimuliakan"
"and I'll think of this hour, when my eyes beheld a holy man"
"dan saya akan memikirkan saat ini, apabila mata saya melihat seorang lelaki suci"
The Buddha's eyes quietly looked to the ground
Mata Buddha dengan tenang memandang ke tanah
quietly, in perfect equanimity, his inscrutable face was smiling
secara senyap-senyap, dalam ketenangan yang sempurna, wajahnya yang tidak dapat diteliti sedang tersenyum
the venerable one spoke slowly
Yang Mulia bercakap perlahan
"I wish that your thoughts shall not be in error"
"Saya harap fikiran anda tidak salah"
"I wish that you shall reach the goal!"
"Saya berharap anda akan mencapai matlamat!"
"But there is something I ask you to tell me"
"Tetapi ada sesuatu yang saya minta awak beritahu saya"
"Have you seen the multitude of my Samanas?"
"Adakah anda melihat ramainya Samana saya?"
"they have taken refuge in the teachings"
"mereka telah berlindung kepada ajaran"
"do you believe it would be better for them to abandon the teachings?"
"Adakah anda percaya adalah lebih baik bagi mereka untuk meninggalkan ajaran?"
"should they to return into the world of desires?"
"Adakah mereka harus kembali ke dunia keinginan?"
"Far is such a thought from my mind" exclaimed Siddhartha
"Jauhnya pemikiran seperti itu dari fikiran saya" seru Siddhartha
"I wish that they shall all stay with the teachings"

"Saya harap mereka semua akan kekal dengan ajaran"
"I wish that they shall reach their goal!"
"Saya harap mereka akan mencapai matlamat mereka!"
"It is not my place to judge another person's life"
"Bukan tempat saya untuk menilai kehidupan orang lain"
"I can only judge my own life "
"Saya hanya boleh menilai hidup saya sendiri"
"I must decide, I must chose, I must refuse"
"Saya mesti membuat keputusan, saya mesti memilih, saya mesti menolak"
"Salvation from the self is what we Samanas search for"
"Keselamatan dari diri adalah apa yang kita cari oleh Samana"
"oh exalted one, if only I were one of your disciples"
"Wahai Yang Mulia, seandainya aku salah seorang dari murid-Mu"
"I'd fear that it might happen to me"
"Saya takut ia mungkin berlaku kepada saya"
"only seemingly, would my self be calm and be redeemed"
"Nampaknya, saya akan tenang dan ditebus"
"but in truth it would live on and grow"
"tetapi sebenarnya ia akan terus hidup dan berkembang"
"because then I would replace my self with the teachings"
"Kerana aku akan menggantikan diriku dengan ajaran"
"my self would be my duty to follow you"
"diri saya akan menjadi kewajipan saya untuk mengikut awak"
"my self would be my love for you"
"diri saya akan menjadi cinta saya untuk awak"
"and my self would be the community of the monks!"
"dan diri saya akan menjadi komuniti sami!"
With half of a smile Gotama looked into the stranger's eyes
Dengan separuh senyuman Gotama memandang ke dalam mata orang asing itu
his eyes were unwaveringly open and kind
matanya tidak berbelah bahagi dan baik hati
he bid him to leave with a hardly noticeable gesture

dia memintanya untuk pergi dengan isyarat yang tidak ketara

"You are wise, oh Samana" the venerable one spoke

"Engkau bijak, oh Samana" Yang Mulia bercakap

"You know how to talk wisely, my friend"

"Anda tahu bagaimana bercakap dengan bijak, kawan saya"

"Be aware of too much wisdom!"

"Ketahuilah terlalu banyak kebijaksanaan!"

The Buddha turned away

Buddha berpaling

Siddhartha would never forget his glance

Siddhartha tidak akan melupakan pandangannya

his half smile remained forever etched in Siddhartha's memory

separuh senyumannya kekal selamanya terukir dalam ingatan Siddhartha

Siddhartha thought to himself

Siddhartha berfikir sendiri

"I have never before seen a person glance and smile this way"

"Saya tidak pernah melihat seseorang memandang dan tersenyum seperti ini"

"no one else sits and walks like he does"

"tiada orang lain yang duduk dan berjalan seperti dia"

"truly, I wish to be able to glance and smile this way"

"Sesungguhnya, saya ingin dapat memandang dan tersenyum dengan cara ini"

"I wish to be able to sit and walk this way, too"

"Saya ingin dapat duduk dan berjalan dengan cara ini juga"

"liberated, venerable, concealed, open, childlike and mysterious"

"dibebaskan, dihormati, tersembunyi, terbuka, seperti kanak-kanak dan misteri"

"he must have succeeded in reaching the innermost part of his self"

"dia pasti berjaya mencapai bahagian paling dalam dari dirinya"

"only then can someone glance and walk this way"
"barulah seseorang boleh melihat dan berjalan ke arah ini"
"I will also seek to reach the innermost part of my self"
"Saya juga akan berusaha untuk mencapai bahagian terdalam diri saya"
"I saw a man" Siddhartha thought
"Saya melihat seorang lelaki" fikir Siddhartha
"a single man, before whom I would have to lower my glance"
"seorang lelaki bujang, di hadapannya saya perlu menundukkan pandangan saya"
"I do not want to lower my glance before anyone else"
"Saya tidak mahu merendahkan pandangan saya sebelum orang lain"
"No teachings will entice me more anymore"
"Tiada ajaran yang akan menarik saya lagi"
"because this man's teachings have not enticed me"
"kerana ajaran lelaki ini tidak memikat saya"
"I am deprived by the Buddha" thought Siddhartha
"Saya dilucutkan oleh Buddha" fikir Siddhartha
"I am deprived, although he has given so much"
"Saya kekurangan, walaupun dia telah memberi begitu banyak"
"he has deprived me of my friend"
"dia telah merampas kawan saya"
"my friend who had believed in me"
"kawan saya yang telah mempercayai saya"
"my friend who now believes in him"
"kawan saya yang kini percaya kepadanya"
"my friend who had been my shadow"
"kawan saya yang pernah menjadi bayangan saya"
"and now he is Gotama's shadow"
"dan sekarang dia adalah bayangan Gotama"
"but he has given me Siddhartha"
"tetapi dia telah memberikan saya Siddhartha"
"he has given me myself"

"dia telah memberikan saya diri saya"

Awakening
Kebangkitan

Siddhartha left the mango grove behind him
Siddhartha meninggalkan kebun mangga di belakangnya
but he felt his past life also stayed behind
tetapi dia merasakan kehidupan lampaunya juga tertinggal
the Buddha, the perfected one, stayed behind
Buddha, yang sempurna, tinggal di belakang
and Govinda stayed behind too
dan Govinda tinggal di belakang juga
and his past life had parted from him
dan kehidupan lampaunya telah berpisah dengannya
he pondered as he was walking slowly
dia merenung sambil berjalan perlahan-lahan
he pondered about this sensation, which filled him completely
dia merenung tentang sensasi ini, yang memenuhinya sepenuhnya
He pondered deeply, like diving into a deep water
Dia merenung dalam-dalam, seperti menyelam ke dalam air yang dalam
he let himself sink down to the ground of the sensation
dia membiarkan dirinya tenggelam ke bumi sensasi itu
he let himself sink down to the place where the causes lie
dia membiarkan dirinya tenggelam ke tempat di mana puncanya terletak
to identify the causes is the very essence of thinking
untuk mengenal pasti punca adalah intipati pemikiran
this was how it seemed to him
beginilah rupa baginya

and by this alone, sensations turn into realizations
dan dengan ini sahaja, sensasi bertukar menjadi kesedaran
and these sensations are not lost
dan sensasi ini tidak hilang
but the sensations become entities
tetapi sensasi menjadi entiti
and the sensations start to emit what is inside of them
dan sensasi mula memancarkan apa yang ada di dalamnya
they show their truths like rays of light
mereka menunjukkan kebenaran mereka seperti sinaran cahaya
Slowly walking along, Siddhartha pondered
Perlahan-lahan berjalan bersama, Siddhartha merenung
He realized that he was no youth any more
Dia sedar bahawa dia bukan remaja lagi
he realized that he had turned into a man
dia menyedari bahawa dia telah bertukar menjadi seorang lelaki
He realized that something had left him
Dia menyedari sesuatu telah meninggalkannya
the same way a snake is left by its old skin
sama seperti ular ditinggalkan oleh kulit tuanya
what he had throughout his youth no longer existed in him
apa yang dia miliki sepanjang masa mudanya tidak lagi wujud dalam dirinya
it used to be a part of him; the wish to have teachers
ia pernah menjadi sebahagian daripadanya; keinginan untuk mempunyai guru
the wish to listen to teachings
keinginan untuk mendengar ajaran
He had also left the last teacher who had appeared on his path
Dia juga telah meninggalkan guru terakhir yang muncul di laluannya
he had even left the highest and wisest teacher

dia bahkan telah meninggalkan guru yang paling tinggi dan paling bijak
he had left the most holy one, Buddha
dia telah meninggalkan yang paling suci, Buddha
he had to part with him, unable to accept his teachings
dia terpaksa berpisah dengannya, tidak dapat menerima ajarannya
Slower, he walked along in his thoughts
Perlahan, dia berjalan dalam fikirannya
and he asked himself, "But what is this?"
dan dia bertanya kepada dirinya sendiri, "Tetapi apakah ini?"
"what have you sought to learn from teachings and from teachers?"
"apa yang anda ingin pelajari daripada pengajaran dan daripada guru?"
"and what were they, who have taught you so much?"
"dan apakah mereka, yang telah mengajar kamu begitu banyak?"
"what are they if they have been unable to teach you?"
"apakah mereka jika mereka tidak dapat mengajar kamu?"
And he found, "It was the self"
Dan dia mendapati, "Ia adalah diri sendiri"
"it was the purpose and essence of which I sought to learn"
"ia adalah tujuan dan intipati yang saya cuba pelajari"
"It was the self I wanted to free myself from"
"Ia adalah diri yang saya mahu membebaskan diri daripada"
"the self which I sought to overcome"
"diri yang saya cuba atasi"
"But I was not able to overcome it"
"Tetapi saya tidak dapat mengatasinya"
"I could only deceive it"
"Saya hanya boleh menipunya"
"I could only flee from it"
"Saya hanya boleh melarikan diri daripadanya"
"I could only hide from it"
"Saya hanya boleh bersembunyi daripadanya"

"Truly, no thing in this world has kept my thoughts so busy"
"Sungguh, tiada perkara di dunia ini yang membuat fikiran saya sibuk"
"I have been kept busy by the mystery of me being alive"
"Saya telah disibukkan oleh misteri saya masih hidup"
"the mystery of me being one"
"misteri saya menjadi satu"
"the mystery if being separated and isolated from all others"
"misteri jika dipisahkan dan diasingkan daripada yang lain"
"the mystery of me being Siddhartha!"
"misteri saya menjadi Siddhartha!"
"And there is no thing in this world I know less about"
"Dan tidak ada perkara di dunia ini yang saya kurang tahu"
he had been pondering while slowly walking along
dia telah merenung sambil berjalan perlahan-lahan
he stopped as these thoughts caught hold of him
dia berhenti apabila fikiran ini menangkapnya
and right away another thought sprang forth from these thoughts
dan serta merta satu lagi pemikiran tercetus daripada pemikiran ini
"there's one reason why I know nothing about myself"
"ada satu sebab mengapa saya tidak tahu apa-apa tentang diri saya"
"there's one reason why Siddhartha has remained alien to me"
"Ada satu sebab mengapa Siddhartha kekal asing bagi saya"
"all of this stems from one cause"
"semua ini berpunca daripada satu punca"
"I was afraid of myself, and I was fleeing"
"Saya takut pada diri saya sendiri, dan saya melarikan diri"
"I have searched for both Atman and Brahman"
"Saya telah mencari Atman dan Brahman"
"for this I was willing to dissect my self"
"untuk ini saya sanggup membedah diri saya"
"and I was willing to peel off all of its layers"

"dan saya sanggup mengupas semua lapisannya"
"I wanted to find the core of all peels in its unknown interior"
"Saya mahu mencari inti semua kulit di bahagian dalam yang tidak diketahui"
"the Atman, life, the divine part, the ultimate part"
"Atman, kehidupan, bahagian ilahi, bahagian akhir"
"But I have lost myself in the process"
"Tetapi saya telah kehilangan diri saya dalam proses itu"
Siddhartha opened his eyes and looked around
Siddhartha membuka matanya dan melihat sekeliling
looking around, a smile filled his face
melihat sekeliling, senyuman menghiasi wajahnya
a feeling of awakening from long dreams flowed through him
perasaan tersedar dari mimpi panjang mengalir dalam dirinya
the feeling flowed from his head down to his toes
perasaan itu mengalir dari kepala hingga ke hujung kaki
And it was not long before he walked again
Dan tidak lama kemudian dia berjalan semula
he walked quickly, like a man who knows what he has got to do
dia berjalan pantas, seperti seorang lelaki yang tahu apa yang dia perlu lakukan
"now I will not let Siddhartha escape from me again!"
"Sekarang saya tidak akan membiarkan Siddhartha melarikan diri daripada saya lagi!"
"I no longer want to begin my thoughts and my life with Atman"
"Saya tidak mahu lagi memulakan pemikiran dan hidup saya dengan Atman"
"nor do I want to begin my thoughts with the suffering of the world"
"Saya juga tidak mahu memulakan pemikiran saya dengan penderitaan dunia"
"I do not want to kill and dissect myself any longer"

"Saya tidak mahu membunuh dan membedah diri saya lagi"
"Yoga-Veda shall not teach me anymore"
"Yoga-Veda tidak akan mengajar saya lagi"
"nor Atharva-Veda, nor the ascetics"
" mahupun Atharva-Veda, mahupun para petapa"
"there will not be any kind of teachings"
"tidak akan ada apa-apa jenis ajaran"
"I want to learn from myself and be my student"
"Saya mahu belajar daripada diri saya sendiri dan menjadi pelajar saya"
"I want to get to know myself; the secret of Siddhartha"
"Saya ingin mengenali diri saya sendiri; rahsia Siddhartha"

He looked around, as if he was seeing the world for the first time
Dia melihat sekeliling, seolah-olah dia melihat dunia buat kali pertama
Beautiful and colourful was the world
Cantik dan berwarna-warni adalah dunia
strange and mysterious was the world
pelik dan misteri adalah dunia
Here was blue, there was yellow, here was green
Ini biru, ada kuning, sini hijau
the sky and the river flowed
langit dan sungai mengalir
the forest and the mountains were rigid
hutan dan pergunungan adalah tegar
all of the world was beautiful
semua dunia itu indah
all of it was mysterious and magical
semua itu adalah misteri dan ajaib
and in its midst was he, Siddhartha, the awakening one
dan di tengah-tengahnya adalah dia, Siddhartha, yang membangkitkan
and he was on the path to himself
dan dia berada di jalan untuk dirinya sendiri

all this yellow and blue and river and forest entered Siddhartha
semua kuning dan biru ini dan sungai dan hutan memasuki Siddhartha
for the first time it entered through the eyes
buat pertama kali ia masuk melalui mata
it was no longer a spell of Mara
itu bukan lagi mantra Mara
it was no longer the veil of Maya
itu bukan lagi selubung Maya
it was no longer a pointless and coincidental
ia bukan lagi sia-sia dan kebetulan
things were not just a diversity of mere appearances
perkara itu bukan sekadar kepelbagaian rupa semata-mata
appearances despicable to the deeply thinking Brahman
penampilan yang hina kepada Brahman yang berfikiran mendalam
the thinking Brahman scorns diversity, and seeks unity
Brahman yang berfikiran menghina kepelbagaian, dan mencari kesatuan
Blue was blue and river was river
Biru adalah biru dan sungai adalah sungai
the singular and divine lived hidden in Siddhartha
yang tunggal dan ilahi hidup tersembunyi di Siddhartha
divinity's way and purpose was to be yellow here, and blue there
cara dan tujuan ketuhanan adalah menjadi kuning di sini, dan biru di sana
there sky, there forest, and here Siddhartha
di sana langit, di sana hutan, dan di sini Siddhartha
The purpose and essential properties was not somewhere behind the things
Tujuan dan sifat penting tidak berada di belakang perkara itu
the purpose and essential properties was inside of everything
tujuan dan sifat penting adalah dalam segala-galanya

"How deaf and stupid have I been!" he thought
"Betapa pekak dan bodohnya saya!" fikirnya
and he walked swiftly along
dan dia berjalan dengan pantas
"When someone reads a text he will not scorn the symbols and letters"
"Apabila seseorang membaca teks dia tidak akan menghina simbol dan huruf"
"he will not call the symbols deceptions or coincidences"
"dia tidak akan memanggil simbol penipuan atau kebetulan"
"but he will read them as they were written"
"tetapi dia akan membacanya seperti yang tertulis"
"he will study and love them, letter by letter"
"dia akan belajar dan mengasihi mereka, huruf demi huruf"
"I wanted to read the book of the world and scorned the letters"
"Saya mahu membaca buku dunia dan mencemuh surat-surat itu"
"I wanted to read the book of myself and scorned the symbols"
"Saya mahu membaca buku saya sendiri dan menghina simbol"
"I called my eyes and my tongue coincidental"
"Saya memanggil mata dan lidah saya secara kebetulan"
"I said they were worthless forms without substance"
"Saya berkata mereka adalah bentuk yang tidak bernilai tanpa bahan"
"No, this is over, I have awakened"
"Tidak, ini sudah berakhir, saya telah bangun"
"I have indeed awakened"
"Saya sememangnya telah bangun"
"I had not been born before this very day"
"Saya belum dilahirkan sebelum hari ini"
In thinking these thoughts, Siddhartha suddenly stopped once again

Dalam memikirkan pemikiran ini, Siddhartha tiba-tiba
berhenti sekali lagi
he stopped as if there was a snake lying in front of him
dia berhenti seperti ada seekor ular terbaring di hadapannya
suddenly, he had also become aware of something else
tiba-tiba, dia juga telah menyedari sesuatu yang lain
He was indeed like someone who had just woken up
Dia memang seperti orang yang baru bangun tidur
he was like a new-born baby starting life anew
dia seperti bayi yang baru dilahirkan memulakan hidup baru
and he had to start again at the very beginning
dan dia terpaksa bermula semula pada awalnya
in the morning he had had very different intentions
pada waktu pagi dia mempunyai niat yang sangat berbeza
he had thought to return to his home and his father
dia telah berfikir untuk pulang ke rumahnya dan bapanya
But now he stopped as if a snake was lying on his path
Tetapi kini dia berhenti seperti seekor ular sedang berbaring
di laluannya
he made a realization of where he was
dia menyedari di mana dia berada
"I am no longer the one I was"
"Saya bukan lagi saya yang dulu"
"I am no ascetic anymore"
"Saya bukan zuhud lagi"
"I am not a priest anymore"
"Saya bukan imam lagi"
"I am no Brahman anymore"
"Saya bukan Brahman lagi"
"Whatever should I do at my father's place?"
"Apa yang perlu saya lakukan di tempat ayah saya?"
"Study? Make offerings? Practise meditation?"
"Belajar? Buat persembahan? Berlatih meditasi?"
"But all this is over for me"
"Tetapi semua ini sudah berakhir untuk saya"
"all of this is no longer on my path"

"semua ini tidak lagi berada di jalan saya"
Motionless, Siddhartha remained standing there
Tidak bergerak, Siddhartha tetap berdiri di situ
and for the time of one moment and breath, his heart felt cold
dan untuk seketika dan nafas, hatinya terasa sejuk
he felt a coldness in his chest
dia terasa sejuk di dadanya
the same feeling a small animal feels when it sees how alone it is
perasaan yang sama yang dirasai oleh haiwan kecil apabila ia melihat betapa keseorangannya
For many years, he had been without home and had felt nothing
Selama bertahun-tahun, dia tidak mempunyai rumah dan tidak merasakan apa-apa
Now, he felt he had been without a home
Kini, dia merasakan dia telah tiada rumah
Still, even in the deepest meditation, he had been his father's son
Namun, walaupun dalam meditasi yang paling dalam, dia adalah anak kepada bapanya
he had been a Brahman, of a high caste
dia adalah seorang Brahman, daripada kasta tinggi
he had been a cleric
dia pernah menjadi ulama
Now, he was nothing but Siddhartha, the awoken one
Sekarang, dia hanyalah Siddhartha, yang telah bangun
nothing else was left of him
tiada lagi yang tinggal daripadanya
Deeply, he inhaled and felt cold
Dalam-dalam, dia menarik nafas dan berasa sejuk
a shiver ran through his body
menggigil melanda tubuhnya
Nobody was as alone as he was
Tiada siapa yang keseorangan seperti dia

There was no nobleman who did not belong to the noblemen
Tidak ada bangsawan yang bukan milik bangsawan
there was no worker that did not belong to the workers
tidak ada pekerja yang bukan milik pekerja
they had all found refuge among themselves
mereka semua telah mendapat perlindungan di antara mereka sendiri
they shared their lives and spoke their languages
mereka berkongsi kehidupan mereka dan bercakap bahasa mereka
there are no Brahman who would not be regarded as Brahmans
tidak ada Brahman yang tidak akan dianggap sebagai Brahman
and there are no Brahmans that didn't live as Brahmans
dan tidak ada Brahman yang tidak hidup sebagai Brahman
there are no ascetic who could not find refuge with the Samanas
tidak ada seorang pertapa yang tidak dapat berlindung dengan Samana
and even the most forlorn hermit in the forest was not alone
dan bahkan pertapa yang paling malang di dalam hutan tidak bersendirian
he was also surrounded by a place he belonged to
dia juga dikelilingi oleh tempat miliknya
he also belonged to a caste in which he was at home
dia juga tergolong dalam kasta di mana dia berada di rumah
Govinda had left him and became a monk
Govinda telah meninggalkannya dan menjadi seorang sami
and a thousand monks were his brothers
dan seribu bhikkhu adalah saudaranya
they wore the same robe as him
mereka memakai jubah yang sama dengannya
they believed in his faith and spoke his language
mereka percaya kepada imannya dan bercakap bahasanya

But he, Siddhartha, where did he belong to?
Tetapi dia, Siddhartha, di manakah dia berada?
With whom would he share his life?
Dengan siapa dia akan berkongsi hidupnya?
Whose language would he speak?
Bahasa siapa dia akan bercakap?
the world melted away all around him
dunia lebur di sekelilingnya
he stood alone like a star in the sky
dia berdiri seorang diri seperti bintang di langit
cold and despair surrounded him
kesejukan dan keputusasaan menyelubunginya
but Siddhartha emerged out of this moment
tetapi Siddhartha muncul dari saat ini
Siddhartha emerged more his true self than before
Siddhartha muncul lebih dirinya yang sebenarnya daripada sebelumnya
he was more firmly concentrated than he had ever been
dia lebih tegas tertumpu daripada dia pernah
He felt; "this had been the last tremor of the awakening"
Dia merasakan; "ini adalah gegaran terakhir kebangkitan"
"the last struggle of this birth"
"perjuangan terakhir kelahiran ini"
And it was not long until he walked again in long strides
Dan tidak lama kemudian dia berjalan semula dengan langkah yang panjang
he started to proceed swiftly and impatiently
dia mula meneruskan dengan pantas dan tidak sabar
he was no longer going home
dia tidak lagi pulang ke rumah
he was no longer going to his father
dia tidak lagi pergi kepada bapanya

Part Two
Bahagian Kedua

***

Kamala

Siddhartha learned something new on every step of his path
Siddhartha belajar sesuatu yang baru di setiap langkahnya
because the world was transformed and his heart was enchanted
kerana dunia telah berubah dan hatinya terpesona
He saw the sun rising over the mountains
Dia melihat matahari terbit di atas pergunungan
and he saw the sun setting over the distant beach
dan dia melihat matahari terbenam di atas pantai yang jauh
At night, he saw the stars in the sky in their fixed positions
Pada waktu malam, dia melihat bintang-bintang di langit dalam kedudukan tetap mereka
and he saw the crescent of the moon floating like a boat in the blue
dan dia melihat anak bulan terapung seperti perahu dalam warna biru
He saw trees, stars, animals, and clouds
Dia melihat pokok, bintang, haiwan, dan awan
rainbows, rocks, herbs, flowers, streams and rivers
pelangi, batu, herba, bunga, sungai dan sungai
he saw the glistening dew in the bushes in the morning
dia melihat embun yang berkilauan di dalam semak pada waktu pagi
he saw distant high mountains which were blue
dia melihat gunung-gunung tinggi yang jauh berwarna biru
wind blew through the rice-field
angin bertiup melalui sawah
all of this, a thousand-fold and colourful, had always been there

semua ini, seribu kali ganda dan berwarna-warni, sentiasa ada
the sun and the moon had always shone
matahari dan bulan sentiasa bersinar
rivers had always roared and bees had always buzzed
sungai sentiasa mengaum dan lebah sentiasa berdengung
but in former times all of this had been a deceptive veil
tetapi pada zaman dahulu semua ini adalah tabir yang menipu
to him it had been nothing more than fleeting
baginya ia tidak lebih daripada sekejap
it was supposed to be looked upon in distrust
ia sepatutnya dipandang dalam ketidakpercayaan
it was destined to be penetrated and destroyed by thought
ia telah ditakdirkan untuk ditembusi dan dimusnahkan oleh pemikiran
since it was not the essence of existence
kerana ia bukan intipati kewujudan
since this essence lay beyond, on the other side of, the visible
kerana intipati ini terletak di luar, di sisi lain, yang boleh dilihat
But now, his liberated eyes stayed on this side
Tetapi kini, matanya yang dibebaskan kekal di sisi ini
he saw and became aware of the visible
dia melihat dan menyedari yang nampak
he sought to be at home in this world
dia berusaha untuk berada di rumah di dunia ini
he did not search for the true essence
dia tidak mencari intipati yang sebenar
he did not aim at a world beyond
dia tidak menyasarkan dunia di luar
this world was beautiful enough for him
dunia ini cukup indah untuknya
looking at it like this made everything childlike
melihatnya seperti ini menjadikan semuanya seperti kanak-kanak

Beautiful were the moon and the stars
Cantiknya bulan dan bintang
beautiful was the stream and the banks
indah adalah sungai dan tebing
the forest and the rocks, the goat and the gold-beetle
hutan dan batu, kambing dan kumbang emas
the flower and the butterfly; beautiful and lovely it was
bunga dan rama-rama; indah dan indah itu
to walk through the world was childlike again
untuk berjalan melalui dunia adalah seperti kanak-kanak lagi
this way he was awoken
dengan cara ini dia terjaga
this way he was open to what is near
dengan cara ini dia terbuka kepada apa yang dekat
this way he was without distrust
dengan cara ini dia tanpa rasa curiga
differently the sun burnt the head
berbeza matahari membakar kepala
differently the shade of the forest cooled him down
berbeza teduhan hutan menyejukkan dia
differently the pumpkin and the banana tasted
berbeza labu dan pisang rasanya
Short were the days, short were the nights
Singkatnya hari, singkatnya malam
every hour sped swiftly away like a sail on the sea
setiap jam meluncur laju seperti layar di laut
and under the sail was a ship full of treasures, full of joy
dan di bawah layar itu terdapat sebuah kapal yang penuh dengan harta, penuh kegembiraan
Siddhartha saw a group of apes moving through the high canopy
Siddhartha melihat sekumpulan beruk bergerak melalui kanopi yang tinggi
they were high in the branches of the trees
mereka tinggi di dahan pokok
and he heard their savage, greedy song

dan dia mendengar lagu buas dan rakus mereka
Siddhartha saw a male sheep following a female one and mating with her
Siddhartha melihat seekor biri-biri jantan mengikuti seekor betina dan mengawan dengannya
In a lake of reeds, he saw the pike hungrily hunting for its dinner
Di tasik buluh, dia melihat pike itu sedang lapar memburu makan malamnya
young fish were propelling themselves away from the pike
ikan muda telah mendorong diri mereka dari pike
they were scared, wiggling and sparkling
mereka ketakutan, menggoyang-goyang dan berkilauan
the young fish jumped in droves out of the water
anak ikan melompat beramai-ramai keluar dari air
the scent of strength and passion came forcefully out of the water
bau kekuatan dan semangat keluar dengan kuat dari air
and the pike stirred up the scent
dan pike membangkitkan bau
All of this had always existed
Semua ini sentiasa wujud
and he had not seen it, nor had he been with it
dan dia tidak melihatnya, dan dia tidak pernah bersamanya
Now he was with it and he was part of it
Sekarang dia bersamanya dan dia adalah sebahagian daripadanya
Light and shadow ran through his eyes
Cahaya dan bayang-bayang menembusi matanya
stars and moon ran through his heart
bintang dan bulan berlari di dalam hatinya

Siddhartha remembered everything he had experienced in the Garden Jetavana
Siddhartha mengingati semua yang dia alami di Taman Jetavana

he remembered the teaching he had heard there from the divine Buddha
dia teringat ajaran yang telah didengarinya di sana daripada Buddha ketuhanan
he remembered the farewell from Govinda
dia teringat akan perpisahan daripada Govinda
he remembered the conversation with the exalted one
dia teringat perbualan dengan Yang Mulia
Again he remembered his own words that he had spoken to the exalted one
Sekali lagi dia teringat kata-katanya sendiri bahawa dia telah bercakap kepada Yang Maha Tinggi
he remembered every word
dia ingat setiap perkataan
he realized he had said things which he had not really known
dia sedar dia telah mengatakan perkara yang dia tidak tahu sebenarnya
he astonished himself with what he had said to Gotama
dia hairan dengan apa yang dia katakan kepada Gotama
the Buddha's treasure and secret was not the teachings
khazanah dan rahsia Buddha bukanlah ajaran
but the secret was the inexpressible and not teachable
tetapi rahsianya adalah yang tidak dapat diungkapkan dan tidak boleh diajar
the secret which he had experienced in the hour of his enlightenment
rahsia yang dia alami pada saat makrifatnya
the secret was nothing but this very thing which he had now gone to experience
rahsia itu tidak lain hanyalah perkara ini yang telah dia alami sekarang
the secret was what he now began to experience
rahsia itu adalah apa yang dia mula alami sekarang
Now he had to experience his self
Sekarang dia terpaksa mengalami sendiri

he had already known for a long time that his self was Atman
dia sudah lama mengetahui bahawa dirinya adalah Atman
he knew Atman bore the same eternal characteristics as Brahman
dia tahu Atman mempunyai ciri-ciri abadi yang sama seperti Brahman
But he had never really found this self
Tetapi dia tidak pernah benar-benar menemui diri ini
because he had wanted to capture the self in the net of thought
kerana dia ingin menangkap diri dalam jaring pemikiran
but the body was not part of the self
tetapi badan bukan sebahagian daripada diri
it was not the spectacle of the senses
ia bukan cermin mata pancaindera
so it also was not the thought, nor the rational mind
jadi ia juga bukan pemikiran, mahupun fikiran rasional
it was not the learned wisdom, nor the learned ability
itu bukanlah kebijaksanaan yang dipelajari, mahupun kebolehan yang dipelajari
from these things no conclusions could be drawn
daripada perkara-perkara ini tiada kesimpulan boleh dibuat
No, the world of thought was also still on this side
Tidak, dunia pemikiran juga masih di sebelah ini
Both, the thoughts as well as the senses, were pretty things
Kedua-duanya, pemikiran dan juga deria, adalah perkara yang cantik
but the ultimate meaning was hidden behind both of them
tetapi maksud utama tersembunyi di sebalik kedua-duanya
both had to be listened to and played with
kedua-duanya terpaksa didengari dan dipermainkan
neither had to be scorned nor overestimated
tidak perlu dicemuh mahupun dipandang tinggi
there were secret voices of the innermost truth
terdapat suara-suara rahsia kebenaran yang paling dalam

these voices had to be attentively perceived
suara-suara ini harus ditanggapi dengan penuh perhatian
He wanted to strive for nothing else
Dia tidak mahu berusaha untuk apa-apa lagi
he would do what the voice commanded him to do
dia akan melakukan apa yang disuruh oleh suara itu
he would dwell where the voices advised him to
dia akan tinggal di mana suara-suara menasihatinya
Why had Gotama sat down under the Bodhi tree?
Mengapa Gotama duduk di bawah pokok Bodhi?
He had heard a voice in his own heart
Dia telah mendengar suara dalam hatinya sendiri
a voice which had commanded him to seek rest under this tree
suara yang telah memerintahkannya untuk mencari rehat di bawah pokok ini
he could have gone on to make offerings
dia boleh pergi membuat persembahan
he could have performed his ablutions
dia boleh berwuduk
he could have spent that moment in prayer
dia boleh menghabiskan masa itu dalam solat
he had chosen not to eat or drink
dia telah memilih untuk tidak makan atau minum
he had chosen not to sleep or dream
dia telah memilih untuk tidak tidur atau bermimpi
instead, he had obeyed the voice
sebaliknya, dia telah menuruti suara itu
To obey like this was good
Untuk mematuhi seperti ini adalah baik
it was good not to obey to an external command
adalah baik untuk tidak mematuhi perintah luar
it was good to obey only the voice
adalah baik untuk mematuhi suara sahaja
to be ready like this was good and necessary
untuk bersedia seperti ini adalah baik dan perlu

there was nothing else that was necessary
tiada apa-apa lagi yang perlu

in the night Siddhartha got to a river
pada malam Siddhartha sampai ke sebatang sungai
he slept in the straw hut of a ferryman
dia tidur di pondok jerami seorang feri
this night Siddhartha had a dream
malam ini Siddhartha bermimpi
Govinda was standing in front of him
Govinda berdiri di hadapannya
he was dressed in the yellow robe of an ascetic
dia memakai jubah kuning seorang zuhud
Sad was how Govinda looked
Sedih rupa Govinda
sadly he asked, "Why have you forsaken me?"
dengan sedih dia bertanya, "Mengapa kamu meninggalkan saya?"
Siddhartha embraced Govinda, and wrapped his arms around him
Siddhartha memeluk Govinda, dan memeluknya
he pulled him close to his chest and kissed him
dia menariknya rapat ke dada dan menciumnya
but it was not Govinda anymore, but a woman
tetapi ia bukan Govinda lagi, tetapi seorang wanita
a full breast popped out of the woman's dress
payudara penuh tersembul dari pakaian wanita itu
Siddhartha lay and drank from the breast
Siddhartha berbaring dan minum dari payudara
sweetly and strongly tasted the milk from this breast
terasa manis dan kuat susu dari payudara ini
It tasted of woman and man
Rasanya wanita dan lelaki
it tasted of sun and forest
ia merasakan matahari dan hutan
it tasted of animal and flower

rasanya haiwan dan bunga
it tasted of every fruit and every joyful desire
ia merasai setiap buah dan setiap keinginan yang menggembirakan
It intoxicated him and rendered him unconscious
Ia memabukkannya dan menyebabkan dia tidak sedarkan diri
Siddhartha woke up from the dream
Siddhartha tersedar dari mimpi itu
the pale river shimmered through the door of the hut
sungai pucat berkilauan melalui pintu pondok
a dark call of an owl resounded deeply through the forest
seruan gelap burung hantu bergema di dalam hutan
Siddhartha asked the ferryman to get him across the river
Siddhartha meminta feri untuk membawanya menyeberangi sungai
The ferryman got him across the river on his bamboo-raft
Pengangkut feri membawanya menyeberangi sungai dengan rakit buluhnya
the water shimmered reddish in the light of the morning
airnya berkilauan kemerah-merahan dalam cahaya pagi
"This is a beautiful river," he said to his companion
"Ini adalah sungai yang indah," katanya kepada temannya
"Yes," said the ferryman, "a very beautiful river"
"Ya," kata si feri, "sungai yang sangat indah"
"I love it more than anything"
"Saya menyukainya lebih daripada segala-galanya"
"Often I have listened to it"
"Seringkali saya mendengarnya"
"often I have looked into its eyes"
"Seringkali saya melihat matanya"
"and I have always learned from it"
"dan saya sentiasa belajar daripadanya"
"Much can be learned from a river"
"Banyak yang boleh dipelajari dari sungai"
"I thank you, my benefactor" spoke Siddhartha
"Saya terima kasih, dermawan saya" kata Siddhartha

he disembarked on the other side of the river
dia turun ke seberang sungai
"I have no gift I could give you for your hospitality, my dear"
"Saya tidak mempunyai hadiah yang boleh saya berikan kepada awak untuk keramahan awak, sayang saya"
"and I also have no payment for your work"
"dan saya juga tiada bayaran untuk kerja awak"
"I am a man without a home"
"Saya seorang lelaki tanpa rumah"
"I am the son of a Brahman and a Samana"
"Saya adalah anak seorang Brahman dan seorang Samana"
"I did see it," spoke the ferryman
"Saya nampaknya," kata si feri
"I did not expect any payment from you"
"Saya tidak mengharapkan sebarang bayaran daripada awak"
"it is custom for guests to bear a gift"
"adalah kebiasaan untuk tetamu membawa hadiah"
"but I did not expect this from you either"
"tetapi saya juga tidak mengharapkan ini daripada awak"
"You will give me the gift another time"
"Anda akan memberi saya hadiah lain kali"
"Do you think so?" asked Siddhartha, bemusedly
"Adakah anda fikir begitu?" tanya Siddhartha, bengang
"I am sure of it," replied the ferryman
"Saya pasti," jawab si feri
"This too, I have learned from the river"
"Ini juga, saya telah belajar dari sungai"
"everything that goes comes back!"
"semua yang berlalu datang kembali!"
"You too, Samana, will come back"
"Anda juga, Samana, akan kembali"
"Now farewell! Let your friendship be my reward"
"Sekarang selamat tinggal! Biarkan persahabatan anda menjadi ganjaran saya"
"Commemorate me, when you make offerings to the gods"

"Peringati saya, apabila anda membuat persembahan kepada para dewa"
Smiling, they parted from each other
Sambil tersenyum, mereka berpisah antara satu sama lain
Smiling, Siddhartha was happy about the friendship
Sambil tersenyum, Siddhartha gembira dengan persahabatan itu
and he was happy about the kindness of the ferryman
dan dia gembira dengan kebaikan orang feri itu
"He is like Govinda," he thought with a smile
"Dia seperti Govinda," fikirnya sambil tersenyum
"all I meet on my path are like Govinda"
"semua yang saya temui di jalan saya adalah seperti Govinda"
"All are thankful for what they have"
"Semua bersyukur dengan apa yang mereka ada"
"but they are the ones who would have a right to receive thanks"
"tetapi merekalah yang berhak menerima terima kasih"
"all are submissive and would like to be friends"
"semua tunduk dan ingin berkawan"
"all like to obey and think little"
"semua suka patuh dan berfikir sedikit"
"all people are like children"
"semua manusia seperti kanak-kanak"

At about noon, he came through a village
Kira-kira tengah hari, dia melalui sebuah kampung
In front of the mud cottages, children were rolling about in the street
Di hadapan kotej lumpur, kanak-kanak berguling-guling di jalan
they were playing with pumpkin-seeds and sea-shells
mereka bermain dengan biji labu dan kerang laut
they screamed and wrestled with each other
mereka menjerit dan bergelut sesama sendiri
but they all timidly fled from the unknown Samana

tetapi mereka semua dengan takut-takut melarikan diri dari Samana yang tidak diketahui

In the end of the village, the path led through a stream
Di hujung kampung, laluan itu menghala ke sebatang sungai
by the side of the stream, a young woman was kneeling
di tepi sungai, seorang wanita muda sedang berlutut
she was washing clothes in the stream
dia sedang membasuh pakaian di sungai
When Siddhartha greeted her, she lifted her head
Apabila Siddhartha menyambutnya, dia mengangkat kepalanya
and she looked up to him with a smile
dan dia memandang ke arahnya sambil tersenyum
he could see the white in her eyes glistening
dia dapat melihat putih di matanya berkilauan
He called out a blessing to her
Dia menyeru rahmat kepadanya
this was the custom among travellers
ini adalah kebiasaan di kalangan pengembara
and he asked how far it was to the large city
dan dia bertanya sejauh mana ia ke bandar besar itu
Then she got up and came to him
Kemudian dia bangun dan datang kepadanya
beautifully her wet mouth was shimmering in her young face
cantik mulutnya yang basah berkilauan di wajah mudanya
She exchanged humorous banter with him
Dia bertukar gurauan lucu dengannya
she asked whether he had eaten already
dia bertanya sama ada dia sudah makan
and she asked curious questions
dan dia bertanya soalan yang ingin tahu
"is it true that the Samanas slept alone in the forest at night?"
"adakah benar orang Samana itu tidur seorang diri di dalam hutan pada waktu malam?"

"is it true Samanas are not allowed to have women with them"
"adakah benar Samana tidak dibenarkan membawa wanita bersama mereka"
While talking, she put her left foot on his right one
Semasa bercakap, dia meletakkan kaki kirinya di atas kaki kanannya
the movement of a woman who would want to initiate sexual pleasure
pergerakan seorang wanita yang ingin memulakan keseronokan seksual
the textbooks call this "climbing a tree"
buku teks memanggil ini "memanjat pokok"
Siddhartha felt his blood heating up
Siddhartha merasakan darahnya memanas
he had to think of his dream again
dia terpaksa memikirkan mimpinya semula
he bend slightly down to the woman
dia membongkok sedikit ke arah perempuan itu
and he kissed with his lips the brown nipple of her breast
dan dia mencium dengan bibir puting coklat payudaranya
Looking up, he saw her face smiling
Dia mendongak, dia melihat wajahnya tersenyum
and her eyes were full of lust
dan matanya penuh dengan nafsu
Siddhartha also felt desire for her
Siddhartha juga merasakan keinginan untuknya
he felt the source of his sexuality moving
dia merasakan sumber seksualitinya bergerak
but he had never touched a woman before
tetapi dia tidak pernah menyentuh seorang wanita sebelum ini
so he hesitated for a moment
jadi dia teragak-agak seketika
his hands were already prepared to reach out for her
tangannya sudah bersedia untuk mencapainya

but then he heard the voice of his innermost self
tetapi kemudian dia mendengar suara hati yang paling dalam
he shuddered with awe at his voice
dia menggigil kagum dengan suaranya
and this voice told him no
dan suara ini memberitahunya tidak
all charms disappeared from the young woman's smiling face
hilang segala pesona dari wajah tersenyum wanita muda itu
he no longer saw anything else but a damp glance
dia tidak lagi melihat apa-apa selain pandangan yang lembap
all he could see was female animal in heat
yang dia nampak hanyalah haiwan betina dalam keadaan panas
Politely, he petted her cheek
Dengan sopan, dia membelai pipinya
he turned away from her and disappeared away
dia berpaling darinya dan menghilang
he left from the disappointed woman with light steps
dia meninggalkan wanita yang kecewa itu dengan langkah ringan
and he disappeared into the bamboo-wood
dan dia menghilang ke dalam kayu buluh

he reached the large city before the evening
dia sampai ke bandar besar itu sebelum petang
and he was happy to have reached the city
dan dia gembira telah sampai ke bandar
because he felt the need to be among people
kerana dia merasakan keperluan untuk berada di kalangan orang ramai
or a long time, he had lived in the forests
atau sudah lama, dia tinggal di dalam hutan
for first time in a long time he slept under a roof
buat pertama kali dalam masa yang lama dia tidur di bawah bumbung

Before the city was a beautifully fenced garden
Sebelum bandar itu adalah taman berpagar yang indah
the traveller came across a small group of servants
musafir itu terserempak dengan sekumpulan kecil hamba
the servants were carrying baskets of fruit
hamba-hamba itu membawa bakul buah-buahan
four servants were carrying an ornamental sedan-chair
empat orang hamba membawa sebuah kerusi sedan hiasan
on this chair sat a woman, the mistress
di atas kerusi ini duduk seorang wanita, perempuan simpanan
she was on red pillows under a colourful canopy
dia berada di atas bantal merah di bawah kanopi berwarna-warni
Siddhartha stopped at the entrance to the pleasure-garden
Siddhartha berhenti di pintu masuk ke taman keseronokan
and he watched the parade go by
dan dia melihat perarakan itu berlalu
he saw saw the servants and the maids
dia melihat melihat hamba dan dayang
he saw the baskets and the sedan-chair
dia melihat bakul dan kerusi sedan
and he saw the lady on the chair
dan dia melihat wanita itu di atas kerusi
Under her black hair he saw a very delicate face
Di bawah rambut hitamnya dia melihat wajah yang sangat halus
a bright red mouth, like a freshly cracked fig
mulut merah terang, seperti buah ara yang baru retak
eyebrows which were well tended and painted in a high arch
kening yang dijaga dengan baik dan dicat dalam lengkungan yang tinggi
they were smart and watchful dark eyes
mereka adalah mata gelap yang bijak dan berhati-hati
a clear, tall neck rose from a green and golden garment

leher yang jelas dan tinggi meningkat daripada pakaian hijau dan emas
her hands were resting, long and thin
tangannya berehat, panjang dan kurus
she had wide golden bracelets over her wrists
dia mempunyai gelang emas lebar di atas pergelangan tangannya
Siddhartha saw how beautiful she was, and his heart rejoiced
Siddhartha melihat betapa cantiknya dia, dan hatinya bergembira
He bowed deeply, when the sedan-chair came closer
Dia tunduk dalam-dalam, apabila kerusi sedan itu semakin dekat
straightening up again, he looked at the fair, charming face
menegakkan badan semula, dia memandang wajah yang adil dan menawan itu
he read her smart eyes with the high arcs
dia membaca mata pintarnya dengan arka tinggi
he breathed in a fragrance of something he did not know
dia menghirup haruman sesuatu yang dia tidak tahu
With a smile, the beautiful woman nodded for a moment
Dengan senyuman, wanita cantik itu mengangguk seketika
then she disappeared into the garden
kemudian dia menghilang ke taman
and then the servants disappeared as well
dan kemudian hamba-hamba itu hilang juga
"I am entering this city with a charming omen" Siddhartha thought
"Saya memasuki bandar ini dengan petanda yang menarik" fikir Siddhartha
He instantly felt drawn into the garden
Dia serta-merta berasa tertarik ke taman
but he thought about his situation
tetapi dia memikirkan keadaannya

he became aware of how the servants and maids had looked at him
dia menyedari bagaimana hamba-hamba dan pembantu rumah memandangnya
they thought him despicable, distrustful, and rejected him
mereka menganggapnya hina, tidak percaya, dan menolaknya
"I am still a Samana" he thought
"Saya masih Samana" fikirnya
"I am still an ascetic and beggar"
"Saya masih seorang yang zuhud dan pengemis"
"I must not remain like this"
"Saya tidak boleh kekal seperti ini"
"I will not be able to enter the garden like this," he laughed
"Saya tidak akan dapat memasuki taman seperti ini," katanya ketawa
he asked the next person who came along the path about the garden
dia bertanya kepada orang seterusnya yang datang di sepanjang jalan mengenai taman itu
and he asked for the name of the woman
dan dia bertanyakan nama perempuan itu
he was told that this was the garden of Kamala, the famous courtesan
dia diberitahu bahawa ini adalah taman Kamala, pelacur yang terkenal
and he was told that she also owned a house in the city
dan dia diberitahu bahawa dia juga memiliki sebuah rumah di bandar itu
Then, he entered the city with a goal
Kemudian, dia memasuki bandar dengan matlamat
Pursuing his goal, he allowed the city to suck him in
Mengejar matlamatnya, dia membenarkan bandar itu menyedutnya
he drifted through the flow of the streets
dia hanyut melalui arus jalanan
he stood still on the squares in the city

dia berdiri diam di dataran di kota itu
he rested on the stairs of stone by the river
dia berehat di atas tangga batu di tepi sungai
When the evening came, he made friends with a barber's assistant
Apabila petang tiba, dia berkawan dengan seorang pembantu tukang gunting rambut
he had seen him working in the shade of an arch
dia telah melihat dia bekerja di bawah naungan gerbang
and he found him again praying in a temple of Vishnu
dan dia mendapati dia lagi berdoa di kuil Wisnu
he told about stories of Vishnu and the Lakshmi
dia menceritakan tentang kisah Vishnu dan Lakshmi
Among the boats by the river, he slept this night
Di antara bot-bot di tepi sungai, dia tidur malam ini
Siddhartha came to him before the first customers came into his shop
Siddhartha datang kepadanya sebelum pelanggan pertama datang ke kedainya
he had the barber's assistant shave his beard and cut his hair
dia menyuruh pembantu tukang gunting itu mencukur janggut dan menggunting rambutnya
he combed his hair and anointed it with fine oil
dia menyisir rambutnya dan meminyakinya dengan minyak yang halus
Then he went to take his bath in the river
Kemudian dia pergi mandi di sungai

late in the afternoon, beautiful Kamala approached her garden
lewat petang, Kamala yang cantik menghampiri tamannya
Siddhartha was standing at the entrance again
Siddhartha berdiri di pintu masuk lagi
he made a bow and received the courtesan's greeting
dia membungkuk dan menerima salam pelacur
he got the attention of one of the servant

dia mendapat perhatian salah seorang hamba
he asked him to inform his mistress
dia meminta dia memberitahu perempuan simpanannya
"a young Brahman wishes to talk to her"
"Seorang Brahman muda ingin bercakap dengannya"
After a while, the servant returned
Selepas beberapa ketika, hamba itu kembali
the servant asked Siddhartha to follow him
hamba meminta Siddhartha untuk mengikutnya
Siddhartha followed the servant into a pavilion
Siddhartha mengikuti hamba itu ke dalam pavilion
here Kamala was lying on a couch
di sini Kamala sedang berbaring di atas sofa
and the servant left him alone with her
dan hamba itu meninggalkan dia seorang diri dengan dia
"Weren't you also standing out there yesterday, greeting me?" asked Kamala
"Bukankah awak juga berdiri di luar sana semalam, memberi salam kepada saya?" tanya Kamala
"It's true that I've already seen and greeted you yesterday"
"Memang saya dah nampak dan bersalam dengan awak semalam"
"But didn't you yesterday wear a beard, and long hair?"
"Tetapi bukankah anda semalam memakai janggut, dan rambut panjang?"
"and was there not dust in your hair?"
"dan adakah tidak ada habuk di rambut anda?"
"You have observed well, you have seen everything"
"Anda telah memerhati dengan baik, anda telah melihat segala-galanya"
"You have seen Siddhartha, the son of a Brahman"
"Anda telah melihat Siddhartha, anak seorang Brahman"
"the Brahman who has left his home to become a Samana"
"Brahman yang telah meninggalkan rumahnya untuk menjadi Samana"
"the Brahman who has been a Samana for three years"

"Brahman yang telah menjadi Samana selama tiga tahun"
"But now, I have left that path and came into this city"
"Tetapi sekarang, saya telah meninggalkan jalan itu dan datang ke bandar ini"
"and the first one I met, even before I had entered the city, was you"
"dan orang pertama yang saya temui, sebelum saya memasuki bandar, ialah awak"
"To say this, I have come to you, oh Kamala!"
"Untuk mengatakan ini, saya telah datang kepada anda, oh Kamala!"
"before, Siddhartha addressed all woman with his eyes to the ground"
"sebelum ini, Siddhartha memanggil semua wanita dengan mata ke tanah"
"You are the first woman whom I address otherwise"
"Anda adalah wanita pertama yang saya sebut sebaliknya"
"Never again do I want to turn my eyes to the ground"
"Tidak pernah lagi saya mahu mengalihkan mata saya ke tanah"
"I won't turn when I'm coming across a beautiful woman"
"Saya tidak akan menoleh apabila saya terserempak dengan seorang wanita cantik"
Kamala smiled and played with her fan of peacocks' feathers
Kamala tersenyum dan bermain dengan peminat bulu meraknya
"And only to tell me this, Siddhartha has come to me?"
"Dan hanya untuk memberitahu saya ini, Siddhartha telah datang kepada saya?"
"To tell you this and to thank you for being so beautiful"
"Untuk memberitahu anda ini dan berterima kasih kerana anda sangat cantik"
"I would like to ask you to be my friend and teacher"
"Saya ingin meminta anda menjadi kawan dan guru saya"
"for I know nothing yet of that art which you have mastered"

"kerana saya tidak tahu apa-apa lagi tentang seni yang telah anda kuasai"

At this, Kamala laughed aloud

Mendengar ini, Kamala ketawa kuat

"Never before this has happened to me, my friend"

"Tidak pernah sebelum ini berlaku kepada saya, kawan saya"

"a Samana from the forest came to me and wanted to learn from me!"

"Seorang Samana dari hutan datang kepada saya dan ingin belajar daripada saya!"

"Never before this has happened to me"

"Tidak pernah sebelum ini berlaku kepada saya"

"a Samana came to me with long hair and an old, torn loincloth!"

"Seorang Samana datang kepada saya dengan rambut panjang dan cawat tua yang koyak!"

"Many young men come to me"

"Ramai lelaki muda datang kepada saya"

"and there are also sons of Brahmans among them"

"dan ada juga anak lelaki Brahman di antara mereka"

"but they come in beautiful clothes"

"tetapi mereka datang dengan pakaian yang cantik"

"they come in fine shoes"

"mereka datang dengan kasut yang bagus"

"they have perfume in their hair"

"mereka mempunyai minyak wangi di rambut mereka

"and they have money in their pouches"

"dan mereka mempunyai wang di dalam beg mereka"

"This is how the young men are like, who come to me"

"Beginilah rupa para pemuda yang datang kepadaku"

Spoke Siddhartha, "Already I am starting to learn from you"

Bercakap Siddhartha, "Saya sudah mula belajar daripada anda"

"Even yesterday, I was already learning"

"Semalam pun saya sudah belajar"

"I have already taken off my beard"

"Saya sudah menanggalkan janggut saya"
"I have combed the hair"
"Saya telah menyikat rambut"
"and I have oil in my hair"
"dan saya mempunyai minyak di rambut saya"
"There is little which is still missing in me"
"Ada sedikit yang masih hilang dalam diri saya"
"oh excellent one, fine clothes, fine shoes, money in my pouch"
"oh yang sangat baik, pakaian yang bagus, kasut yang bagus, wang dalam kantung saya"
"You shall know Siddhartha has set harder goals for himself"
"Anda akan tahu Siddhartha telah menetapkan matlamat yang lebih sukar untuk dirinya sendiri"
"and he has reached these goals"
"dan dia telah mencapai matlamat ini"
"How shouldn't I reach that goal?"
"Bagaimana saya tidak boleh mencapai matlamat itu?"
"the goal which I have set for myself yesterday"
"matlamat yang saya tetapkan untuk diri saya semalam"
"to be your friend and to learn the joys of love from you"
"untuk menjadi kawan anda dan untuk belajar kegembiraan cinta daripada anda"
"You'll see that I'll learn quickly, Kamala"
"Anda akan melihat bahawa saya akan belajar dengan cepat, Kamala"
"I have already learned harder things than what you're supposed to teach me"
"Saya sudah belajar perkara yang lebih sukar daripada apa yang anda sepatutnya ajar saya"
"And now let's get to it"
"Dan sekarang mari kita lakukannya"
"You aren't satisfied with Siddhartha as he is?"
"Anda tidak berpuas hati dengan Siddhartha seperti dia?"
"with oil in his hair, but without clothes"

"dengan minyak di rambutnya, tetapi tanpa pakaian"
"Siddhartha without shoes, without money"
"Siddhartha tanpa kasut, tanpa wang"
Laughing, Kamala exclaimed, "No, my dear"
Sambil ketawa, Kamala berseru, "Tidak, sayangku"
"he doesn't satisfy me, yet"
"dia masih belum memuaskan hati saya"
"Clothes are what he must have"
"Pakaian adalah apa yang dia mesti ada"
"pretty clothes, and shoes is what he needs"
"pakaian cantik, dan kasut adalah apa yang dia perlukan"
"pretty shoes, and lots of money in his pouch"
"kasut cantik, dan banyak wang di dalam kantungnya"
"and he must have gifts for Kamala"
"dan dia mesti ada hadiah untuk Kamala"
"Do you know it now, Samana from the forest?"
"Adakah anda tahu sekarang, Samana dari hutan?"
"Did you mark my words?"
"Adakah anda menandakan kata-kata saya?"
"Yes, I have marked your words," Siddhartha exclaimed
"Ya, saya telah menandakan kata-kata anda," kata Siddhartha
"How should I not mark words which are coming from such a mouth!"
"Bagaimana saya tidak boleh menandai perkataan yang keluar dari mulut seperti itu!"
"Your mouth is like a freshly cracked fig, Kamala"
"Mulutmu seperti buah ara yang baru retak, Kamala"
"My mouth is red and fresh as well"
"Mulut saya merah dan segar juga"
"it will be a suitable match for yours, you'll see"
"ia akan menjadi perlawanan yang sesuai untuk anda, anda akan lihat"
"But tell me, beautiful Kamala"
"Tetapi beritahu saya, Kamala yang cantik"
"aren't you at all afraid of the Samana from the forest""

"Apakah kamu tidak takut sama sekali dengan Samana dari hutan""

"the Samana who has come to learn how to make love"
"Samana yang datang untuk belajar bercinta"

"Whatever for should I be afraid of a Samana?"
"Untuk apa saya perlu takut dengan Samana?"

"a stupid Samana from the forest"
"Samana bodoh dari hutan"

"a Samana who is coming from the jackals"
"seorang Samana yang datang dari serigala"

"a Samana who doesn't even know yet what women are?"
"Samana yang masih belum tahu apa itu wanita?"

"Oh, he's strong, the Samana"
"Oh, dia kuat, Samana"

"and he isn't afraid of anything"
"dan dia tidak takut apa-apa"

"He could force you, beautiful girl"
"Dia boleh memaksa awak, gadis cantik"

"He could kidnap you and hurt you"
"Dia boleh menculik awak dan mencederakan awak"

"No, Samana, I am not afraid of this"
"Tidak, Samana, saya tidak takut dengan ini"

"Did any Samana or Brahman ever fear someone might come and grab him?"
"Adakah mana-mana Samana atau Brahman pernah takut seseorang akan datang dan menangkapnya?"

"could he fear someone steals his learning?
"Bolehkah dia takut seseorang mencuri pembelajarannya?"

"could anyone take his religious devotion"
"bolehkah sesiapa mengambil ketaatan agamanya"

"is it possible to take his depth of thought?
"Adakah mungkin untuk mengambil pemikiran yang mendalam?

"No, because these things are his very own"
"Tidak, kerana perkara ini adalah miliknya sendiri"

"he would only give away the knowledge he is willing to give"
"dia hanya akan memberikan ilmu yang dia sanggup berikan"
"he would only give to those he is willing to give to"
"dia hanya akan memberi kepada mereka yang dia sanggup memberi"
"precisely like this it is also with Kamala"
"tepat seperti ini juga dengan Kamala"
"and it is the same way with the pleasures of love"
"dan ia adalah cara yang sama dengan keseronokan cinta"
"Beautiful and red is Kamala's mouth," answered Siddhartha
"Cantik dan merah adalah mulut Kamala," jawab Siddhartha
"but don't try to kiss it against Kamala's will"
"tetapi jangan cuba menciumnya di luar kehendak Kamala"
"because you will not obtain a single drop of sweetness from it"
"kerana kamu tidak akan memperoleh setitik kemanisan daripadanya"
"You are learning easily, Siddhartha"
"Anda belajar dengan mudah, Siddhartha"
"you should also learn this"
"anda juga harus belajar ini"
"love can be obtained by begging, buying"
"cinta boleh diperoleh dengan mengemis, membeli"
"you can receive it as a gift"
"anda boleh menerimanya sebagai hadiah"
"or you can find it in the street"
"atau anda boleh menemuinya di jalan"
"but love cannot be stolen"
"tetapi cinta tidak boleh dicuri"
"In this, you have come up with the wrong path"
"Dalam hal ini, anda telah datang dengan jalan yang salah"
"it would be a pity if you would want to tackle love in such a wrong manner"
"Sayang jika anda mahu menangani cinta dengan cara yang salah"

Siddhartha bowed with a smile
Siddhartha tunduk sambil tersenyum
"It would be a pity, Kamala, you are so right"
"Sayang sekali, Kamala, awak betul"
"It would be such a great pity"
"Ia akan menjadi kasihan yang besar"
"No, I shall not lose a single drop of sweetness from your mouth"
"Tidak, saya tidak akan kehilangan setitik manis pun dari mulut awak"
"nor shall you lose sweetness from my mouth"
"Anda tidak akan kehilangan kemanisan dari mulut saya"
"So it is agreed. Siddhartha will return"
"Jadi dipersetujui. Siddhartha akan kembali"
"Siddhartha will return once he has what he still lacks"
"Siddhartha akan kembali apabila dia mempunyai apa yang masih kurang"
"he will come back with clothes, shoes, and money"
"dia akan kembali dengan pakaian, kasut, dan wang"
"But speak, lovely Kamala, couldn't you still give me one small advice?"
"Tetapi bercakap, Kamala yang cantik, tidakkah anda masih boleh memberi saya satu nasihat kecil?"
"Give you an advice? Why not?"
"Beri nasihat? Kenapa tidak?"
"Who wouldn't like to give advice to a poor, ignorant Samana?"
"Siapa yang tidak mahu memberi nasihat kepada Samana yang miskin dan jahil?"
"Dear Kamala, where I should go to find these three things most quickly?"
"Kamala yang dihormati, ke mana saya harus pergi untuk mencari tiga perkara ini dengan cepat?"
"Friend, many would like to know this"
"Kawan, ramai yang ingin tahu ini"
"You must do what you've learned and ask for money"

"Anda mesti melakukan apa yang telah anda pelajari dan meminta wang"
"There is no other way for a poor man to obtain money"
"Tidak ada cara lain bagi orang miskin untuk mendapatkan wang"
"What might you be able to do?"
"Apa yang anda boleh lakukan?"
"I can think. I can wait. I can fast" said Siddhartha
"Saya boleh fikir. Saya boleh tunggu. Saya boleh berpuasa" kata Siddhartha
"Nothing else?" asked Kamala
"Tiada apa-apa lagi?" tanya Kamala
"yes, I can also write poetry"
"ya, saya juga boleh menulis puisi"
"Would you like to give me a kiss for a poem?"
"Adakah anda ingin memberi saya ciuman untuk puisi?"
"I would like to, if I like your poem"
"Saya ingin, jika saya suka puisi anda"
"What would be its title?"
"Apa tajuknya?"
Siddhartha spoke, after he had thought about it for a moment
Siddhartha bercakap, selepas dia memikirkannya seketika
"Into her shady garden stepped the pretty Kamala"
"Ke taman rendangnya melangkah ke Kamala yang cantik"
"At the garden's entrance stood the brown Samana"
"Di pintu masuk taman berdiri Samana coklat"
"Deeply, seeing the lotus's blossom, Bowed that man"
"Sedalam-dalamnya, melihat bunga teratai, Tunduklah lelaki itu"
"and smiling, Kamala thanked him"
"dan tersenyum, Kamala berterima kasih kepadanya"
"More lovely, thought the young man, than offerings for gods"
"Lebih indah, fikir pemuda itu, daripada persembahan untuk dewa"

Kamala clapped her hands so loud that the golden bracelets clanged
Kamala bertepuk tangan dengan kuat sehingga gelang emas itu berdenting
"Beautiful are your verses, oh brown Samana"
"Cantiknya ayat-ayatmu, oh Samana coklat"
"and truly, I'm losing nothing when I'm giving you a kiss for them"
"dan sesungguhnya, saya tidak rugi apa-apa apabila saya memberi anda ciuman untuk mereka"
She beckoned him with her eyes
Dia memberi isyarat kepadanya dengan matanya
he tilted his head so that his face touched hers
dia mencondongkan kepalanya sehingga wajahnya menyentuh wajahnya
and he placed his mouth on her mouth
dan dia meletakkan mulutnya pada mulutnya
the mouth which was like a freshly cracked fig
mulut yang seperti buah ara yang baru retak
For a long time, Kamala kissed him
Lama juga Kamala menciumnya
and with a deep astonishment Siddhartha felt how she taught him
dan dengan rasa hairan yang mendalam Siddhartha merasakan bagaimana dia mengajarnya
he felt how wise she was
dia merasakan betapa bijaknya dia
he felt how she controlled him
dia merasakan bagaimana dia mengawalnya
he felt how she rejected him
dia merasakan bagaimana dia menolaknya
he felt how she lured him
dia merasakan bagaimana dia memikatnya
and he felt how there were to be more kisses
dan dia merasakan bagaimana ada lebih banyak ciuman
every kiss was different from the others

setiap ciuman berbeza dari yang lain
he was still, when he received the kisses
dia diam, apabila dia menerima ciuman itu
Breathing deeply, he remained standing where he was
Sambil menarik nafas dalam-dalam, dia terus berdiri di tempatnya
he was astonished like a child about the things worth learning
dia berasa hairan seperti kanak-kanak tentang perkara yang patut dipelajari
the knowledge revealed itself before his eyes
ilmu itu terserlah di hadapan matanya
"Very beautiful are your verses" exclaimed Kamala
"Cantik sangat ayat-ayat awak" luah Kamala
"if I were rich, I would give you pieces of gold for them"
"Sekiranya saya kaya, saya akan memberikan anda kepingan emas untuk mereka"
"But it will be difficult for you to earn enough money with verses"
"Tetapi sukar untuk anda mendapatkan wang yang mencukupi dengan ayat-ayat"
"because you need a lot of money, if you want to be Kamala's friend"
"kerana awak perlukan banyak wang, kalau awak nak jadi kawan Kamala"
"The way you're able to kiss, Kamala!" stammered Siddhartha
"Cara awak boleh mencium, Kamala!" terkedu Siddhartha
"Yes, this I am able to do"
"Ya, ini saya boleh lakukan"
"therefore I do not lack clothes, shoes, bracelets"
"oleh itu saya tidak kekurangan pakaian, kasut, gelang"
"I have all the beautiful things"
"Saya mempunyai semua perkara yang indah"
"But what will become of you?"
"Tetapi apa akan jadi dengan kamu?"

"Aren't you able to do anything else?"
"Awak tak boleh buat apa-apa lagi ke?"
"can you do more than think, fast, and make poetry?"
"bolehkah anda melakukan lebih daripada berfikir, berpuasa, dan membuat puisi?"
"I also know the sacrificial songs" said Siddhartha
"Saya juga tahu lagu-lagu korban" kata Siddhartha
"but I do not want to sing those songs anymore"
"tetapi saya tidak mahu menyanyikan lagu-lagu itu lagi"
"I also know how to make magic spells"
"Saya juga tahu membuat jampi ajaib"
"but I do not want to speak them anymore"
"tetapi saya tidak mahu bercakap mereka lagi"
"I have read the scriptures"
"Saya telah membaca kitab suci"
"Stop!" Kamala interrupted him
"Berhenti!" Kamala menyampuknya
"You're able to read and write?"
"Anda boleh membaca dan menulis?"
"Certainly, I can do this, many people can"
"Sudah tentu, saya boleh melakukan ini, ramai orang boleh"
"Most people can't," Kamala replied
"Kebanyakan orang tidak boleh," jawab Kamala
"I am also one of those who can't do it"
"Saya juga salah seorang yang tidak boleh melakukannya"
"It is very good that you're able to read and write"
"Sangat bagus anda boleh membaca dan menulis"
"you will also find use for the magic spells"
"anda juga akan mendapati penggunaan untuk mantra sihir"
In this moment, a maid came running in
Pada ketika ini, seorang pembantu rumah berlari masuk
she whispered a message into her mistress's ear
dia membisikkan mesej ke telinga perempuan simpanannya
"There's a visitor for me" exclaimed Kamala
"Ada pelawat untuk saya" seru Kamala
"Hurry and get yourself away, Siddhartha"

"Cepat pergi, Siddhartha"
"nobody may see you in here, remember this!"
"Tiada siapa boleh melihat awak di sini, ingat ini!"
"Tomorrow, I'll see you again"
"Esok, saya akan jumpa awak lagi"
Kamala ordered her maid to give Siddhartha white garments
Kamala memerintahkan pembantu rumahnya untuk memberikan Siddhartha pakaian putih
and then Siddhartha found himself being dragged away by the maid
dan kemudian Siddhartha mendapati dirinya diseret oleh pembantu rumah itu
he was brought into a garden-house out of sight of any paths
dia dibawa masuk ke dalam rumah taman yang tidak dapat dilihat oleh mana-mana laluan
then he was led into the bushes of the garden
lalu dia dibawa ke semak-semak di taman itu
he was urged to get himself out of the garden as soon as possible
dia didesak untuk keluar dari taman itu secepat mungkin
and he was told he must not be seen
dan dia diberitahu dia tidak boleh dilihat
he did as he had been told
dia melakukan seperti yang diperintahkan
he was accustomed to the forest
dia sudah biasa dengan hutan
so he managed to get out without making a sound
jadi dia berjaya keluar tanpa mengeluarkan suara

he returned to the city carrying the rolled up garments under his arm
dia kembali ke kota dengan membawa pakaian yang digulung di bawah lengannya
At the inn, where travellers stay, he positioned himself by the door

Di rumah penginapan, tempat pelancong menginap, dia meletakkan dirinya di depan pintu
without words he asked for food
tanpa kata-kata dia meminta makanan
without a word he accepted a piece of rice-cake
tanpa sepatah kata dia menerima sepotong kek nasi
he thought about how he had always begged
dia memikirkan bagaimana dia selalu merayu
"Perhaps as soon as tomorrow I will ask no one for food anymore"
"Mungkin esok saya tidak akan meminta makanan kepada sesiapa lagi"
Suddenly, pride flared up in him
Tiba-tiba rasa bangga membuak-buak dalam dirinya
He was no Samana any more
Dia bukan Samana lagi
it was no longer appropriate for him to beg for food
tidak wajar lagi dia meminta makanan
he gave the rice-cake to a dog
dia memberikan kek beras itu kepada seekor anjing
and that night he remained without food
dan malam itu dia tinggal tanpa makanan
Siddhartha thought to himself about the city
Siddhartha berfikir sendiri tentang bandar itu
"Simple is the life which people lead in this world"
"Sederhananya kehidupan yang dilalui manusia di dunia ini"
"this life presents no difficulties"
"hidup ini tidak mendatangkan kesulitan"
"Everything was difficult and toilsome when I was a Samana"
"Semuanya sukar dan melelahkan semasa saya menjadi Samana"
"as a Samana everything was hopeless"
"sebagai Samana segala-galanya tiada harapan"
"but now everything is easy"
"tapi sekarang semuanya mudah"

"it is easy like the lesson in kissing from Kamala"
"Ia adalah mudah seperti pelajaran dalam mencium dari Kamala"
"I need clothes and money, nothing else"
"Saya perlukan pakaian dan wang, tiada yang lain"
"these goals are small and achievable"
"matlamat ini kecil dan boleh dicapai"
"such goals won't make a person lose any sleep"
"matlamat sedemikian tidak akan membuat seseorang kehilangan tidur"

the next day he returned to Kamala's house
keesokan harinya dia pulang ke rumah Kamala
"Things are working out well" she called out to him
"Semuanya berjalan lancar" dia memanggilnya
"They are expecting you at Kamaswami's"
"Mereka mengharapkan awak di Kamaswami"
"he is the richest merchant of the city"
"dia adalah saudagar terkaya di kota"
"If he likes you, he'll accept you into his service"
"Jika dia sukakan kamu, dia akan menerima kamu dalam perkhidmatannya"
"but you must be smart, brown Samana"
"tetapi awak mesti bijak, Samana coklat"
"I had others tell him about you"
"Saya ada orang lain beritahu dia tentang awak"
"Be polite towards him, he is very powerful"
"Bersopanlah terhadapnya, dia sangat berkuasa"
"But I warn you, don't be too modest!"
"Tetapi saya memberi amaran kepada anda, jangan terlalu sederhana!"
"I do not want you to become his servant"
"Saya tidak mahu awak menjadi hambanya"
"you shall become his equal"
"kamu akan menjadi sama dengannya"
"or else I won't be satisfied with you"

"kalau tidak saya tidak akan berpuas hati dengan awak"
"Kamaswami is starting to get old and lazy"
"Kamaswami mula menjadi tua dan malas"
"If he likes you, he'll entrust you with a lot"
"Jika dia sukakan awak, dia akan amanahkan awak banyak"
Siddhartha thanked her and laughed
Siddhartha mengucapkan terima kasih dan ketawa
she found out that he had not eaten
dia mendapat tahu bahawa dia tidak makan
so she sent him bread and fruits
maka dia menghantar roti dan buah-buahan kepadanya
"You've been lucky" she said when they parted
"Kamu bernasib baik" katanya apabila mereka berpisah
"I'm opening one door after another for you"
"Saya buka satu demi satu pintu untuk awak"
"How come? Do you have a spell?"
"Macam mana? Awak ada jampi?"
"I told you I knew how to think, to wait, and to fast"
"Saya memberitahu anda bahawa saya tahu bagaimana untuk berfikir, menunggu, dan berpuasa"
"but you thought this was of no use"
"tetapi anda fikir ini tidak berguna"
"But it is useful for many things"
"Tetapi ia berguna untuk banyak perkara"
"Kamala, you'll see that the stupid Samanas are good at learning"
"Kamala, kamu akan melihat bahawa Samana yang bodoh itu pandai belajar"
"you'll see they are able to do many pretty things in the forest"
"Anda akan melihat mereka boleh melakukan banyak perkara cantik di dalam hutan"
"things which the likes of you aren't capable of"
"perkara yang orang seperti kamu tidak mampu"
"The day before yesterday, I was still a shaggy beggar"
"Sehari sebelum semalam, saya masih pengemis berbulu"

"as recently as yesterday I have kissed Kamala"
"Baru-baru semalam saya telah mencium Kamala"
"and soon I'll be a merchant and have money"
"dan tidak lama lagi saya akan menjadi seorang peniaga dan mempunyai wang"
"and I'll have all those things you insist upon"
"dan saya akan mempunyai semua perkara yang anda mendesak"
"Well yes," she admitted, "but where would you be without me?"
"Ya," dia mengakui, "tetapi di manakah anda tanpa saya?"
"What would you be, if Kamala wasn't helping you?"
"Apa yang anda akan menjadi, jika Kamala tidak membantu anda?"
"Dear Kamala" said Siddhartha
"Kamala sayang" kata Siddhartha
and he straightened up to his full height
dan dia meluruskan sehingga ketinggian penuhnya
"when I came to you into your garden, I did the first step"
"Apabila saya datang kepada anda ke taman anda, saya melakukan langkah pertama"
"It was my resolution to learn love from this most beautiful woman"
"Ia adalah ketetapan saya untuk belajar cinta daripada wanita tercantik ini"
"that moment I had made this resolution"
"saat itu saya telah membuat resolusi ini"
"and I knew I would carry it out"
"dan saya tahu saya akan melaksanakannya"
"I knew that you would help me"
"Saya tahu awak akan tolong saya"
"at your first glance at the entrance of the garden I already knew it"
"pada pandangan pertama anda di pintu masuk taman saya sudah mengetahuinya"
"But what if I hadn't been willing?" asked Kamala

"Tetapi bagaimana jika saya tidak bersedia?" tanya Kamala
"You were willing" replied Siddhartha
"Kamu sanggup" jawab Siddhartha
"When you throw a rock into water, it takes the fastest course to the bottom"
"Apabila anda membaling batu ke dalam air, ia mengambil laluan terpantas ke dasar"
"This is how it is when Siddhartha has a goal"
"Beginilah keadaannya apabila Siddhartha mempunyai matlamat"
"Siddhartha does nothing; he waits, he thinks, he fasts"
"Siddhartha tidak melakukan apa-apa; dia menunggu, dia berfikir, dia berpuasa"
"but he passes through the things of the world like a rock through water"
"tetapi dia melalui perkara-perkara dunia seperti batu melalui air"
"he passed through the water without doing anything"
"dia melalui air tanpa berbuat apa-apa"
"he is drawn to the bottom of the water"
"dia ditarik ke dasar air"
"he lets himself fall to the bottom of the water"
"dia membiarkan dirinya jatuh ke dasar air"
"His goal attracts him towards it"
"Matlamatnya menarik dia ke arah itu"
"he doesn't let anything enter his soul which might oppose the goal"
"dia tidak membiarkan apa-apa memasuki jiwanya yang mungkin menentang matlamat"
"This is what Siddhartha has learned among the Samanas"
"Inilah yang telah Siddhartha pelajari di kalangan Samana"
"This is what fools call magic"
"Inilah yang orang bodoh panggil sihir"
"they think it is done by daemons"
"mereka fikir ia dilakukan oleh daemon"
"but nothing is done by daemons"

"tetapi tiada apa yang dilakukan oleh daemon"
"there are no daemons in this world"
"tidak ada daemon di dunia ini"
"Everyone can perform magic, should they choose to"
"Semua orang boleh melakukan sihir, sekiranya mereka memilih untuk"
"everyone can reach his goals if he is able to think"
"setiap orang boleh mencapai matlamatnya jika dia mampu berfikir"
"everyone can reach his goals if he is able to wait"
"semua orang boleh mencapai matlamatnya jika dia mampu menunggu"
"everyone can reach his goals if he is able to fast"
"Setiap orang boleh mencapai matlamatnya jika dia mampu berpuasa"
Kamala listened to him; she loved his voice
Kamala mendengarnya; dia suka suaranya
she loved the look from his eyes
dia suka pandangan matanya
"Perhaps it is as you say, friend"
"Mungkin seperti yang kamu katakan, kawan"
"But perhaps there is another explanation"
"Tetapi mungkin ada penjelasan lain"
"Siddhartha is a handsome man"
"Siddhartha seorang lelaki yang kacak"
"his glance pleases the women"
"pandangannya menggembirakan wanita"
"good fortune comes towards him because of this"
"Nasib baik datang kepadanya kerana ini"
With one kiss, Siddhartha bid his farewell
Dengan satu ciuman, Siddhartha mengucapkan selamat tinggal
"I wish that it should be this way, my teacher"
"Saya harap jadi begini, cikgu"
"I wish that my glance shall please you"
"Saya harap pandangan saya akan menggembirakan awak"

"I wish that that you always bring me good fortune"
"Saya berharap agar awak sentiasa membawa saya nasib baik"

With the Childlike People
Bersama Orang Seperti Kanak-Kanak

Siddhartha went to Kamaswami the merchant
Siddhartha pergi menemui saudagar Kamaswami
he was directed into a rich house
dia diarahkan ke sebuah rumah yang kaya
servants led him between precious carpets into a chamber
pelayan membawanya antara permaidani berharga ke dalam bilik
in the chamber was where he awaited the master of the house
di dalam bilik adalah tempat dia menunggu tuan rumah
Kamaswami entered swiftly into the room
Kamaswami masuk dengan pantas ke dalam bilik
he was a smoothly moving man
dia seorang lelaki yang bergerak dengan lancar
he had very gray hair and very intelligent, cautious eyes
dia mempunyai rambut yang sangat uban dan mata yang sangat pintar dan berhati-hati
and he had a greedy mouth
dan dia mempunyai mulut yang tamak
Politely, the host and the guest greeted one another
Dengan sopan, tuan rumah dan tetamu itu bertegur sapa
"I have been told that you were a Brahman" the merchant began
"Saya telah diberitahu bahawa anda adalah seorang Brahman" saudagar itu memulakan
"I have been told that you are a learned man"
"Saya telah diberitahu bahawa anda seorang yang terpelajar"

"and I have also been told something else"
"dan saya juga telah diberitahu sesuatu yang lain"
"you seek to be in the service of a merchant"
"anda ingin berkhidmat sebagai pedagang"
"Might you have become destitute, Brahman, so that you seek to serve?"
"Mungkinkah kamu telah melarat, Brahman, sehingga kamu berusaha untuk berkhidmat?"
"No," said Siddhartha, "I have not become destitute"
"Tidak," kata Siddhartha, "saya tidak menjadi melarat"
"nor have I ever been destitute" added Siddhartha
"Saya juga tidak pernah melarat" tambah Siddhartha
"You should know that I'm coming from the Samanas"
"Anda sepatutnya tahu bahawa saya datang dari Samana"
"I have lived with them for a long time"
"Saya telah tinggal bersama mereka untuk masa yang lama"
"you are coming from the Samanas"
"kamu datang dari Samana"
"how could you be anything but destitute?"
"bagaimana anda boleh menjadi apa-apa selain melarat?"
"Aren't the Samanas entirely without possessions?"
"Bukankah Samana sama sekali tidak mempunyai harta benda?"
"I am without possessions, if that is what you mean" said Siddhartha
"Saya tidak mempunyai harta, jika itu yang anda maksudkan" kata Siddhartha
"But I am without possessions voluntarily"
"Tetapi saya tanpa harta secara sukarela"
"and therefore I am not destitute"
"dan oleh itu saya tidak melarat"
"But what are you planning to live from, being without possessions?"
"Tetapi dari apa anda merancang untuk hidup, tanpa harta benda?"
"I haven't thought of this yet, sir"

"Saya belum memikirkan perkara ini lagi, tuan"
"For more than three years, I have been without possessions"
"Selama lebih tiga tahun, saya tidak mempunyai harta benda"
"and I have never thought about of what I should live"
"dan saya tidak pernah terfikir tentang apa yang saya patut hidup"
"So you've lived of the possessions of others"
"Jadi kamu telah hidup dari harta orang lain"
"Presumable, this is how it is?"
"Agak-agak, macam ni ke?"
"Well, merchants also live of what other people own"
"Nah, peniaga juga hidup dari apa yang orang lain miliki"
"Well said," granted the merchant
"Baiklah," kata saudagar itu
"But he wouldn't take anything from another person for nothing"
"Tetapi dia tidak akan mengambil apa-apa daripada orang lain secara percuma"
"he would give his merchandise in return" said Kamaswami
"dia akan memberikan barang dagangannya sebagai balasan" kata Kamaswami
"So it seems to be indeed"
"Jadi nampaknya memang begitu"
"Everyone takes, everyone gives, such is life"
"Setiap orang mengambil, setiap orang memberi, begitulah kehidupan"
"But if you don't mind me asking, I have a question"
"Tetapi jika anda tidak keberatan saya bertanya, saya ada soalan"
"being without possessions, what would you like to give?"
"Memandangkan tiada harta, apa yang anda ingin berikan?"
"Everyone gives what he has"
"Setiap orang memberikan apa yang dia ada"
"The warrior gives strength"
"Pejuang memberi kekuatan"
"the merchant gives merchandise"

"peniaga memberi barang dagangan"
"the teacher gives teachings"
"guru memberi pengajaran"
"the farmer gives rice"
"petani memberi beras"
"the fisher gives fish"
"nelayan memberi ikan"
"Yes indeed. And what is it that you've got to give?"
"Ya memang. Dan apa yang awak perlu berikan?"
"What is it that you've learned?"
"Apa yang kamu telah pelajari?"
"what you're able to do?"
"apa yang awak mampu buat?"
"I can think. I can wait. I can fast"
"Saya boleh fikir. Saya boleh tunggu. Saya boleh puasa"
"That's everything?" asked Kamaswami
"Itu sahaja?" tanya Kamaswami
"I believe that is everything there is!"
"Saya percaya itu semua yang ada!"
"And what's the use of that?"
"Dan apa gunanya itu?"
"For example; fasting. What is it good for?"
"Contohnya; puasa. Apa kebaikannya?"
"It is very good, sir"
"Ia sangat bagus, tuan"
"there are times a person has nothing to eat"
"ada masanya seseorang tidak mempunyai apa-apa untuk dimakan"
"then fasting is the smartest thing he can do"
"maka puasa adalah perkara paling bijak yang boleh dilakukannya"
"there was a time where Siddhartha hadn't learned to fast"
"Ada masa di mana Siddhartha tidak belajar berpuasa"
"in this time he had to accept any kind of service"
"Pada masa ini dia terpaksa menerima apa-apa jenis perkhidmatan"

"because hunger would force him to accept the service"
"kerana kelaparan akan memaksa dia menerima perkhidmatan itu"

"But like this, Siddhartha can wait calmly"
"Tetapi seperti ini, Siddhartha boleh menunggu dengan tenang"

"he knows no impatience, he knows no emergency"
"dia tidak tahu ketidaksabaran, dia tidak tahu kecemasan"

"for a long time he can allow hunger to besiege him"
"untuk masa yang lama dia boleh membiarkan kelaparan mengepungnya"

"and he can laugh about the hunger"
"dan dia boleh ketawa tentang kelaparan"

"This, sir, is what fasting is good for"
"Ini tuan, apa yang baik untuk berpuasa"

"You're right, Samana" acknowledged Kamaswami
"Kau betul, Samana" akui Kamaswami

"Wait for a moment" he asked of his guest
"Tunggu sebentar" pintanya kepada tetamunya

Kamaswami left the room and returned with a scroll
Kamaswami keluar dari bilik dan kembali dengan sebuah skrol

he handed Siddhartha the scroll and asked him to read it
dia menyerahkan gulungan itu kepada Siddhartha dan memintanya membacanya

Siddhartha looked at the scroll handed to him
Siddhartha melihat gulungan yang diserahkan kepadanya

on the scroll a sales-contract had been written
pada skrol itu kontrak jualan telah ditulis

he began to read out the scroll's contents
dia mula membaca kandungan skrol itu

Kamaswami was very pleased with Siddhartha
Kamaswami sangat gembira dengan Siddhartha

"would you write something for me on this piece of paper?"
"Adakah anda akan menulis sesuatu untuk saya di atas kertas ini?"

He handed him a piece of paper and a pen
Dia menghulurkan sehelai kertas dan pen
Siddhartha wrote, and returned the paper
Siddhartha menulis, dan mengembalikan kertas itu
Kamaswami read, "Writing is good, thinking is better"
Kamaswami membaca, "Menulis itu baik, berfikir lebih baik"
"Being smart is good, being patient is better"
"Menjadi pintar itu baik, bersabar itu lebih baik"
"It is excellent how you're able to write" the merchant praised him
"Sungguh bagus bagaimana anda boleh menulis" saudagar itu memujinya
"Many a thing we will still have to discuss with one another"
"Banyak perkara yang masih perlu kita bincangkan antara satu sama lain"
"For today, I'm asking you to be my guest"
"Untuk hari ini, saya minta awak jadi tetamu saya"
"please come to live in this house"
"sila datang tinggal di rumah ini"
Siddhartha thanked Kamaswami and accepted his offer
Siddhartha berterima kasih kepada Kamaswami dan menerima tawarannya
he lived in the dealer's house from now on
dia tinggal di rumah peniaga mulai sekarang
Clothes were brought to him, and shoes
Pakaian dibawa kepadanya, dan kasut
and every day, a servant prepared a bath for him
dan setiap hari, seorang hamba menyediakan mandi untuknya

Twice a day, a plentiful meal was served
Dua kali sehari, hidangan yang banyak dihidangkan
but Siddhartha only ate once a day
tetapi Siddhartha hanya makan sekali sehari
and he ate neither meat, nor did he drink wine
dan dia tidak makan daging, dan dia tidak minum wain
Kamaswami told him about his trade

Kamaswami memberitahunya tentang perdagangannya
he showed him the merchandise and storage-rooms
dia menunjukkan kepadanya barang dagangan dan bilik penyimpanan
he showed him how the calculations were done
dia menunjukkan kepadanya bagaimana pengiraan dilakukan
Siddhartha got to know many new things
Siddhartha dapat mengetahui banyak perkara baru
he heard a lot and spoke little
dia banyak mendengar dan bercakap sedikit
but he did not forget Kamala's words
tetapi dia tidak melupakan kata-kata Kamala
so he was never subservient to the merchant
maka dia tidak pernah tunduk kepada pedagang itu
he forced him to treat him as an equal
dia memaksanya untuk melayannya sebagai sama rata
perhaps he forced him to treat him as even more than an equal
mungkin dia memaksanya untuk melayannya sebagai lebih daripada seorang yang sama
Kamaswami conducted his business with care
Kamaswami menjalankan perniagaannya dengan berhati-hati
and he was very passionate about his business
dan dia sangat bersemangat tentang perniagaannya
but Siddhartha looked upon all of this as if it was a game
tetapi Siddhartha memandang semua ini seolah-olah ia satu permainan
he tried hard to learn the rules of the game precisely
dia berusaha bersungguh-sungguh untuk mempelajari peraturan permainan dengan tepat
but the contents of the game did not touch his heart
tetapi isi permainan itu tidak menyentuh hatinya
He had not been in Kamaswami's house for long
Sudah lama dia tidak berada di rumah Kamaswami
but soon he took part in his landlord's business

tetapi tidak lama kemudian dia mengambil bahagian dalam perniagaan tuan tanahnya

every day he visited beautiful Kamala
setiap hari dia melawat Kamala yang cantik
Kamala had an hour appointed for their meetings
Kamala mempunyai satu jam yang ditetapkan untuk mesyuarat mereka
she was wearing pretty clothes and fine shoes
dia memakai pakaian yang cantik dan kasut yang bagus
and soon he brought her gifts as well
dan tidak lama kemudian dia membawa hadiahnya juga
Much he learned from her red, smart mouth
Banyak yang dia pelajari daripada mulutnya yang merah dan pintar
Much he learned from her tender, supple hand
Banyak yang dia pelajari daripada tangannya yang lembut dan lembut
regarding love, Siddhartha was still a boy
mengenai cinta, Siddhartha masih kanak-kanak
and he had a tendency to plunge into love blindly
dan dia mempunyai kecenderungan untuk terjun ke dalam cinta secara membuta tuli
he fell into lust like into a bottomless pit
dia jatuh ke dalam nafsu seperti ke dalam jurang maut
she taught him thoroughly, starting with the basics
dia mengajarnya dengan teliti, bermula dengan asas
pleasure cannot be taken without giving pleasure
kesenangan tidak boleh diambil tanpa memberi kesenangan
every gesture, every caress, every touch, every look
setiap isyarat, setiap belaian, setiap sentuhan, setiap pandangan
every spot of the body, however small it was, had its secret
setiap bintik badan, walau sekecil mana pun, ada rahsianya
the secrets would bring happiness to those who know them

rahsia itu akan membawa kebahagiaan kepada mereka yang mengenalinya

lovers must not part from one another after celebrating love
kekasih tidak boleh berpisah antara satu sama lain selepas meraikan cinta

they must not part without one admiring the other
mereka tidak boleh berpisah tanpa seorang mengagumi yang lain

they must be as defeated as they have been victorious
mereka mesti dikalahkan sebagaimana mereka telah menang

neither lover should start feeling fed up or bored
kekasih tidak sepatutnya mula berasa muak atau bosan

they should not get the evil feeling of having been abusive
mereka tidak sepatutnya mendapat perasaan jahat kerana telah menganiaya

and they should not feel like they have been abused
dan mereka tidak sepatutnya berasa seperti mereka telah didera

Wonderful hours he spent with the beautiful and smart artist
Waktu yang indah dia habiskan bersama artis cantik dan pintar itu

he became her student, her lover, her friend
dia menjadi pelajarnya, kekasihnya, kawannya

Here with Kamala was the worth and purpose of his present life
Di sini bersama Kamala adalah nilai dan tujuan hidupnya sekarang

his purpose was not with the business of Kamaswami
tujuannya bukan dengan perniagaan Kamaswami

Siddhartha received important letters and contracts
Siddhartha menerima surat dan kontrak penting

Kamaswami began discussing all important affairs with him
Kamaswami mula membincangkan semua urusan penting dengannya

He soon saw that Siddhartha knew little about rice and wool
Dia tidak lama kemudian melihat bahawa Siddhartha tahu sedikit tentang beras dan bulu
but he saw that he acted in a fortunate manner
tetapi dia melihat bahawa dia bertindak dengan cara yang bernasib baik
and Siddhartha surpassed him in calmness and equanimity
dan Siddhartha mengatasi dia dalam ketenangan dan ketenangan
he surpassed him in the art of understanding previously unknown people
dia mengatasi dia dalam seni memahami orang yang tidak dikenali sebelum ini
Kamaswami spoke about Siddhartha to a friend
Kamaswami bercakap tentang Siddhartha kepada seorang kawan
"This Brahman is no proper merchant"
"Brahman ini bukan saudagar yang layak"
"he will never be a merchant"
"dia tidak akan menjadi saudagar"
"for business there is never any passion in his soul"
"untuk perniagaan tidak pernah ada semangat dalam jiwanya"
"But he has a mysterious quality about him"
"Tetapi dia mempunyai kualiti misteri tentang dia"
"this quality brings success about all by itself"
"kualiti ini membawa kejayaan dengan sendirinya"
"it could be from a good Star of his birth"
"Ia mungkin dari Bintang kelahirannya yang baik"
"or it could be something he has learned among Samanas"
"atau boleh jadi sesuatu yang dia pelajari di kalangan Samana"
"He always seems to be merely playing with our business-affairs"
"Dia nampaknya sentiasa bermain-main dengan urusan perniagaan kami"
"his business never fully becomes a part of him"

"perniagaannya tidak pernah menjadi sebahagian daripadanya"
"his business never rules over him"
"perniagaannya tidak pernah menguasainya"
"he is never afraid of failure"
"dia tidak pernah takut kegagalan"
"he is never upset by a loss"
"dia tidak pernah kecewa dengan kehilangan"
The friend advised the merchant
Rakan itu menasihati peniaga itu
"Give him a third of the profits he makes for you"
"Beri dia sepertiga daripada keuntungan yang dia buat untuk kamu"
"but let him also be liable when there are losses"
"tetapi biarlah dia juga bertanggungjawab apabila ada kerugian"
"Then, he'll become more zealous"
"Kemudian, dia akan menjadi lebih bersemangat"
Kamaswami was curious, and followed the advice
Kamaswami ingin tahu, dan mengikut nasihat itu
But Siddhartha cared little about loses or profits
Tetapi Siddhartha tidak mengambil berat tentang kerugian atau keuntungan
When he made a profit, he accepted it with equanimity
Apabila dia mendapat keuntungan, dia menerimanya dengan tenang
when he made losses, he laughed it off
apabila dia membuat kerugian, dia mentertawakannya
It seemed indeed, as if he did not care about the business
Nampaknya memang, seolah-olah dia tidak mengambil berat tentang perniagaan itu
At one time, he travelled to a village
Pada suatu ketika, dia mengembara ke sebuah kampung
he went there to buy a large harvest of rice
dia pergi ke sana untuk membeli hasil tuaian padi yang banyak

But when he got there, the rice had already been sold
Tetapi apabila dia sampai di sana, beras itu sudah dijual
another merchant had gotten to the village before him
seorang lagi saudagar telah sampai ke kampung itu sebelum dia
Nevertheless, Siddhartha stayed for several days in that village
Namun begitu, Siddhartha tinggal selama beberapa hari di kampung itu
he treated the farmers for a drink
dia melayan para petani untuk minum
he gave copper-coins to their children
dia memberikan syiling tembaga kepada anak-anak mereka
he joined in the celebration of a wedding
dia turut serta meraikan majlis perkahwinan
and he returned extremely satisfied from his trip
dan dia pulang dengan sangat puas dari perjalanannya
Kamaswami was angry that Siddhartha had wasted time and money
Kamaswami marah kerana Siddhartha telah membuang masa dan wang
Siddhartha answered "Stop scolding, dear friend!"
Siddhartha menjawab "Berhenti memarahi, kawan!"
"Nothing was ever achieved by scolding"
"Tiada apa yang pernah dicapai dengan memarahi"
"If a loss has occurred, let me bear that loss"
"Jika kerugian telah berlaku, biarlah saya menanggung kerugian itu"
"I am very satisfied with this trip"
"Saya sangat berpuas hati dengan perjalanan ini"
"I have gotten to know many kinds of people"
"Saya telah mengenali pelbagai jenis orang"
"a Brahman has become my friend"
"Seorang Brahman telah menjadi kawan saya"
"children have sat on my knees"
"kanak-kanak telah duduk di atas lutut saya"

"farmers have shown me their fields"
"petani telah menunjukkan kepada saya ladang mereka"
"nobody knew that I was a merchant"
"tiada siapa yang tahu bahawa saya seorang peniaga"
"That's all very nice," exclaimed Kamaswami indignantly
"Itu semua sangat bagus," seru Kamaswami dengan marah
"but in fact, you are a merchant after all"
"tetapi sebenarnya, anda seorang peniaga"
"Or did you have only travel for your amusement?"
"Atau adakah anda hanya melancong untuk hiburan anda?"
"of course I have travelled for my amusement" Siddhartha laughed
"Sudah tentu saya telah mengembara untuk hiburan saya" Siddhartha ketawa
"For what else would I have travelled?"
"Untuk apa lagi saya akan mengembara?"
"I have gotten to know people and places"
"Saya telah mengenali orang dan tempat"
"I have received kindness and trust"
"Saya telah menerima kebaikan dan kepercayaan"
"I have found friendships in this village"
"Saya telah menemui persahabatan di kampung ini"
"if I had been Kamaswami, I would have travelled back annoyed"
"Sekiranya saya Kamaswami, saya akan pulang dengan rasa kesal"
"I would have been in hurry as soon as my purchase failed"
"Saya akan tergesa-gesa sebaik sahaja pembelian saya gagal"
"and time and money would indeed have been lost"
"dan masa dan wang sememangnya akan hilang"
"But like this, I've had a few good days"
"Tetapi seperti ini, saya mempunyai beberapa hari yang baik"
"I've learned from my time there"
"Saya telah belajar dari masa saya di sana"
"and I have had joy from the experience"

"dan saya telah mendapat kegembiraan daripada pengalaman itu"

"I've neither harmed myself nor others by annoyance and hastiness"

"Saya tidak mencederakan diri saya sendiri mahupun orang lain dengan kegusaran dan tergesa-gesa"

"if I ever return friendly people will welcome me"

"Jika saya kembali orang yang ramah akan menyambut saya"

"if I return to do business friendly people will welcome me too"

"Jika saya kembali berniaga, orang ramai akan menyambut saya juga"

"I praise myself for not showing any hurry or displeasure"

"Saya memuji diri saya sendiri kerana tidak tergesa-gesa atau tidak berpuas hati"

"So, leave it as it is, my friend"

"Jadi, biarkan ia seperti itu, kawan saya"

"and don't harm yourself by scolding"

"dan jangan mencederakan diri sendiri dengan memarahi"

"If you see Siddhartha harming himself, then speak with me"

"Jika kamu melihat Siddhartha mencederakan dirinya, maka bercakaplah dengan saya"

"and Siddhartha will go on his own path"

"dan Siddhartha akan pergi ke jalannya sendiri"

"But until then, let's be satisfied with one another"

"Tetapi sehingga itu, mari kita berpuas hati antara satu sama lain"

the merchant's attempts to convince Siddhartha were futile

percubaan pedagang untuk meyakinkan Siddhartha adalah sia-sia

he could not make Siddhartha eat his bread

dia tidak boleh menyuruh Siddhartha makan rotinya

Siddhartha ate his own bread

Siddhartha makan rotinya sendiri

or rather, they both ate other people's bread

atau lebih tepat, mereka berdua makan roti orang lain
Siddhartha never listened to Kamaswami's worries
Siddhartha tidak pernah mendengar kebimbangan Kamaswami
and Kamaswami had many worries he wanted to share
dan Kamaswami mempunyai banyak kebimbangan yang ingin dia kongsikan
there were business-deals going on in danger of failing
terdapat tawaran perniagaan yang berlaku dalam bahaya gagal
shipments of merchandise seemed to have been lost
penghantaran barang niaga nampaknya telah hilang
debtors seemed to be unable to pay
penghutang seolah-olah tidak mampu membayar
Kamaswami could never convince Siddhartha to utter words of worry
Kamaswami tidak pernah dapat meyakinkan Siddhartha untuk mengeluarkan kata-kata bimbang
Kamaswami could not make Siddhartha feel anger towards business
Kamaswami tidak dapat membuat Siddhartha berasa marah terhadap perniagaan
he could not get him to to have wrinkles on the forehead
dia tidak boleh membuat dia mempunyai kedutan di dahi
he could not make Siddhartha sleep badly
dia tidak dapat membuat Siddhartha tidur dengan teruk

one day, Kamaswami tried to speak with Siddhartha
suatu hari, Kamaswami cuba bercakap dengan Siddhartha
"Siddhartha, you have failed to learn anything new"
"Siddhartha, kamu telah gagal mempelajari sesuatu yang baru"
but again, Siddhartha laughed at this
tetapi sekali lagi, Siddhartha ketawa mendengarnya
"Would you please not kid me with such jokes"

"Sudikah anda tidak mempermainkan saya dengan jenaka seperti itu"
"What I've learned from you is how much a basket of fish costs"
"Apa yang saya pelajari daripada awak ialah berapa harga sebakul ikan"
"and I learned how much interest may be charged on loaned money"
"dan saya mengetahui berapa banyak faedah yang boleh dikenakan ke atas wang yang dipinjamkan"
"These are your areas of expertise"
"Ini adalah bidang kepakaran anda"
"I haven't learned to think from you, my dear Kamaswami"
"Saya tidak belajar untuk berfikir daripada awak, Kamaswami sayang saya"
"you ought to be the one seeking to learn from me"
"anda sepatutnya menjadi orang yang ingin belajar daripada saya"
Indeed his soul was not with the trade
Sesungguhnya jiwanya tidak dengan perdagangan itu
The business was good enough to provide him with money for Kamala
Perniagaan itu cukup baik untuk memberinya wang untuk Kamala
and it earned him much more than he needed
dan ia memperoleh lebih banyak daripada yang dia perlukan
Besides Kamala, Siddhartha's curiosity was with the people
Selain Kamala, rasa ingin tahu Siddhartha ada pada orang ramai
their businesses, crafts, worries, and pleasures
perniagaan, kerajinan, kebimbangan, dan kesenangan mereka
all these things used to be alien to him
semua perkara ini dahulunya asing baginya
their acts of foolishness used to be as distant as the moon
perbuatan bodoh mereka dahulu jauh seperti bulan
he easily succeeded in talking to all of them

dia dengan mudah berjaya bercakap dengan mereka semua
he could live with all of them
dia boleh hidup dengan mereka semua
and he could continue to learn from all of them
dan dia boleh terus belajar daripada mereka semua
but there was something which separated him from them
tetapi ada sesuatu yang memisahkan dia daripada mereka
he could feel a divide between him and the people
dia dapat merasakan perpecahan antara dia dan rakyat
this separating factor was him being a Samana
faktor pemisah ini ialah dia seorang Samana
He saw mankind going through life in a childlike manner
Dia melihat manusia menjalani kehidupan dengan cara seperti kanak-kanak
in many ways they were living the way animals live
dalam banyak cara mereka hidup seperti haiwan
he loved and also despised their way of life
dia mencintai dan juga menghina cara hidup mereka
He saw them toiling and suffering
Dia melihat mereka bersusah payah dan menderita
they were becoming gray for things unworthy of this price
mereka menjadi kelabu untuk perkara yang tidak layak dengan harga ini
they did things for money and little pleasures
mereka melakukan sesuatu untuk wang dan sedikit kesenangan
they did things for being slightly honoured
mereka melakukan sesuatu kerana mendapat sedikit penghormatan
he saw them scolding and insulting each other
dia melihat mereka memarahi dan menghina antara satu sama lain
he saw them complaining about pain
dia melihat mereka mengadu sakit
pains at which a Samana would only smile
kesakitan di mana seorang Samana hanya akan tersenyum

and he saw them suffering from deprivations
dan dia melihat mereka menderita kekurangan
deprivations which a Samana would not feel
kekurangan yang tidak akan dirasakan oleh Samana
He was open to everything these people brought his way
Dia terbuka kepada semua yang dibawa oleh orang ini
welcome was the merchant who offered him linen for sale
dialu-alukan adalah pedagang yang menawarkan kain linen untuk dijual
welcome was the debtor who sought another loan
dialu-alukan adalah penghutang yang mencari pinjaman lain
welcome was the beggar who told him the story of his poverty
selamat datang adalah pengemis yang menceritakan kisah kemiskinannya
the beggar who was not half as poor as any Samana
pengemis yang tidak separuh miskin seperti mana-mana Samana
He did not treat the rich merchant and his servant different
Dia tidak memperlakukan saudagar kaya dan hambanya berbeza
he let street-vendor cheat him when buying bananas
dia membiarkan peniaga jalanan menipunya apabila membeli pisang
Kamaswami would often complain to him about his worries
Kamaswami sering mengadu kepadanya tentang kebimbangannya
or he would reproach him about his business
atau dia akan mencelanya tentang perniagaannya
he listened curiously and happily
dia mendengar dengan rasa ingin tahu dan gembira
but he was puzzled by his friend
tetapi dia hairan dengan rakannya
he tried to understand him
dia cuba memahaminya
and he admitted he was right, up to a certain point

dan dia mengaku dia betul, sampai satu tahap
there were many who asked for Siddhartha
terdapat ramai yang meminta Siddhartha
many wanted to do business with him
ramai yang ingin berniaga dengannya
there were many who wanted to cheat him
terdapat ramai yang ingin menipunya
many wanted to draw some secret out of him
ramai yang mahu mengeluarkan beberapa rahsia daripadanya
many wanted to appeal to his sympathy
ramai yang ingin merayu simpatinya
many wanted to get his advice
ramai yang ingin mendapatkan nasihat beliau
He gave advice to those who wanted it
Dia memberi nasihat kepada mereka yang menginginkannya
he pitied those who needed pity
dia mengasihani mereka yang memerlukan belas kasihan
he made gifts to those who liked presents
dia membuat hadiah kepada mereka yang suka hadiah
he let some cheat him a bit
dia membiarkan beberapa menipu dia sedikit
this game which all people played occupied his thoughts
permainan ini yang dimainkan oleh semua orang menyibukkan fikirannya
he thought about this game just as much as he had about the Gods
dia memikirkan tentang permainan ini sama seperti yang dia fikirkan tentang Dewa
deep in his chest he felt a dying voice
jauh di dalam dadanya dia merasakan suara yang hampir mati
this voice admonished him quietly
suara ini menegurnya secara senyap
and he hardly perceived the voice inside of himself
dan dia hampir tidak dapat melihat suara di dalam dirinya
And then, for an hour, he became aware of something

Dan kemudian, selama sejam, dia menyedari sesuatu
he became aware of the strange life he was leading
dia menyedari kehidupan aneh yang dia jalani
he realized this life was only a game
dia sedar hidup ini hanyalah permainan
at times he would feel happiness and joy
ada kalanya dia akan berasa gembira dan gembira
but real life was still passing him by
tetapi kehidupan sebenar masih melewatinya
and it was passing by without touching him
dan ia berlalu tanpa menyentuhnya
Siddhartha played with his business-deals
Siddhartha bermain dengan tawaran perniagaannya
Siddhartha found amusement in the people around him
Siddhartha mendapati keseronokan orang di sekelilingnya
but regarding his heart, he was not with them
tetapi mengenai hatinya, dia tidak bersama mereka
The source ran somewhere, far away from him
Sumber itu berlari ke suatu tempat, jauh darinya
it ran and ran invisibly
ia berlari dan berlari tanpa kelihatan
it had nothing to do with his life any more
ia tidak ada kena mengena dengan hidupnya lagi
at several times he became scared on account of such thoughts
beberapa kali dia menjadi takut kerana pemikiran sedemikian
he wished he could participate in all of these childlike games
dia berharap dia boleh mengambil bahagian dalam semua permainan seperti kanak-kanak ini
he wanted to really live
dia mahu benar-benar hidup
he wanted to really act in their theatre
dia benar-benar mahu berlakon dalam teater mereka
he wanted to really enjoy their pleasures
dia mahu benar-benar menikmati keseronokan mereka

and he wanted to live, instead of just standing by as a spectator
dan dia mahu hidup, bukannya hanya berdiri sebagai penonton

But again and again, he came back to beautiful Kamala
Tetapi lagi dan lagi, dia kembali kepada Kamala yang cantik
he learned the art of love
dia belajar seni cinta
and he practised the cult of lust
dan dia mengamalkan pemujaan nafsu
lust, in which giving and taking becomes one
nafsu, di mana memberi dan menerima menjadi satu
he chatted with her and learned from her
dia berbual dengannya dan belajar daripadanya
he gave her advice, and he received her advice
dia memberi nasihat kepadanya, dan dia menerima nasihatnya
She understood him better than Govinda used to understand him
Dia memahaminya lebih baik daripada Govinda dahulu memahaminya
she was more similar to him than Govinda had been
dia lebih serupa dengannya berbanding Govinda
"You are like me," he said to her
"Anda seperti saya," katanya kepadanya
"you are different from most people"
"kamu berbeza daripada kebanyakan orang"
"You are Kamala, nothing else"
"Anda adalah Kamala, tidak ada yang lain"
"and inside of you, there is a peace and refuge"
"dan di dalam dirimu ada ketenangan dan perlindungan"
"a refuge to which you can go at every hour of the day"
"tempat perlindungan yang anda boleh pergi pada setiap jam sepanjang hari"
"you can be at home with yourself"

"anda boleh berada di rumah sendiri"
"I can do this too"
"Saya pun boleh buat ni"
"Few people have this place"
"Sedikit orang mempunyai tempat ini"
"and yet all of them could have it"
"namun mereka semua boleh memilikinya"
"Not all people are smart" said Kamala
"Bukan semua orang pandai" kata Kamala
"No," said Siddhartha, "that's not the reason why"
"Tidak," kata Siddhartha, "bukan sebab itu"
"Kamaswami is just as smart as I am"
"Kamaswami juga bijak seperti saya"
"but he has no refuge in himself"
"tetapi dia tidak mempunyai perlindungan dalam dirinya"
"Others have it, although they have the minds of children"
"Orang lain memilikinya, walaupun mereka mempunyai fikiran kanak-kanak"
"Most people, Kamala, are like a falling leaf"
"Kebanyakan orang, Kamala, adalah seperti daun yang gugur"
"a leaf which is blown and is turning around through the air"
"daun yang ditiup dan berputar di udara"
"a leaf which wavers, and tumbles to the ground"
"daun yang goyah dan jatuh ke tanah"
"But others, a few, are like stars"
"Tetapi yang lain, sedikit, seperti bintang"
"they go on a fixed course"
"mereka pergi kursus tetap"
"no wind reaches them"
"tiada angin sampai kepada mereka"
"in themselves they have their law and their course"
"dalam diri mereka mereka mempunyai undang-undang dan haluan mereka"
"Among all the learned men I have met, there was one of this kind"

"Di antara semua orang terpelajar yang saya temui, ada seorang seperti ini"
"he was a truly perfected one"
"dia adalah seorang yang benar-benar sempurna"
"I'll never be able to forget him"
"Saya tidak akan dapat melupakan dia"
"It is that Gotama, the exalted one"
"Inilah Gotama, Yang Mulia"
"Thousands of followers are listening to his teachings every day"
"Ribuan pengikut mendengar ajarannya setiap hari"
"they follow his instructions every hour"
"mereka mengikut arahannya setiap jam"
"but they are all falling leaves"
"tetapi semuanya adalah daun yang gugur"
"not in themselves they have teachings and a law"
"Bukan dalam diri mereka mereka mempunyai ajaran dan undang-undang"
Kamala looked at him with a smile
Kamala memandangnya sambil tersenyum
"Again, you're talking about him," she said
"Sekali lagi, awak bercakap tentang dia," katanya
"again, you're having a Samana's thoughts"
"sekali lagi, anda mempunyai pemikiran Samana"
Siddhartha said nothing, and they played the game of love
Siddhartha tidak berkata apa-apa, dan mereka bermain permainan cinta
one of the thirty or forty different games Kamala knew
satu daripada tiga puluh atau empat puluh permainan berbeza yang diketahui Kamala
Her body was flexible like that of a jaguar
Badannya fleksibel seperti jaguar
flexible like the bow of a hunter
fleksibel seperti haluan pemburu
he who had learned from her how to make love
dia yang telah belajar daripadanya bagaimana untuk bercinta

he was knowledgeable of many forms of lust
dia mengetahui pelbagai bentuk nafsu
he that learned from her knew many secrets
dia yang belajar daripadanya mengetahui banyak rahsia
For a long time, she played with Siddhartha
Untuk masa yang lama, dia bermain dengan Siddhartha
she enticed him and rejected him
dia memikatnya dan menolaknya
she forced him and embraced him
dia memaksanya dan memeluknya
she enjoyed his masterful skills
dia menikmati kemahiran mahirnya
until he was defeated and rested exhausted by her side
sehingga dia tewas dan berehat keletihan di sisinya
The courtesan bent over him
Pelacur membongkok ke arahnya
she took a long look at his face
dia memandang lama wajahnya
she looked at his eyes, which had grown tired
dia memandang matanya yang sudah letih
"You are the best lover I have ever seen" she said thoughtfully
"Awak adalah kekasih terbaik yang pernah saya lihat" katanya termenung
"You're stronger than others, more supple, more willing"
"Anda lebih kuat daripada orang lain, lebih anjal, lebih bersedia"
"You've learned my art well, Siddhartha"
"Anda telah mempelajari seni saya dengan baik, Siddhartha"
"At some time, when I'll be older, I'd want to bear your child"
"Pada suatu masa nanti, apabila saya sudah besar, saya mahu mengandung anak awak"
"And yet, my dear, you've remained a Samana"
"Namun, sayangku, kamu tetap seorang Samana"
"and despite this, you do not love me"

"dan walaupun ini, awak tidak mencintai saya"
"there is nobody that you love"
"tiada sesiapa yang awak sayang"
"Isn't it so?" asked Kamala
"Bukankah begitu?" tanya Kamala
"It might very well be so," Siddhartha said tiredly
"Mungkin begitu," kata Siddhartha lesu
"I am like you, because you also do not love"
"Saya seperti kamu, kerana kamu juga tidak mencintai"
"how else could you practise love as a craft?"
"bagaimana lagi anda boleh mengamalkan cinta sebagai kraf?"
"Perhaps, people of our kind can't love"
"Mungkin, orang seumpama kita tidak boleh mencintai"
"The childlike people can love, that's their secret"
"Orang seperti kanak-kanak boleh mencintai, itu rahsia mereka"

Sansara

For a long time, Siddhartha had lived in the world and lust
Untuk masa yang lama, Siddhartha telah hidup di dunia dan nafsu
he lived this way though, without being a part of it
dia hidup dengan cara ini walaupun, tanpa menjadi sebahagian daripadanya
he had killed this off when he had been a Samana
dia telah membunuh ini semasa dia menjadi Samana
but now they had awoken again
tetapi kini mereka telah bangun semula
he had tasted riches, lust, and power
dia telah merasai kekayaan, nafsu, dan kuasa
for a long time he had remained a Samana in his heart
sudah lama dia kekal sebagai Samana di dalam hatinya
Kamala, being smart, had realized this quite right
Kamala, kerana bijak, telah menyedari perkara ini dengan betul
thinking, waiting, and fasting still guided his life
berfikir, menunggu, dan berpuasa tetap membimbing hidupnya
the childlike people remained alien to him
orang seperti kanak-kanak tetap asing baginya
and he remained alien to the childlike people
dan dia tetap asing kepada orang-orang seperti kanak-kanak
Years passed by; surrounded by the good life
Tahun berlalu; dikelilingi oleh kehidupan yang baik
Siddhartha hardly felt the years fading away
Siddhartha hampir tidak merasakan tahun-tahun itu semakin pudar
He had become rich and possessed a house of his own
Dia telah menjadi kaya dan memiliki rumah sendiri
he even had his own servants
dia juga mempunyai hambanya sendiri
he had a garden before the city, by the river

dia mempunyai taman di hadapan bandar, di tepi sungai
The people liked him and came to him for money or advice
Orang ramai menyukainya dan datang kepadanya untuk mendapatkan wang atau nasihat
but there was nobody close to him, except Kamala
tetapi tiada sesiapa yang rapat dengannya, kecuali Kamala
the bright state of being awake
keadaan terang terjaga
the feeling which he had experienced at the height of his youth
perasaan yang dia alami pada kemuncak mudanya
in those days after Gotama's sermon
pada zaman itu selepas khutbah Gotama
after the separation from Govinda
selepas berpisah dengan Govinda
the tense expectation of life
jangkaan hidup yang tegang
the proud state of standing alone
keadaan bangga berdiri sendiri
being without teachings or teachers
tanpa ajaran atau guru
the supple willingness to listen to the divine voice in his own heart
kesediaan lembut untuk mendengar suara ilahi dalam hatinya sendiri
all these things had slowly become a memory
semua perkara ini perlahan-lahan menjadi kenangan
the memory had been fleeting, distant, and quiet
ingatan itu sekejap, jauh, dan sunyi
the holy source, which used to be near, now only murmured
sumber suci yang dahulunya dekat, kini hanya merungut
the holy source, which used to murmur within himself
sumber suci, yang dahulunya merungut dalam dirinya
Nevertheless, many things he had learned from the Samanas
Namun begitu, banyak perkara yang dia pelajari daripada Samana

he had learned from Gotama
dia telah belajar daripada Gotama
he had learned from his father the Brahman
dia telah belajar daripada bapanya Brahman
his father had remained within his being for a long time
bapanya telah kekal dalam dirinya untuk masa yang lama
moderate living, the joy of thinking, hours of meditation
hidup sederhana, kegembiraan berfikir, berjam-jam meditasi
the secret knowledge of the self; his eternal entity
pengetahuan rahsia diri; entitinya yang kekal
the self which is neither body nor consciousness
diri yang bukan jasad mahupun kesedaran
Many a part of this he still had
Banyak bahagian ini dia masih ada
but one part after another had been submerged
tetapi satu demi satu bahagian telah ditenggelami
and eventually each part gathered dust
dan akhirnya setiap bahagian berkumpul debu
a potter's wheel, once in motion, will turn for a long time
roda tembikar, sekali bergerak, akan berputar untuk masa yang lama
it loses its vigour only slowly
ia kehilangan kekuatannya hanya perlahan-lahan
and it comes to a stop only after time
dan ia berhenti hanya selepas masa
Siddhartha's soul had kept on turning the wheel of asceticism
Jiwa Siddhartha terus memutarkan roda pertapaan
the wheel of thinking had kept turning for a long time
roda pemikiran sudah lama berputar
the wheel of differentiation had still turned for a long time
roda pembezaan masih berputar untuk masa yang lama
but it turned slowly and hesitantly
tetapi ia berpusing perlahan-lahan dan teragak-agak
and it was close to coming to a standstill
dan ia hampir terhenti

Slowly, like humidity entering the dying stem of a tree
Perlahan-lahan, seperti kelembapan memasuki batang pokok yang mati
filling the stem slowly and making it rot
mengisi batang perlahan-lahan dan menjadikannya reput
the world and sloth had entered Siddhartha's soul
dunia dan kemalasan telah memasuki jiwa Siddhartha
slowly it filled his soul and made it heavy
perlahan-lahan ia memenuhi jiwanya dan menjadikannya berat
it made his soul tired and put it to sleep
ia membuat jiwanya letih dan menidurkannya
On the other hand, his senses had become alive
Sebaliknya, derianya telah menjadi hidup
there was much his senses had learned
banyak derianya telah belajar
there was much his senses had experienced
banyak yang telah dialami oleh derianya
Siddhartha had learned to trade
Siddhartha telah belajar berdagang
he had learned how to use his power over people
dia telah belajar bagaimana menggunakan kuasanya ke atas manusia
he had learned how to enjoy himself with a woman
dia telah belajar bagaimana untuk berseronok dengan seorang wanita
he had learned how to wear beautiful clothes
dia telah belajar cara memakai pakaian yang cantik
he had learned how to give orders to servants
dia telah belajar bagaimana memberi perintah kepada hamba
he had learned how to bathe in perfumed waters
dia telah belajar bagaimana untuk mandi dalam air wangi
He had learned how to eat tenderly and carefully prepared food
Dia telah belajar bagaimana untuk makan dengan lembut dan makanan yang disediakan dengan teliti

he even ate fish, meat, and poultry
dia juga makan ikan, daging, dan ayam
spices and sweets and wine, which causes sloth and forgetfulness
rempah ratus dan manisan dan wain, yang menyebabkan kemalasan dan kealpaan
He had learned to play with dice and on a chess-board
Dia telah belajar bermain dengan dadu dan di atas papan catur
he had learned to watch dancing girls
dia telah belajar menonton gadis menari
he learned to have himself carried about in a sedan-chair
dia belajar membawa diri di atas kerusi sedan
he learned to sleep on a soft bed
dia belajar tidur di atas katil yang empuk
But still he felt different from others
Tapi dia tetap rasa lain dari yang lain
he still felt superior to the others
dia masih berasa lebih hebat daripada yang lain
he always watched them with some mockery
dia sentiasa memerhati mereka dengan ejekan
there was always some mocking disdain to how he felt about them
sentiasa ada sedikit penghinaan yang mengejek terhadap perasaannya terhadap mereka
the same disdain a Samana feels for the people of the world
penghinaan yang sama yang dirasai seorang Samana terhadap penduduk dunia

Kamaswami was ailing and felt annoyed
Kamaswami sedang sakit dan berasa jengkel
he felt insulted by Siddhartha
dia berasa dihina oleh Siddhartha
and he was vexed by his worries as a merchant
dan dia terganggu oleh kebimbangannya sebagai seorang pedagang

Siddhartha had always watched these things with mockery
Siddhartha sentiasa melihat perkara-perkara ini dengan mengejek
but his mockery had become more tired
tetapi ejekannya telah menjadi lebih letih
his superiority had become more quiet
keunggulannya menjadi lebih tenang
as slowly imperceptible as the rainy season passing by
perlahan-lahan tidak kelihatan seperti musim hujan yang berlalu
slowly, Siddhartha had assumed something of the childlike people's ways
perlahan-lahan, Siddhartha telah menganggap sesuatu tentang cara orang seperti kanak-kanak
he had gained some of their childishness
dia telah mendapat sedikit sifat kebudak-budakan mereka
and he had gained some of their fearfulness
dan dia telah mendapat sebahagian daripada ketakutan mereka
And yet, the more be become like them the more he envied them
Namun, semakin menjadi seperti mereka semakin dia iri hati kepada mereka
He envied them for the one thing that was missing from him
Dia iri hati mereka kerana satu perkara yang hilang daripadanya
the importance they were able to attach to their lives
kepentingan mereka dapat melekat pada kehidupan mereka
the amount of passion in their joys and fears
jumlah keghairahan dalam kegembiraan dan ketakutan mereka
the fearful but sweet happiness of being constantly in love
kebahagiaan yang menakutkan tetapi manis kerana sentiasa jatuh cinta
These people were in love with themselves all of the time

Orang-orang ini jatuh cinta dengan diri mereka sendiri sepanjang masa

women loved their children, with honours or money
wanita menyayangi anak-anak mereka, dengan penghormatan atau wang

the men loved themselves with plans or hopes
lelaki itu mencintai diri mereka sendiri dengan rancangan atau harapan

But he did not learn this from them
Tetapi dia tidak belajar ini daripada mereka

he did not learn the joy of children
dia tidak belajar kegembiraan kanak-kanak

and he did not learn their foolishness
dan dia tidak mempelajari kebodohan mereka

what he mostly learned were their unpleasant things
apa yang paling dia pelajari adalah perkara yang tidak menyenangkan mereka

and he despised these things
dan dia menghina perkara-perkara ini

in the morning, after having had company
pada waktu pagi, selepas berkawan

more and more he stayed in bed for a long time
semakin lama dia berbaring di atas katil

he felt unable to think, and was tired
dia berasa tidak boleh berfikir, dan letih

he became angry and impatient when Kamaswami bored him with his worries
dia menjadi marah dan tidak sabar apabila Kamaswami membosankannya dengan kebimbangannya

he laughed just too loud when he lost a game of dice
dia ketawa terlalu kuat apabila dia kalah dalam permainan dadu

His face was still smarter and more spiritual than others
Wajahnya masih lebih pintar dan lebih rohani daripada orang lain

but his face rarely laughed anymore

tapi muka dia dah jarang ketawa
slowly, his face assumed other features
perlahan-lahan, wajahnya menganggap ciri-ciri lain
the features often found in the faces of rich people
ciri-ciri yang sering ditemui pada wajah orang kaya
features of discontent, of sickliness, of ill-humour
ciri-ciri rasa tidak puas hati, sakit, jenaka
features of sloth, and of a lack of love
ciri-ciri kemalasan, dan kekurangan kasih sayang
the disease of the soul which rich people have
penyakit jiwa yang ada pada orang kaya
Slowly, this disease grabbed hold of him
Perlahan-lahan penyakit ini mencengkam dirinya
like a thin mist, tiredness came over Siddhartha
seperti kabus nipis, keletihan datang kepada Siddhartha
slowly, this mist got a bit denser every day
perlahan-lahan, kabus ini menjadi lebih padat setiap hari
it got a bit murkier every month
ia menjadi agak keruh setiap bulan
and every year it got a bit heavier
dan setiap tahun ia menjadi lebih berat
dresses become old with time
pakaian menjadi tua dengan masa
clothes lose their beautiful colour over time
pakaian kehilangan warna yang indah dari masa ke masa
they get stains, wrinkles, worn off at the seams
mereka mendapat kesan, kedutan, lusuh pada jahitan
they start to show threadbare spots here and there
mereka mula menunjukkan bintik-bintik benang di sana sini
this is how Siddhartha's new life was
beginilah kehidupan baru Siddhartha
the life which he had started after his separation from Govinda
kehidupan yang dimulakannya selepas berpisah dengan Govinda
his life had grown old and lost colour

hidupnya telah tua dan hilang warna
there was less splendour to it as the years passed by
terdapat kurang keindahannya apabila tahun-tahun berlalu
his life was gathering wrinkles and stains
hidupnya semakin berkedut dan bertompok
and hidden at bottom, disappointment and disgust were waiting
dan tersembunyi di bahagian bawah, kekecewaan dan rasa jijik sedang menunggu
they were showing their ugliness
mereka menunjukkan keburukan mereka
Siddhartha did not notice these things
Siddhartha tidak perasan perkara ini
he remembered the bright and reliable voice inside of him
dia teringat suara yang terang dan boleh dipercayai di dalam dirinya
he noticed the voice had become silent
dia perasan suara itu menjadi senyap
the voice which had awoken in him at that time
suara yang telah menyedarkan dirinya ketika itu
the voice that had guided him in his best times
suara yang telah membimbingnya pada masa terbaiknya
he had been captured by the world
dia telah ditangkap oleh dunia
he had been captured by lust, covetousness, sloth
dia telah ditangkap oleh nafsu, ketamakan, kemalasan
and finally he had been captured by his most despised vice
dan akhirnya dia telah ditangkap oleh maksiatnya yang paling hina
the vice which he mocked the most
maksiat yang paling dia ejek
the most foolish one of all vices
yang paling bodoh dari semua maksiat
he had let greed into his heart
dia telah membiarkan ketamakan ke dalam hatinya

Property, possessions, and riches also had finally captured him
Harta, harta benda, dan kekayaan juga akhirnya menawannya
having things was no longer a game to him
mempunyai sesuatu bukan lagi permainan baginya
his possessions had become a shackle and a burden
hartanya telah menjadi belenggu dan beban
It had happened in a strange and devious way
Ia telah berlaku dengan cara yang pelik dan licik
Siddhartha had gotten this vice from the game of dice
Siddhartha telah mendapat maksiat ini daripada permainan dadu
he had stopped being a Samana in his heart
dia telah berhenti menjadi Samana di dalam hatinya
and then he began to play the game for money
dan kemudian dia mula bermain permainan untuk wang
first he joined the game with a smile
mula-mula dia menyertai permainan dengan senyuman
at this time he only played casually
pada masa ini dia hanya bermain santai
he wanted to join the customs of the childlike people
dia mahu menyertai adat orang seperti kanak-kanak
but now he played with an increasing rage and passion
tetapi kini dia bermain dengan kemarahan dan keghairahan yang semakin meningkat
He was a feared gambler among the other merchants
Dia adalah seorang penjudi yang digeruni di kalangan pedagang lain
his stakes were so audacious that few dared to take him on
pertaruhannya begitu berani sehingga tidak ramai yang berani mengambilnya
He played the game due to a pain of his heart
Dia bermain permainan itu kerana sakit hatinya
losing and wasting his wretched money brought him an angry joy

kehilangan dan membazirkan wang celakanya membawanya
kegembiraan yang marah
he could demonstrate his disdain for wealth in no other way
dia tidak boleh menunjukkan penghinaannya terhadap
kekayaan dengan cara lain
he could not mock the merchants' false god in a better way
dia tidak boleh mengejek tuhan palsu para pedagang dengan
cara yang lebih baik
so he gambled with high stakes
jadi dia berjudi dengan taruhan yang tinggi
he mercilessly hated himself and mocked himself
dia tanpa belas kasihan membenci dirinya dan mengejek
dirinya sendiri
he won thousands, threw away thousands
dia menang beribu, buang beribu
he lost money, jewellery, a house in the country
dia kehilangan wang, barang kemas, rumah di negara ini
he won it again, and then he lost again
dia memenanginya lagi, dan kemudian dia kalah lagi
he loved the fear he felt while he was rolling the dice
dia suka ketakutan yang dia rasakan semasa dia membaling
dadu
he loved feeling worried about losing what he gambled
dia suka berasa bimbang tentang kehilangan apa yang dia
perjudikan
he always wanted to get this fear to a slightly higher level
dia sentiasa mahu meningkatkan ketakutan ini ke tahap yang
lebih tinggi
he only felt something like happiness when he felt this fear
dia hanya merasakan sesuatu seperti kebahagiaan apabila dia
merasakan ketakutan ini
it was something like an intoxication
ia adalah sesuatu seperti mabuk
something like an elevated form of life
sesuatu seperti bentuk kehidupan yang tinggi
something brighter in the midst of his dull life

sesuatu yang lebih cerah di tengah-tengah kehidupannya yang membosankan

And after each big loss, his mind was set on new riches
Dan selepas setiap kerugian besar, fikirannya tertumpu pada kekayaan baru

he pursued the trade more zealously
dia meneruskan perniagaan itu dengan lebih bersungguh-sungguh

he forced his debtors more strictly to pay
dia memaksa penghutangnya membayar dengan lebih tegas

because he wanted to continue gambling
kerana dia ingin meneruskan perjudian

he wanted to continue squandering
dia mahu terus membazir

he wanted to continue demonstrating his disdain of wealth
dia mahu terus menunjukkan sikap meremehkan kekayaannya

Siddhartha lost his calmness when losses occurred
Siddhartha kehilangan ketenangannya apabila kerugian berlaku

he lost his patience when he was not paid on time
dia hilang sabar apabila dia tidak dibayar tepat pada masanya

he lost his kindness towards beggars
hilang budinya terhadap pengemis

He gambled away tens of thousands at one roll of the dice
Dia berjudi berpuluh-puluh ribu pada satu gulung dadu

he became more strict and more petty in his business
dia menjadi lebih tegas dan lebih picik dalam perniagaannya

occasionally, he was dreaming at night about money!
kadang-kadang, dia bermimpi pada waktu malam tentang wang!

whenever he woke up from this ugly spell, he continued fleeing
setiap kali dia tersedar dari jampi hodoh ini, dia terus melarikan diri

whenever he found his face in the mirror to have aged, he found a new game
setiap kali dia mendapati wajahnya di cermin sudah tua, dia menemui permainan baharu
whenever embarrassment and disgust came over him, he numbed his mind
setiap kali rasa malu dan jijik datang kepadanya, dia mati rasa
he numbed his mind with sex and wine
dia membebankan fikirannya dengan seks dan wain
and from there he fled back into the urge to pile up and obtain possessions
dan dari situ dia melarikan diri kembali ke dalam keinginan untuk menimbun dan mendapatkan harta benda
In this pointless cycle he ran
Dalam kitaran sia-sia ini dia berlari
from his life he grow tired, old, and ill
dari hidupnya dia menjadi letih, tua, dan sakit

Then the time came when a dream warned him
Kemudian tiba masanya apabila mimpi memberi amaran kepadanya
He had spent the hours of the evening with Kamala
Dia telah menghabiskan waktu petang dengan Kamala
he had been in her beautiful pleasure-garden
dia telah berada di taman keseronokan yang indah
They had been sitting under the trees, talking
Mereka duduk di bawah pokok sambil berbual
and Kamala had said thoughtful words
dan Kamala telah mengucapkan kata-kata yang bernas
words behind which a sadness and tiredness lay hidden
kata-kata yang tersembunyi kesedihan dan kepenatan
She had asked him to tell her about Gotama
Dia telah memintanya untuk memberitahunya tentang Gotama
she could not hear enough of him
dia tidak cukup mendengar tentang dia

she loved how clear his eyes were
dia suka betapa jelas matanya
she loved how still and beautiful his mouth was
dia suka betapa tenang dan cantiknya mulutnya
she loved the kindness of his smile
dia suka kebaikan senyumannya
she loved how peaceful his walk had been
dia suka betapa damainya perjalanannya
For a long time, he had to tell her about the exalted Buddha
Untuk masa yang lama, dia terpaksa memberitahunya tentang Buddha yang dimuliakan
and Kamala had sighed, and spoke
dan Kamala telah mengeluh, dan bercakap
"One day, perhaps soon, I'll also follow that Buddha"
"Suatu hari, mungkin tidak lama lagi, saya juga akan mengikuti Buddha itu"
"I'll give him my pleasure-garden for a gift"
"Saya akan berikan dia taman kesenangan saya sebagai hadiah"
"and I will take my refuge in his teachings"
"dan aku akan berlindung kepada ajarannya"
But after this, she had aroused him
Tetapi selepas ini, dia telah membangkitkannya
she had tied him to her in the act of making love
dia telah mengikat lelaki itu dengannya dalam perbuatan bercinta
with painful fervour, biting and in tears
dengan semangat yang menyakitkan, menggigit dan menangis
it was as if she wanted to squeeze the last sweet drop out of this wine
seolah-olah dia ingin memerah titisan manis terakhir daripada wain ini
Never before had it become so strangely clear to Siddhartha
Tidak pernah sebelum ini ia menjadi begitu pelik jelas kepada Siddhartha

he felt how close lust was akin to death
dia merasakan betapa dekatnya nafsu itu seperti kematian
he laid by her side, and Kamala's face was close to him
dia berbaring di sisinya, dan muka Kamala dekat dengannya
under her eyes and next to the corners of her mouth
bawah matanya dan di sebelah sudut mulutnya
it was as clear as never before
ia sejelas tidak pernah sebelum ini
there read a fearful inscription
ada terbaca tulisan yang menakutkan
an inscription of small lines and slight grooves
tulisan garis kecil dan alur kecil
an inscription reminiscent of autumn and old age
inskripsi yang mengingatkan pada musim luruh dan usia tua
here and there, gray hairs among his black ones
sana sini, uban di antara yang hitamnya
Siddhartha himself, who was only in his forties, noticed the same thing
Siddhartha sendiri, yang baru berusia empat puluhan, perasan perkara yang sama
Tiredness was written on Kamala's beautiful face
Kepenatan terukir di wajah cantik Kamala
tiredness from walking a long path
kepenatan kerana berjalan jauh
a path which has no happy destination
jalan yang tiada destinasi bahagia
tiredness and the beginning of withering
keletihan dan mula layu
fear of old age, autumn, and having to die
takut tua, musim luruh, dan terpaksa mati
With a sigh, he had bid his farewell to her
Sambil mengeluh, dia telah mengucapkan selamat tinggal kepadanya
the soul full of reluctance, and full of concealed anxiety
jiwa yang penuh keengganan, dan penuh dengan kebimbangan yang tersembunyi

Tetapi lebih daripada perkara lain, dia meluat dengan dirinya sendiri
he was disgusted by his perfumed hair
dia meluat dengan rambut wanginya
he was disgusted by the smell of wine from his mouth
dia meluat dengan bau arak dari mulutnya
he was disgusted by the listlessness of his skin
dia meluat dengan kelesuan kulitnya
Like when someone who has eaten and drunk far too much
Seperti apabila seseorang yang telah makan dan minum terlalu banyak
they vomit it back up again with agonising pain
mereka memuntahkannya semula dengan kesakitan yang pedih
but they feel relieved by the vomiting
tetapi mereka berasa lega dengan muntah
this sleepless man wished to free himself of these pleasures
lelaki yang tidak dapat tidur ini ingin membebaskan dirinya daripada keseronokan ini
he wanted to be rid of these habits
dia mahu membuang tabiat ini
he wanted to escape all of this pointless life
dia mahu melarikan diri dari semua kehidupan yang sia-sia ini
and he wanted to escape from himself
dan dia mahu melarikan diri dari dirinya sendiri
it wasn't until the light of the morning when he had slightly fallen sleep
ia tidak sampai cahaya pagi apabila dia sedikit tertidur
the first activities in the street were already beginning
aktiviti pertama di jalanan sudah bermula
for a few moments he had found a hint of sleep
untuk beberapa saat dia telah menemui sedikit tidur
In those moments, he had a dream
Pada saat itu, dia bermimpi
Kamala owned a small, rare singing bird in a golden cage

Siddhartha had spent the night in his house with dancing girls
Siddhartha telah bermalam di rumahnya dengan gadis menari
he acted as if he was superior to them
dia bertindak seolah-olah dia lebih tinggi daripada mereka
he acted superior towards the fellow-members of his caste
dia bertindak lebih tinggi terhadap sesama ahli kastanya
but this was no longer true
tetapi ini tidak lagi benar
he had drunk much wine that night
dia telah minum banyak wain malam itu
and he went to bed a long time after midnight
dan dia tidur lama selepas tengah malam
tired and yet excited, close to weeping and despair
penat tetapi teruja, hampir menangis dan putus asa
for a long time he sought to sleep, but it was in vain
sudah lama dia berusaha untuk tidur, tetapi sia-sia
his heart was full of misery
hatinya penuh dengan kesengsaraan
he thought he could not bear any longer
dia fikir dia tidak tahan lagi
he was full of a disgust, which he felt penetrating his entire body
dia penuh dengan rasa jijik, yang dia rasakan menembusi seluruh tubuhnya
like the lukewarm repulsive taste of the wine
seperti rasa menjijikkan suam suam wain
the dull music was a little too happy
muzik yang membosankan itu terlalu gembira
the smile of the dancing girls was a little too soft
senyuman gadis-gadis yang menari itu sedikit terlalu lembut
the scent of their hair and breasts was a little too sweet
bau rambut dan payudara mereka agak terlalu manis
But more than by anything else, he was disgusted by himself

Kamala memiliki seekor burung kecil yang jarang menyanyi di dalam sangkar emas

it always sung to him in the morning

ia selalu dinyanyikan kepadanya pada waktu pagi

but then he dreamt this bird had become mute

tetapi kemudian dia bermimpi burung ini menjadi bisu

since this arose his attention, he stepped in front of the cage

sejak ini timbul perhatiannya, dia melangkah ke hadapan sangkar

he looked at the bird inside the cage

dia memandang burung di dalam sangkar

the small bird was dead, and lay stiff on the ground

burung kecil itu mati, dan terbaring kaku di atas tanah

He took the dead bird out of its cage

Dia mengeluarkan burung yang mati itu dari sangkarnya

he took a moment to weigh the dead bird in his hand

dia mengambil sedikit masa untuk menimbang burung mati di tangannya

and then threw it away, out in the street

dan kemudian membuangnya, keluar di jalan

in the same moment he felt terribly shocked

dalam masa yang sama dia berasa sangat terkejut

his heart hurt as if he had thrown away all value

hatinya sakit seperti telah membuang semua nilai

everything good had been inside of this dead bird

segala yang baik telah ada di dalam burung mati ini

Starting up from this dream, he felt encompassed by a deep sadness

Bermula dari mimpi ini, dia berasa diliputi kesedihan yang mendalam

everything seemed worthless to him

segala-galanya kelihatan tidak berharga baginya

worthless and pointless was the way he had been going through life

sia-sia dan sia-sia adalah cara dia melalui kehidupan

nothing which was alive was left in his hands

tidak ada yang bernyawa tinggal di tangannya
nothing which was in some way delicious could be kept
tiada apa yang dalam beberapa cara lazat boleh disimpan
nothing worth keeping would stay
tiada apa yang patut disimpan akan kekal
alone he stood there, empty like a castaway on the shore
seorang diri dia berdiri di situ, kosong seperti orang buangan di pantai

With a gloomy mind, Siddhartha went to his pleasure-garden
Dengan fikiran yang muram, Siddhartha pergi ke taman kesenangannya
he locked the gate and sat down under a mango-tree
dia mengunci pintu pagar dan duduk di bawah sebatang pokok mangga
he felt death in his heart and horror in his chest
dia merasakan kematian dalam hatinya dan seram di dadanya
he sensed how everything died and withered in him
dia merasakan bagaimana segala-galanya mati dan layu dalam dirinya
By and by, he gathered his thoughts in his mind
Lama kelamaan, dia mengumpul fikirannya dalam fikirannya
once again, he went through the entire path of his life
sekali lagi, dia melalui seluruh jalan hidupnya
he started with the first days he could remember
dia bermula dengan hari-hari pertama yang dia boleh ingat
When was there ever a time when he had felt a true bliss?
Bilakah pernah ada masa apabila dia merasai kebahagiaan sejati?
Oh yes, several times he had experienced such a thing
Oh ya, beberapa kali dia mengalami perkara sebegitu
In his years as a boy he had had a taste of bliss
Dalam tahun-tahunnya sebagai budak lelaki, dia telah merasai kebahagiaan

he had felt happiness in his heart when he obtained praise from the Brahmans
dia telah merasakan kebahagiaan di dalam hatinya apabila dia mendapat pujian daripada golongan Brahman
"There is a path in front of the one who has distinguished himself"
"Ada jalan di hadapan orang yang telah menonjolkan dirinya"
he had felt bliss reciting the holy verses
dia telah merasai nikmat membaca ayat-ayat suci itu
he had felt bliss disputing with the learned ones
dia telah merasai kebahagiaan bertengkar dengan orang yang berilmu
he had felt bliss when he was an assistant in the offerings
dia telah berasa bahagia apabila dia menjadi pembantu dalam persembahan
Then, he had felt it in his heart
Kemudian, dia telah merasakannya di dalam hatinya
"There is a path in front of you"
"Ada jalan di hadapan anda"
"you are destined for this path"
"anda ditakdirkan untuk jalan ini"
"the gods are awaiting you"
"tuhan sedang menunggumu"
And again, as a young man, he had felt bliss
Dan sekali lagi, sebagai seorang lelaki muda, dia telah merasakan kebahagiaan
when his thoughts separated him from those thinking on the same things
apabila pemikirannya memisahkannya daripada mereka yang memikirkan perkara yang sama
when he wrestled in pain for the purpose of Brahman
apabila dia bergelut dalam kesakitan untuk tujuan Brahman
when every obtained knowledge only kindled new thirst in him
apabila setiap ilmu yang diperolehi hanya menimbulkan dahaga baru dalam dirinya

in the midst of the pain he felt this very same thing
di tengah-tengah kesakitan dia merasakan perkara yang sama ini

"Go on! You are called upon!"
"Teruskan! Anda dipanggil!"

He had heard this voice when he had left his home
Dia telah mendengar suara ini apabila dia meninggalkan rumahnya

he heard heard this voice when he had chosen the life of a Samana
dia mendengar suara ini apabila dia telah memilih kehidupan seorang Samana

and again he heard this voice when left the Samanas
dan sekali lagi dia mendengar suara ini apabila meninggalkan Samana

he had heard the voice when he went to see the perfected one
dia telah mendengar suara itu apabila dia pergi untuk melihat yang sempurna

and when he had gone away from the perfected one, he had heard the voice
dan apabila dia telah pergi dari yang sempurna, dia telah mendengar suara itu

he had heard the voice when he went into the uncertain
dia telah mendengar suara itu apabila dia pergi ke dalam ketidakpastian

For how long had he not heard this voice anymore?
Sudah berapa lama dia tidak mendengar suara ini lagi?

for how long had he reached no height anymore?
sudah berapa lama dia tidak mencapai ketinggian lagi?

how even and dull was the manner in which he went through life?
bagaimana sekata dan membosankan cara dia melalui kehidupan?

for many long years without a high goal
bertahun-tahun lamanya tanpa matlamat yang tinggi

he had been without thirst or elevation
dia telah tanpa dahaga atau ketinggian
he had been content with small lustful pleasures
dia telah berpuas hati dengan keseronokan nafsu kecil
and yet he was never satisfied!
namun dia tidak pernah berpuas hati!
For all of these years he had tried hard to become like the others
Selama bertahun-tahun dia telah berusaha keras untuk menjadi seperti yang lain
he longed to be one of the childlike people
dia ingin menjadi salah seorang yang seperti kanak-kanak
but he didn't know that that was what he really wanted
tetapi dia tidak tahu bahawa itulah yang dia mahukan
his life had been much more miserable and poorer than theirs
hidupnya telah jauh lebih sengsara dan lebih miskin daripada mereka
because their goals and worries were not his
kerana matlamat dan kebimbangan mereka bukan miliknya
the entire world of the Kamaswami-people had only been a game to him
seluruh dunia orang Kamaswami hanya menjadi permainan baginya
their lives were a dance he would watch
kehidupan mereka adalah tarian yang akan dia tonton
they performed a comedy he could amuse himself with
mereka mempersembahkan komedi yang boleh menghiburkan dirinya
Only Kamala had been dear and valuable to him
Hanya Kamala yang disayangi dan berharga kepadanya
but was she still valuable to him?
tetapi adakah dia masih berharga kepadanya?
Did he still need her?
Adakah dia masih memerlukannya?
Or did she still need him?

Atau adakah dia masih memerlukannya?
Did they not play a game without an ending?
Adakah mereka tidak bermain permainan tanpa penghujung?
Was it necessary to live for this?
Adakah perlu untuk hidup untuk ini?
No, it was not necessary!
Tidak, ia tidak perlu!
The name of this game was Sansara
Nama permainan ini ialah Sansara
a game for children which was perhaps enjoyable to play once
permainan untuk kanak-kanak yang mungkin menyeronokkan untuk dimainkan sekali
maybe it could be played twice
mungkin ia boleh dimainkan dua kali
perhaps you could play it ten times
mungkin anda boleh memainkannya sepuluh kali
but should you play it for ever and ever?
tetapi adakah anda perlu memainkannya selama-lamanya?
Then, Siddhartha knew that the game was over
Kemudian, Siddhartha tahu bahawa permainan telah tamat
he knew that he could not play it any more
dia tahu bahawa dia tidak boleh memainkannya lagi
Shivers ran over his body and inside of him
Menggigil menyelubungi badan dan dalam dirinya
he felt that something had died
dia merasakan sesuatu telah mati

That entire day, he sat under the mango-tree
Sepanjang hari itu, dia duduk di bawah pokok mangga
he was thinking of his father
dia memikirkan ayahnya
he was thinking of Govinda
dia memikirkan Govinda
and he was thinking of Gotama
dan dia memikirkan Gotama

Did he have to leave them to become a Kamaswami?
Adakah dia perlu meninggalkan mereka untuk menjadi Kamaswami?
He was still sitting there when the night had fallen
Dia masih duduk di situ apabila malam telah menjelma
he caught sight of the stars, and thought to himself
dia melihat bintang, dan berfikir sendiri
"Here I'm sitting under my mango-tree in my pleasure-garden"
"Di sini saya duduk di bawah pokok mangga saya di taman kesenangan saya"
He smiled a little to himself
Dia tersenyum kecil sendiri
was it really necessary to own a garden?
adakah ia benar-benar perlu untuk memiliki taman?
was it not a foolish game?
bukankah itu permainan yang bodoh?
did he need to own a mango-tree?
adakah dia perlu memiliki pokok mangga?
He also put an end to this
Dia juga menamatkan perkara ini
this also died in him
ini juga mati dalam dirinya
He rose and bid his farewell to the mango-tree
Dia bangkit dan mengucapkan selamat tinggal kepada pokok mangga itu
he bid his farewell to the pleasure-garden
dia mengucapkan selamat tinggal kepada taman kesenangan
Since he had been without food this day, he felt strong hunger
Sejak dia tidak makan hari ini, dia berasa sangat lapar
and he thought of his house in the city
dan dia memikirkan rumahnya di bandar
he thought of his chamber and bed
dia memikirkan bilik dan katilnya
he thought of the table with the meals on it

dia memikirkan meja yang berisi makanan di atasnya
He smiled tiredly, shook himself, and bid his farewell to these things
Dia tersenyum lelah, menggelengkan dirinya, dan mengucapkan selamat tinggal kepada perkara-perkara ini
In the same hour of the night, Siddhartha left his garden
Pada jam yang sama pada malam itu, Siddhartha meninggalkan tamannya
he left the city and never came back
dia meninggalkan bandar dan tidak pernah kembali

For a long time, Kamaswami had people look for him
Untuk masa yang lama, Kamaswami menyuruh orang mencarinya
they thought he had fallen into the hands of robbers
mereka menyangka dia telah jatuh ke tangan perompak
Kamala had no one look for him
Kamala tidak mempunyai sesiapa yang mencarinya
she was not astonished by his disappearance
dia tidak terkejut dengan kehilangannya
Did she not always expect it?
Bukankah dia selalu mengharapkannya?
Was he not a Samana?
Adakah dia bukan Samana?
a man who was at home nowhere, a pilgrim
seorang lelaki yang tiada di rumah, seorang peziarah
she had felt this the last time they had been together
dia merasakan ini kali terakhir mereka bersama
she was happy despite all the pain of the loss
dia gembira walaupun menanggung segala kesakitan akibat kehilangan itu
she was happy she had been with him one last time
dia gembira telah bersamanya buat kali terakhir
she was happy she had pulled him so affectionately to her heart

dia gembira dia telah menariknya dengan begitu sayang ke
hatinya
**she was happy she had felt completely possessed and
penetrated by him**
dia gembira kerana dia berasa benar-benar dirasuk dan
ditembusi olehnya
When she received the news, she went to the window
Apabila dia menerima berita itu, dia pergi ke tingkap
at the window she held a rare singing bird
di tingkap dia memegang burung nyanyian yang jarang
ditemui
the bird was held captive in a golden cage
burung itu ditawan dalam sangkar emas
She opened the door of the cage
Dia membuka pintu sangkar
she took the bird out and let it fly
dia mengeluarkan burung itu dan membiarkannya terbang
For a long time, she gazed after it
Untuk masa yang lama, dia merenungnya
From this day on, she received no more visitors
Mulai hari ini, dia tidak lagi menerima pelawat
and she kept her house locked
dan dia terus mengunci rumahnya
**But after some time, she became aware that she was
pregnant**
Tetapi selepas beberapa lama, dia menyedari bahawa dia
hamil
**she was pregnant from the last time she was with
Siddhartha**
dia hamil dari kali terakhir dia bersama Siddhartha

By the River
Di tepi Sungai

Siddhartha walked through the forest
Siddhartha berjalan melalui hutan
he was already far from the city
dia sudah jauh dari bandar
and he knew nothing but one thing
dan dia tidak tahu apa-apa selain satu perkara
there was no going back for him
tiada jalan kembali untuknya
the life that he had lived for many years was over
kehidupan yang dilaluinya selama bertahun-tahun telah berakhir
he had tasted all of this life
dia telah merasai sepanjang hidup ini
he had sucked everything out of this life
dia telah menyedut segala-galanya daripada kehidupan ini
until he was disgusted with it
sehingga dia meluat dengannya
the singing bird he had dreamt of was dead
burung nyanyian yang diimpikannya telah mati
and the bird in his heart was dead too
dan burung di dalam hatinya juga telah mati
he had been deeply entangled in Sansara
dia telah terjerat dalam Sansara
he had sucked up disgust and death into his body
dia telah menyedut rasa jijik dan kematian ke dalam tubuhnya
like a sponge sucks up water until it is full
seperti span menyedut air sehingga penuh
he was full of misery and death
dia penuh dengan kesengsaraan dan kematian
there was nothing left in this world which could have attracted him
tiada apa yang tinggal di dunia ini yang boleh menariknya
nothing could have given him joy or comfort

tiada apa yang dapat memberinya kegembiraan atau keselesaan
he passionately wished to know nothing about himself anymore
dia dengan penuh semangat ingin tidak mengetahui apa-apa tentang dirinya lagi
he wanted to have rest and be dead
dia mahu berehat dan mati
he wished there was a lightning-bolt to strike him dead!
dia berharap ada panah petir untuk membunuhnya!
If there only was a tiger to devour him!
Sekiranya ada harimau yang membahamnya!
If there only was a poisonous wine which would numb his senses
Seandainya ada wain beracun yang akan mematikan derianya
a wine which brought him forgetfulness and sleep
wain yang membawanya kealpaan dan tidur
a wine from which he wouldn't awake from
wain yang dia tidak akan sedar daripadanya
Was there still any kind of filth he had not soiled himself with?
Adakah masih ada apa-apa jenis najis yang dia tidak mengotorkan dirinya?
was there a sin or foolish act he had not committed?
adakah ada dosa atau perbuatan bodoh yang tidak dilakukannya?
was there a dreariness of the soul he didn't know?
adakah kesusahan jiwa yang tidak diketahuinya?
was there anything he had not brought upon himself?
adakah apa-apa yang dia tidak bawa ke atas dirinya?
Was it still at all possible to be alive?
Adakah masih mungkin untuk hidup?
Was it possible to breathe in again and again?
Adakah mungkin untuk bernafas lagi dan lagi?
Could he still breathe out?
Adakah dia masih boleh bernafas?

was he able to bear hunger?
mampukah dia menahan lapar?
was there any way to eat again?
adakah cara untuk makan lagi?
was it possible to sleep again?
adakah mungkin untuk tidur lagi?
could he sleep with a woman again?
bolehkah dia tidur dengan perempuan lagi?
had this cycle not exhausted itself?
adakah kitaran ini tidak habis sendiri?
were things not brought to their conclusion?
adakah perkara tidak dibawa ke kesimpulan mereka?

Siddhartha reached the large river in the forest
Siddhartha sampai ke sungai besar di dalam hutan
it was the same river he crossed when he had still been a young man
ia adalah sungai yang sama yang dilaluinya ketika dia masih muda
it was the same river he crossed from the town of Gotama
ia adalah sungai yang sama yang dia seberang dari bandar Gotama
he remembered a ferryman who had taken him over the river
dia teringat seorang feri yang telah membawanya menyeberangi sungai
By this river he stopped, and hesitantly he stood at the bank
Di tepi sungai ini dia berhenti, dan teragak-agak dia berdiri di tebing
Tiredness and hunger had weakened him
Keletihan dan kelaparan telah melemahkannya
"what should I walk on for?"
"untuk apa saya harus berjalan?"
"to what goal was there left to go?"
"Ke matlamat apa yang masih ada?"
No, there were no more goals

Tidak, tiada lagi matlamat
there was nothing left but a painful yearning to shake off this dream
tiada apa yang tinggal melainkan kerinduan yang pedih untuk melenyapkan impian ini
he yearned to spit out this stale wine
dia teringin untuk meludahkan wain basi ini
he wanted to put an end to this miserable and shameful life
dia mahu menamatkan kehidupan yang sengsara dan memalukan ini
a coconut-tree bent over the bank of the river
pokok kelapa bengkok di tebing sungai
Siddhartha leaned against its trunk with his shoulder
Siddhartha bersandar pada batangnya dengan bahunya
he embraced the trunk with one arm
dia memeluk batang itu dengan sebelah tangan
and he looked down into the green water
dan dia melihat ke bawah ke dalam air hijau
the water ran under him
air mengalir di bawahnya
he looked down and found himself to be entirely filled with the wish to let go
dia melihat ke bawah dan mendapati dirinya dipenuhi dengan keinginan untuk melepaskannya
he wanted to drown in these waters
dia mahu lemas di perairan ini
the water reflected a frightening emptiness back at him
air itu mencerminkan kekosongan yang menakutkan kembali kepadanya
the water answered to the terrible emptiness in his soul
air menjawab kekosongan yang dahsyat dalam jiwanya
Yes, he had reached the end
Ya, dia sudah sampai ke penghujungnya
There was nothing left for him, except to annihilate himself
Tidak ada yang tersisa untuknya, kecuali untuk memusnahkan dirinya sendiri

he wanted to smash the failure into which he had shaped his life
dia mahu menghancurkan kegagalan yang telah membentuk hidupnya
he wanted to throw his life before the feet of mockingly laughing gods
dia mahu melemparkan nyawanya ke hadapan kaki dewa ketawa mengejek
This was the great vomiting he had longed for; death
Ini adalah muntah besar yang dia rindukan; kematian
the smashing to bits of the form he hated
pecah-pecah bentuk yang dia benci
Let him be food for fishes and crocodiles
Biarlah dia menjadi makanan ikan dan buaya
Siddhartha the dog, a lunatic
Siddhartha si anjing, orang gila
a depraved and rotten body; a weakened and abused soul!
badan yang rosak dan busuk; jiwa yang lemah dan teraniaya!
let him be chopped to bits by the daemons
biarkan dia dicincang-cincang oleh daemon
With a distorted face, he stared into the water
Dengan muka herot, dia merenung ke dalam air
he saw the reflection of his face and spat at it
dia melihat pantulan wajahnya lalu meludahinya
In deep tiredness, he took his arm away from the trunk of the tree
Dalam keletihan yang teramat, dia menjauhkan tangannya dari batang pokok itu
he turned a bit, in order to let himself fall straight down
dia berpaling sedikit, untuk membiarkan dirinya jatuh terus ke bawah
in order to finally drown in the river
agar akhirnya lemas di dalam sungai
With his eyes closed, he slipped towards death
Dengan mata tertutup, dia tergelincir menuju kematian
Then, out of remote areas of his soul, a sound stirred up

Kemudian, keluar dari kawasan terpencil jiwanya, satu bunyi kacau

a sound stirred up out of past times of his now weary life

bunyi yang dibangkitkan dari masa lalu kehidupannya yang kini letih

It was a singular word, a single syllable

Ia adalah perkataan tunggal, satu suku kata

without thinking he spoke the voice to himself

tanpa berfikir dia bercakap suara itu kepada dirinya sendiri

he slurred the beginning and the end of all prayers of the Brahmans

dia mengacau permulaan dan akhir semua doa Brahman

he spoke the holy Om

dia bercakap Om yang suci

"that what is perfect" or "the completion"

"bahawa yang sempurna" atau "penyelesaian"

And in the moment he realized the foolishness of his actions

Dan pada saat itu dia menyedari kebodohan tindakannya

the sound of Om touched Siddhartha's ear

bunyi Om menyentuh telinga Siddhartha

his dormant spirit suddenly woke up

rohnya yang lena tiba-tiba tersedar

Siddhartha was deeply shocked

Siddhartha sangat terkejut

he saw this was how things were with him

dia nampak beginilah keadaannya

he was so doomed that he had been able to seek death

dia sangat ditakdirkan sehingga dia dapat mencari kematian

he had lost his way so much that he wished the end

dia telah kehilangan arah sehingga dia berharap kiamat

the wish of a child had been able to grow in him

keinginan seorang kanak-kanak telah dapat berkembang dalam dirinya

he had wished to find rest by annihilating his body!

dia ingin mencari rehat dengan memusnahkan tubuhnya!

all the agony of recent times

segala keperitan kebelakangan ini
all sobering realizations that his life had created
semua kesedaran mendalam yang telah dicipta oleh hidupnya
all the desperation that he had felt
segala keputusasaan yang dia rasa
these things did not bring about this moment
perkara-perkara ini tidak membawa masa ini
when the Om entered his consciousness he became aware of himself
apabila Om memasuki kesedarannya, dia menyedari dirinya sendiri
he realized his misery and his error
dia menyedari kesengsaraannya dan kesalahannya
Om! he spoke to himself
Om! dia bercakap sendiri
Om! and again he knew about Brahman
Om! dan sekali lagi dia tahu tentang Brahman
Om! he knew about the indestructibility of life
Om! dia tahu tentang kehidupan yang tidak dapat dihancurkan
Om! he knew about all that is divine, which he had forgotten
Om! dia tahu tentang semua yang ilahi, yang dia telah lupa
But this was only a moment that flashed before him
Tetapi ini hanya seketika yang terlintas di hadapannya
By the foot of the coconut-tree, Siddhartha collapsed
Di kaki pokok kelapa, Siddhartha rebah
he was struck down by tiredness
dia dilanda keletihan
mumbling "Om", he placed his head on the root of the tree
menggumam "Om", dia meletakkan kepalanya di atas akar pokok
and he fell into a deep sleep
dan dia tertidur dengan nyenyak
Deep was his sleep, and without dreams
Nyenyak tidurnya, dan tanpa mimpi

for a long time he had not known such a sleep any more
sudah lama dia tidak mengenali tidur sebegitu lagi

When he woke up after many hours, he felt as if ten years had passed
Apabila dia bangun selepas berjam-jam, dia merasakan seolah-olah sepuluh tahun telah berlalu
he heard the water quietly flowing
dia mendengar air mengalir dengan senyap
he did not know where he was
dia tidak tahu di mana dia berada
and he did not know who had brought him here
dan dia tidak tahu siapa yang membawanya ke sini
he opened his eyes and looked with astonishment
dia membuka matanya dan memandang dengan hairan
there were trees and the sky above him
ada pokok dan langit di atasnya
he remembered where he was and how he got here
dia teringat di mana dia berada dan bagaimana dia sampai ke sini
But it took him a long while for this
Tetapi dia mengambil masa yang lama untuk ini
the past seemed to him as if it had been covered by a veil
masa lalu baginya seolah-olah telah ditutup dengan tudung
infinitely distant, infinitely far away, infinitely meaningless
jauh tak terhingga, jauh tak terhingga, tak terhingga tak bermakna
He only knew that his previous life had been abandoned
Dia hanya tahu bahawa kehidupannya yang terdahulu telah ditinggalkan
this past life seemed to him like a very old, previous incarnation
kehidupan lampau ini baginya kelihatan seperti penjelmaan terdahulu yang sangat tua
this past life felt like a pre-birth of his present self

kehidupan lampau ini terasa seperti pra-kelahiran dirinya sekarang
full of disgust and wretchedness, he had intended to throw his life away
penuh rasa jijik dan celaka, dia berniat untuk membuang nyawanya
he had come to his senses by a river, under a coconut-tree
dia telah sedar di tepi sungai, di bawah pokok kelapa
the holy word "Om" was on his lips
kalimah suci "Om" meniti di bibirnya
he had fallen asleep and had now woken up
dia telah tertidur dan kini telah bangun
he was looking at the world as a new man
dia melihat dunia sebagai manusia baru
Quietly, he spoke the word "Om" to himself
Dengan senyap, dia menuturkan perkataan "Om" kepada dirinya sendiri
the "Om" he was speaking when he had fallen asleep
"Om" dia bercakap ketika dia tertidur
his sleep felt like nothing more than a long meditative recitation of "Om"
tidurnya terasa tidak lebih daripada bacaan meditasi panjang "Om"
all his sleep had been a thinking of "Om"
semua tidurnya adalah memikirkan "Om"
a submergence and complete entering into "Om"
tenggelam dan lengkap memasuki "Om"
a going into the perfected and completed
a pergi ke yang sempurna dan lengkap
What a wonderful sleep this had been!
Sungguh indah tidur ini!
he had never before been so refreshed by sleep
dia tidak pernah sebelum ini begitu segar dengan tidur
Perhaps, he really had died
Mungkin, dia benar-benar telah mati
maybe he had drowned and was reborn in a new body?

mungkin dia telah lemas dan dilahirkan semula dalam tubuh yang baru?
But no, he knew himself and who he was
Tetapi tidak, dia tahu dirinya dan siapa dia
he knew his hands and his feet
dia tahu tangan dan kakinya
he knew the place where he lay
dia tahu tempat dia berbaring
he knew this self in his chest
dia tahu diri ini di dadanya
Siddhartha the eccentric, the weird one
Siddhartha si sipi, si pelik
but this Siddhartha was nevertheless transformed
tetapi Siddhartha ini bagaimanapun telah berubah
he was strangely well rested and awake
peliknya dia berehat dan terjaga
and he was joyful and curious
dan dia gembira dan ingin tahu

Siddhartha straightened up and looked around
Siddhartha menegakkan badan dan melihat sekeliling
then he saw a person sitting opposite to him
lalu dia melihat seseorang duduk berhadapan dengannya
a monk in a yellow robe with a shaven head
seorang sami berjubah kuning dengan kepala dicukur
he was sitting in the position of pondering
dia sedang duduk dalam keadaan termenung
He observed the man, who had neither hair on his head nor a beard
Dia memerhatikan lelaki itu, yang tidak mempunyai rambut di kepala mahupun janggut
he had not observed him for long when he recognised this monk
dia tidak memerhatikannya untuk masa yang lama apabila dia mengenali rahib ini
it was Govinda, the friend of his youth

ia adalah Govinda, kawan masa mudanya
Govinda, who had taken his refuge with the exalted Buddha
Govinda, yang telah berlindung dengan Buddha yang dimuliakan
Like Siddhartha, Govinda had also aged
Seperti Siddhartha, Govinda juga telah berumur
but his face still bore the same features
tetapi wajahnya masih mempunyai ciri yang sama
his face still expressed zeal and faithfulness
wajahnya masih menunjukkan semangat dan kesetiaan
you could see he was still searching, but timidly
anda dapat melihat dia masih mencari, tetapi dengan malu-malu
Govinda sensed his gaze, opened his eyes, and looked at him
Govinda merasakan pandangannya, membuka matanya, dan memandangnya
Siddhartha saw that Govinda did not recognise him
Siddhartha melihat bahawa Govinda tidak mengenalinya
Govinda was happy to find him awake
Govinda gembira mendapati dia terjaga
apparently, he had been sitting here for a long time
rupanya dah lama dia duduk sini
he had been waiting for him to wake up
dia telah menunggunya untuk bangun
he waited, although he did not know him
dia menunggu, walaupun dia tidak mengenalinya
"I have been sleeping" said Siddhartha
"Saya telah tidur" kata Siddhartha
"How did you get here?"
"Macam mana awak boleh sampai ke sini?"
"You have been sleeping" answered Govinda
"Awak dah tidur" jawab Govinda
"It is not good to be sleeping in such places"
"Tidak baik tidur di tempat seperti itu"
"snakes and the animals of the forest have their paths here"

"ular dan haiwan hutan mempunyai laluan mereka di sini"
"I, oh sir, am a follower of the exalted Gotama"
"Saya, oh tuan, adalah pengikut Gotama yang mulia"
"I was on a pilgrimage on this path"
"Saya sedang ziarah di jalan ini"
"I saw you lying and sleeping in a place where it is dangerous to sleep"
"Saya melihat awak berbaring dan tidur di tempat yang berbahaya untuk tidur"
"Therefore, I sought to wake you up"
"Oleh itu, saya berusaha untuk membangunkan awak"
"but I saw that your sleep was very deep"
"tetapi saya nampak tidur awak sangat lena"
"so I stayed behind from my group"
"jadi saya tinggal di belakang dari kumpulan saya"
"and I sat with you until you woke up"
"dan saya duduk dengan awak sehingga awak bangun"
"And then, so it seems, I have fallen asleep myself"
"Dan kemudian, jadi nampaknya, saya telah tertidur sendiri"
"I, who wanted to guard your sleep, fell asleep"
"Saya, yang ingin menjaga tidur awak, tertidur"
"Badly, I have served you"
"Teruknya, saya telah melayani awak"
"tiredness had overwhelmed me"
"keletihan telah menguasai saya"
"But since you're awake, let me go to catch up with my brothers"
"Tetapi memandangkan awak sudah sedar, izinkan saya pergi mengejar abang-abang saya"
"I thank you, Samana, for watching out over my sleep" spoke Siddhartha
"Saya terima kasih, Samana, kerana mengawasi tidur saya" kata Siddhartha
"You're friendly, you followers of the exalted one"
"Kamu ramah, kamu pengikut Yang Mulia"
"Now you may go to them"

"Sekarang anda boleh pergi kepada mereka"
"I'm going, sir. May you always be in good health"
"Saya akan pergi, encik. Semoga encik sentiasa dalam keadaan sihat"
"I thank you, Samana"
"Saya terima kasih, Samana"
Govinda made the gesture of a salutation and said "Farewell"
Govinda membuat isyarat salam dan berkata "Selamat tinggal"
"Farewell, Govinda" said Siddhartha
"Selamat tinggal, Govinda" kata Siddhartha
The monk stopped as if struck by lightning
Rahib itu berhenti seperti disambar petir
"Permit me to ask, sir, from where do you know my name?"
"Izinkan saya bertanya, tuan, dari mana tuan tahu nama saya?"
Siddhartha smiled, "I know you, oh Govinda, from your father's hut"
Siddhartha tersenyum, "Saya kenal awak, oh Govinda, dari pondok ayah awak"
"and I know you from the school of the Brahmans"
"dan saya mengenali anda dari sekolah Brahman"
"and I know you from the offerings"
"dan saya kenal awak dari persembahan"
"and I know you from our walk to the Samanas"
"dan saya kenal awak dari perjalanan kami ke Samana"
"and I know you from when you took refuge with the exalted one"
"Dan aku mengenal kamu sejak kamu berlindung kepada Yang Maha Tinggi"
"You're Siddhartha," Govinda exclaimed loudly, "Now, I recognise you"
"Anda Siddhartha," Govinda berseru kuat, "Sekarang, saya mengenali awak"
"I don't comprehend how I couldn't recognise you right away"

"Saya tidak faham bagaimana saya tidak dapat mengenali awak dengan segera"
"Siddhartha, my joy is great to see you again"
"Siddhartha, kegembiraan saya sangat besar untuk berjumpa dengan awak lagi"
"It also gives me joy, to see you again" spoke Siddhartha
"Ia juga memberi saya kegembiraan, untuk berjumpa dengan awak lagi" kata Siddhartha
"You've been the guard of my sleep"
"Anda telah menjadi pengawal tidur saya"
"again, I thank you for this"
"sekali lagi, saya berterima kasih untuk ini"
"but I wouldn't have required any guard"
"tetapi saya tidak akan memerlukan sebarang pengawal"
"Where are you going to, oh friend?"
"Nak ke mana wahai kawan?"
"I'm going nowhere," answered Govinda
"Saya tidak akan pergi ke mana-mana," jawab Govinda
"We monks are always travelling"
"Kami para bhikkhu sentiasa mengembara"
"whenever it is not the rainy season, we move from one place to another"
"apabila bukan musim hujan, kami bergerak dari satu tempat ke tempat lain"
"we live according to the rules of the teachings passed on to us"
"kita hidup mengikut peraturan ajaran yang diturunkan kepada kita"
"we accept alms, and then we move on"
"kami menerima sedekah, dan kemudian kami meneruskan"
"It is always like this"
"Selalu macam ni"
"But you, Siddhartha, where are you going to?"
"Tetapi awak, Siddhartha, ke mana awak hendak pergi?"
"for me it is as it is with you"
"Bagi saya ia adalah seperti yang berlaku dengan anda"

"I'm going nowhere; I'm just travelling"
"Saya tidak akan pergi ke mana-mana; saya hanya melancong"
"I'm also on a pilgrimage"
"Saya juga sedang menunaikan haji"
Govinda spoke "You say you're on a pilgrimage, and I believe you"
Govinda bercakap "Anda mengatakan anda sedang menunaikan haji, dan saya percaya anda"
"But, forgive me, oh Siddhartha, you do not look like a pilgrim"
"Tetapi, maafkan saya, oh Siddhartha, anda tidak kelihatan seperti seorang peziarah"
"You're wearing a rich man's garments"
"Anda memakai pakaian orang kaya"
"you're wearing the shoes of a distinguished gentleman"
"anda memakai kasut seorang lelaki yang terhormat"
"and your hair, with the fragrance of perfume, is not a pilgrim's hair"
"dan rambutmu, dengan haruman minyak wangi, bukanlah rambut haji"
"you do not have the hair of a Samana"
"anda tidak mempunyai rambut Samana"
"you are right, my dear"
"awak betul, sayang"
"you have observed things well"
"anda telah memerhati perkara dengan baik"
"your keen eyes see everything"
"mata tajam anda melihat segala-galanya"
"But I haven't said to you that I was a Samana"
"Tetapi saya tidak memberitahu anda bahawa saya adalah seorang Samana"
"I said I'm on a pilgrimage"
"Saya kata saya sedang menunaikan haji"
"And so it is, I'm on a pilgrimage"
"Dan begitulah, saya sedang menunaikan haji"
"You're on a pilgrimage" said Govinda

"Awak naik haji" kata Govinda
"But few would go on a pilgrimage in such clothes"
"Tetapi hanya sedikit yang pergi haji dengan pakaian seperti itu"
"few would pilger in such shoes"
"segelintir yang akan berziarah dengan kasut seperti itu"
"and few pilgrims have such hair"
"dan hanya sedikit jemaah yang mempunyai rambut seperti itu"
"I have never met such a pilgrim"
"Saya tidak pernah bertemu dengan jemaah seperti itu"
"and I have been a pilgrim for many years"
"dan saya telah menjadi haji selama bertahun-tahun"
"I believe you, my dear Govinda"
"Saya percaya awak, Govinda sayang saya"
"But now, today, you've met a pilgrim just like this"
"Tetapi sekarang, hari ini, anda telah bertemu dengan seorang jemaah seperti ini"
"a pilgrim wearing these kinds of shoes and garment"
"seorang jemaah yang memakai kasut dan pakaian seperti ini"
"Remember, my dear, the world of appearances is not eternal"
"Ingatlah sayangku, dunia rupa tidak kekal"
"our shoes and garments are anything but eternal"
"kasut dan pakaian kami adalah kekal"
"our hair and bodies are not eternal either"
"rambut dan badan kita juga tidak kekal"
I'm wearing a rich man's clothes"
Saya memakai pakaian orang kaya"
"you've seen this quite right"
"anda telah melihat ini dengan betul"
"I'm wearing them, because I have been a rich man"
"Saya memakainya, kerana saya telah menjadi orang kaya"
"and I'm wearing my hair like the worldly and lustful people"

"dan saya memakai rambut saya seperti orang duniawi dan berahi"
"because I have been one of them"
"kerana saya pernah menjadi salah seorang daripada mereka"
"And what are you now, Siddhartha?" Govinda asked
"Dan apakah kamu sekarang, Siddhartha?" tanya Govinda
"I don't know it, just like you"
"Saya tidak tahu, sama seperti anda"
"I was a rich man, and now I am not a rich man anymore"
"Saya dulu orang kaya, dan sekarang saya bukan orang kaya lagi"
"and what I'll be tomorrow, I don't know"
"dan saya akan jadi apa esok, saya tidak tahu"
"You've lost your riches?" asked Govinda
"Anda telah kehilangan kekayaan anda?" tanya Govinda
"I've lost my riches, or they have lost me"
"Saya telah kehilangan kekayaan saya, atau mereka telah kehilangan saya"
"My riches somehow happened to slip away from me"
"Kekayaan saya entah bagaimana hilang dari saya"
"The wheel of physical manifestations is turning quickly, Govinda"
"Roda manifestasi fizikal berputar dengan pantas, Govinda"
"Where is Siddhartha the Brahman?"
"Di manakah Siddhartha Brahman?"
"Where is Siddhartha the Samana?"
"Di mana Siddhartha the Samana?"
"Where is Siddhartha the rich man?"
"Di mana Siddhartha orang kaya?"
"Non-eternal things change quickly, Govinda, you know it"
"Perkara yang tidak kekal berubah dengan cepat, Govinda, anda tahu itu"
Govinda looked at the friend of his youth for a long time
Govinda memandang lama kawan masa mudanya itu
he looked at him with doubt in his eyes
dia memandangnya dengan keraguan di matanya

After that, he gave him the salutation which one would use on a gentleman
Selepas itu, dia memberinya salam yang mana satu akan digunakan pada seorang lelaki
and he went on his way, and continued his pilgrimage
dan dia meneruskan perjalanannya, dan meneruskan hajinya
With a smiling face, Siddhartha watched him leave
Dengan wajah yang tersenyum, Siddhartha memerhatikannya pergi
he loved him still, this faithful, fearful man
dia masih mencintainya, lelaki yang setia dan takut ini
how could he not have loved everybody and everything in this moment?
bagaimana mungkin dia tidak mencintai semua orang dan segala-galanya pada masa ini?
in the glorious hour after his wonderful sleep, filled with Om!
dalam jam yang mulia selepas tidurnya yang indah, dipenuhi dengan Om!
The enchantment, which had happened inside of him in his sleep
Sihir, yang telah berlaku dalam dirinya dalam tidurnya
this enchantment was everything that he loved
pesona ini adalah segala-galanya yang dia suka
he was full of joyful love for everything he saw
dia penuh dengan sukacita gembira untuk semua yang dilihatnya
exactly this had been his sickness before
sebenarnya ini adalah penyakitnya sebelum ini
he had not been able to love anybody or anything
dia tidak dapat mencintai sesiapa atau apa-apa
With a smiling face, Siddhartha watched the leaving monk
Dengan wajah tersenyum, Siddhartha memerhatikan bhikkhu yang pergi

The sleep had strengthened him a lot

Tidur itu telah menguatkannya
but hunger gave him great pain
tetapi kelaparan memberinya kesakitan yang amat sangat
by now he had not eaten for two days
sekarang dia sudah dua hari tidak makan
the times were long past when he could resist such hunger
masa telah lama berlalu apabila dia boleh menahan rasa lapar itu
With sadness, and yet also with a smile, he thought of that time
Dengan kesedihan, tetapi juga dengan senyuman, dia memikirkan masa itu
In those days, so he remembered, he had boasted of three things to Kamala
Pada masa itu, jadi dia teringat, dia telah bermegah dengan tiga perkara kepada Kamala
he had been able to do three noble and undefeatable feats
dia telah dapat melakukan tiga kejayaan yang mulia dan tidak dapat dikalahkan
he was able to fast, wait, and think
dia dapat berpuasa, menunggu, dan berfikir
These had been his possessions; his power and strength
Ini telah menjadi hartanya; kuasa dan kekuatannya
in the busy, laborious years of his youth, he had learned these three feats
dalam tahun-tahun sibuk dan susah payah di masa mudanya, dia telah mempelajari ketiga-tiga kejayaan ini
And now, his feats had abandoned him
Dan kini, pencapaiannya telah meninggalkannya
none of his feats were his any more
tiada satu pun kejayaannya menjadi miliknya lagi
neither fasting, nor waiting, nor thinking
tidak berpuasa, tidak menunggu, atau berfikir
he had given them up for the most wretched things
dia telah menyerahkan mereka untuk perkara yang paling celaka

what is it that fades most quickly?
apakah yang paling cepat pudar?
sensual lust, the good life, and riches!
nafsu sensual, kehidupan yang baik, dan kekayaan!
His life had indeed been strange
Kehidupannya memang pelik
And now, so it seemed, he had really become a childlike person
Dan sekarang, nampaknya, dia benar-benar menjadi seorang seperti kanak-kanak
Siddhartha thought about his situation
Siddhartha memikirkan keadaannya
Thinking was hard for him now
Berfikir sukar baginya sekarang
he did not really feel like thinking
dia langsung tidak mahu berfikir
but he forced himself to think
tetapi dia memaksa dirinya untuk berfikir
"all these most easily perishing things have slipped from me"
"semua perkara yang paling mudah binasa ini telah terlepas daripada saya"
"again, now I'm standing here under the sun"
"sekali lagi, sekarang saya berdiri di sini di bawah matahari"
"I am standing here just like a little child"
"Saya berdiri di sini seperti kanak-kanak kecil"
"nothing is mine, I have no abilities"
"tiada milik saya, saya tiada kebolehan"
"there is nothing I could bring about"
"tiada apa yang boleh saya bawa"
"I have learned nothing from my life"
"Saya tidak belajar apa-apa dari hidup saya"
"How wondrous all of this is!"
"Betapa menakjubkan semua ini!"
"it's wondrous that I'm no longer young"
"Ia adalah menakjubkan bahawa saya tidak lagi muda"

"my hair is already half gray and my strength is fading"
"rambut saya sudah separuh uban dan kekuatan saya semakin pudar"
"and now I'm starting again at the beginning, as a child!"
"dan sekarang saya mula semula pada permulaan, sebagai seorang kanak-kanak!"
Again, he had to smile to himself
Sekali lagi, dia terpaksa tersenyum sendiri
Yes, his fate had been strange!
Ya, nasibnya pelik!
Things were going downhill with him
Keadaan semakin menurun dengannya
and now he was again facing the world naked and stupid
dan kini dia kembali berhadapan dengan dunia telanjang dan bodoh
But he could not feel sad about this
Tetapi dia tidak boleh berasa sedih tentang perkara ini
no, he even felt a great urge to laugh
tidak, dia juga berasa sangat ingin ketawa
he felt an urge to laugh about himself
dia berasa ingin ketawa tentang dirinya
he felt an urge to laugh about this strange, foolish world
dia merasakan keinginan untuk ketawa tentang dunia yang aneh dan bodoh ini
"Things are going downhill with you!" he said to himself
"Perkara akan menurun dengan anda!" dia berkata kepada dirinya sendiri
and he laughed about his situation
dan dia ketawa tentang keadaannya
as he was saying it he happened to glance at the river
semasa dia mengatakannya dia kebetulan melihat ke arah sungai
and he also saw the river going downhill
dan dia juga melihat sungai itu menuruni bukit
it was singing and being happy about everything
ia menyanyi dan gembira tentang segala-galanya

He liked this, and kindly he smiled at the river
Dia suka ini, dan dengan baik dia tersenyum pada sungai
Was this not the river in which he had intended to drown himself?
Bukankah ini sungai yang dia berniat untuk menenggelamkan dirinya?
in past times, a hundred years ago
pada masa lalu, seratus tahun yang lalu
or had he dreamed this?
atau adakah dia bermimpi ini?
"Wondrous indeed was my life" he thought
"Memang menakjubkan kehidupan saya" fikirnya
"my life has taken wondrous detours"
"hidup saya telah mengambil jalan memutar yang menakjubkan"
"As a boy, I only dealt with gods and offerings"
"Sebagai budak lelaki, saya hanya berurusan dengan tuhan dan persembahan"
"As a youth, I only dealt with asceticism"
"Sebagai remaja, saya hanya berurusan dengan zuhud"
"I spent my time in thinking and meditation"
"Saya menghabiskan masa saya dalam berfikir dan meditasi"
"I was searching for Brahman
"Saya sedang mencari Brahman
"and I worshipped the eternal in the Atman"
"dan aku menyembah yang kekal di Atman"
"But as a young man, I followed the penitents"
"Tetapi sebagai seorang lelaki muda, saya mengikuti orang yang bertaubat"
"I lived in the forest and suffered heat and frost"
"Saya tinggal di dalam hutan dan mengalami panas dan beku"
"there I learned how to overcome hunger"
"di sana saya belajar bagaimana untuk mengatasi kelaparan"
"and I taught my body to become dead"
"dan saya mengajar badan saya untuk menjadi mati"
"Wonderfully, soon afterwards, insight came towards me"

"Hebatnya, tidak lama kemudian, wawasan datang ke arah saya"
"insight in the form of the great Buddha's teachings"
"wawasan dalam bentuk ajaran Buddha yang agung"
"I felt the knowledge of the oneness of the world"
"Saya merasakan pengetahuan tentang kesatuan dunia"
"I felt it circling in me like my own blood"
"Saya merasakan ia berputar dalam diri saya seperti darah saya sendiri"
"But I also had to leave Buddha and the great knowledge"
"Tetapi saya juga terpaksa meninggalkan Buddha dan pengetahuan yang hebat"
"I went and learned the art of love with Kamala"
"Saya pergi dan belajar seni cinta dengan Kamala"
"I learned trading and business with Kamaswami"
"Saya belajar perdagangan dan perniagaan dengan Kamaswami"
"I piled up money, and wasted it again"
"Saya menimbun wang, dan membazir lagi"
"I learned to love my stomach and please my senses"
"Saya belajar untuk mencintai perut saya dan menyenangkan deria saya"
"I had to spend many years losing my spirit"
"Saya terpaksa menghabiskan bertahun-tahun kehilangan semangat saya"
"and I had to unlearn thinking again"
"dan saya terpaksa berhenti belajar berfikir lagi"
"there I had forgotten the oneness"
"di sana saya telah melupakan kesatuan"
"Isn't it just as if I had turned slowly from a man into a child"?
"Bukankah ia seolah-olah saya perlahan-lahan berubah dari seorang lelaki menjadi seorang kanak-kanak"?
"from a thinker into a childlike person"
"dari seorang pemikir menjadi seorang yang seperti kanak-kanak"

"And yet, this path has been very good"
"Namun, laluan ini sangat baik"
"and yet, the bird in my chest has not died"
"Namun, burung di dada saya belum mati"
"what a path has this been!"
"bagaimana jalannya ini!"
"I had to pass through so much stupidity"
"Saya terpaksa melalui begitu banyak kebodohan"
"I had to pass through so much vice"
"Saya terpaksa melalui begitu banyak maksiat"
"I had to make so many errors"
"Saya terpaksa membuat begitu banyak kesilapan"
"I had to feel so much disgust and disappointment"
"Saya terpaksa berasa sangat jijik dan kecewa"
"I had to do all this to become a child again"
"Saya terpaksa melakukan semua ini untuk menjadi seorang kanak-kanak semula"
"and then I could start over again"
"dan kemudian saya boleh mula semula"
"But it was the right way to do it"
"Tetapi ia adalah cara yang betul untuk melakukannya"
"my heart says yes to it and my eyes smile to it"
"hati saya berkata ya kepadanya dan mata saya tersenyum kepadanya"
"I've had to experience despair"
"Saya terpaksa mengalami keputusasaan"
"I've had to sink down to the most foolish of all thoughts"
"Saya terpaksa tenggelam dalam pemikiran yang paling bodoh"
"I've had to think to the thoughts of suicide"
"Saya terpaksa berfikir untuk bunuh diri"
"only then would I be able to experience divine grace"
"barulah saya dapat mengalami rahmat ilahi"
"only then could I hear Om again"
"barulah saya boleh dengar Om lagi"

"only then would I be able to sleep properly and awake again"
"barulah saya boleh tidur dengan betul dan terjaga semula"
"I had to become a fool, to find Atman in me again"
"Saya terpaksa menjadi bodoh, untuk mencari Atman dalam diri saya semula"
"I had to sin, to be able to live again"
"Saya terpaksa berdosa, untuk dapat hidup semula"
"Where else might my path lead me to?"
"Ke mana lagi jalan saya boleh membawa saya?"
"It is foolish, this path, it moves in loops"
"Ia adalah bodoh, jalan ini, ia bergerak dalam gelung"
"perhaps it is going around in a circle"
"Mungkin ia berputar dalam bulatan"
"Let this path go where it likes"
"Biarkan jalan ini pergi ke mana ia suka"
"where ever this path goes, I want to follow it"
"Kemana sahaja jalan ini pergi, saya mahu mengikutinya"
he felt joy rolling like waves in his chest
dia merasakan kegembiraan bergulung-gulung seperti ombak di dadanya
he asked his heart, "from where did you get this happiness?"
dia bertanya dalam hatinya, "dari mana kamu mendapat kebahagiaan ini?"
"does it perhaps come from that long, good sleep?"
"Adakah ia mungkin datang dari tidur yang panjang dan lena?"
"the sleep which has done me so much good"
"tidur yang telah membuat saya sangat baik"
"or does it come from the word Om, which I said?"
"atau adakah ia datang dari perkataan Om, yang saya katakan?"
"Or does it come from the fact that I have escaped?"
"Atau adakah ia datang dari fakta bahawa saya telah melarikan diri?"

"does this happiness come from standing like a child under the sky?"
"adakah kebahagiaan ini datang dari berdiri seperti kanak-kanak di bawah langit?"
"Oh how good is it to have fled"
"Oh alangkah baiknya melarikan diri"
"it is great to have become free!"
"Ia adalah hebat untuk menjadi bebas!"
"How clean and beautiful the air here is"
"Betapa bersih dan indahnya udara di sini"
"the air is good to breath"
"udara sedap untuk bernafas"
"where I ran away from everything smelled of ointments"
"di mana saya melarikan diri dari segala yang berbau salap"
"spices, wine, excess, sloth"
"rempah-rempah, wain, lebihan, kemalasan"
"How I hated this world of the rich"
"Betapa saya benci dunia orang kaya ini"
"I hated those who revel in fine food and the gamblers!"
"Saya benci mereka yang bersuka ria dengan makanan yang enak dan para penjudi!"
"I hated myself for staying in this terrible world for so long!
"Saya benci diri saya kerana tinggal di dunia yang dahsyat ini untuk sekian lama!"
"I have deprived, poisoned, and tortured myself"
"Saya telah merampas, meracuni, dan menyeksa diri saya"
"I have made myself old and evil!"
"Saya telah membuat diri saya tua dan jahat!"
"No, I will never again do the things I liked doing so much"
"Tidak, saya tidak akan melakukan perkara yang saya suka lakukan lagi"
"I won't delude myself into thinking that Siddhartha was wise!"
"Saya tidak akan menipu diri sendiri untuk berfikir bahawa Siddhartha bijak!"
"But this one thing I have done well"

"Tetapi satu perkara ini saya telah lakukan dengan baik"
"this I like, this I must praise"
"ini saya suka, ini mesti saya puji"
"I like that there is now an end to that hatred against myself"
"Saya suka bahawa kini ada pengakhiran kebencian terhadap diri saya sendiri"
"there is an end to that foolish and dreary life!"
"ada pengakhiran kepada kehidupan yang bodoh dan suram itu!"
"I praise you, Siddhartha, after so many years of foolishness"
"Saya memuji anda, Siddhartha, selepas bertahun-tahun kebodohan"
"you have once again had an idea"
"anda sekali lagi mempunyai idea"
"you have heard the bird in your chest singing"
"anda telah mendengar burung di dada anda menyanyi"
"and you followed the song of the bird!"
"dan anda mengikuti lagu burung itu!"
with these thoughts he praised himself
dengan pemikiran ini dia memuji dirinya sendiri
he had found joy in himself again
dia telah menemui kegembiraan dalam dirinya semula
he listened curiously to his stomach rumbling with hunger
dia mendengar pelik perutnya berbunyi kerana lapar
he had tasted and spat out a piece of suffering and misery
dia telah merasai dan meludahkan secebis penderitaan dan kesengsaraan
in these recent times and days, this is how he felt
dalam masa dan hari kebelakangan ini, inilah yang dia rasa
he had devoured it up to the point of desperation and death
dia telah memakannya sehingga ke tahap terdesak dan mati
how everything had happened was good
bagaimana semua yang berlaku adalah baik
he could have stayed with Kamaswami for much longer
dia boleh tinggal bersama Kamaswami lebih lama lagi
he could have made more money, and then wasted it

dia boleh membuat lebih banyak wang, dan kemudian membazirkannya
he could have filled his stomach and let his soul die of thirst
dia boleh mengisi perutnya dan membiarkan jiwanya mati kehausan
he could have lived in this soft upholstered hell much longer
dia boleh hidup dalam neraka berlapis lembut ini lebih lama lagi
if this had not happened, he would have continued this life
jika ini tidak berlaku, dia akan meneruskan kehidupan ini
the moment of complete hopelessness and despair
saat penuh keputusasaan dan keputusasaan
the most extreme moment when he hung over the rushing waters
saat yang paling ekstrem apabila dia melepak di atas air yang deras
the moment he was ready to destroy himself
saat dia bersedia untuk memusnahkan dirinya
the moment he had felt this despair and deep disgust
saat dia merasakan keputusasaan dan rasa jijik yang mendalam ini
he had not succumbed to it
dia tidak tunduk kepadanya
the bird was still alive after all
burung itu masih hidup lagi
this was why he felt joy and laughed
inilah sebabnya dia berasa gembira dan ketawa
this was why his face was smiling brightly under his hair
inilah sebabnya wajahnya tersenyum cerah di bawah rambutnya
his hair which had now turned gray
rambutnya yang kini sudah beruban
"It is good," he thought, "to get a taste of everything for oneself"

"Adalah bagus," fikirnya, "untuk merasai segala-galanya untuk diri sendiri"
"everything which one needs to know"
"segala sesuatu yang perlu diketahui"
"lust for the world and riches do not belong to the good things"
"Nafsu dunia dan kekayaan bukanlah milik yang baik"
"I have already learned this as a child"
"Saya sudah belajar ini sebagai seorang kanak-kanak"
"I have known it for a long time"
"Saya sudah lama mengetahuinya"
"but I hadn't experienced it until now"
"tetapi saya tidak mengalaminya sehingga sekarang"
"And now that I I've experienced it I know it"
"Dan sekarang saya telah mengalaminya saya tahu itu"
"I don't just know it in my memory, but in my eyes, heart, and stomach"
"Saya bukan sahaja mengetahuinya dalam ingatan saya, tetapi dalam mata, hati, dan perut saya"
"it is good for me to know this!"
"adalah bagus untuk saya mengetahui perkara ini!"

For a long time, he pondered his transformation
Untuk masa yang lama, dia merenungkan perubahannya
he listened to the bird, as it sang for joy
dia mendengar burung itu, sambil menyanyi dengan gembira
Had this bird not died in him?
Adakah burung ini tidak mati dalam dirinya?
had he not felt this bird's death?
adakah dia tidak merasakan kematian burung ini?
No, something else from within him had died
Tidak, sesuatu yang lain dari dalam dirinya telah mati
something which yearned to die had died
sesuatu yang ingin mati telah mati
Was it not this that he used to intend to kill?
Bukankah ini yang dia pernah berniat untuk membunuh?

Was it not his his small, frightened, and proud self that had died?
Bukankah dirinya yang kecil, takut, dan bangga telah mati?
he had wrestled with his self for so many years
dia telah bergelut dengan dirinya selama bertahun-tahun
the self which had defeated him again and again
diri yang telah mengalahkannya lagi dan lagi
the self which was back again after every killing
diri yang kembali semula selepas setiap pembunuhan
the self which prohibited joy and felt fear?
diri yang melarang kegembiraan dan rasa takut?
Was it not this self which today had finally come to its death?
Bukankah diri ini yang hari ini akhirnya mati?
here in the forest, by this lovely river
di sini di dalam hutan, di tepi sungai yang indah ini
Was it not due to this death, that he was now like a child?
Bukankah kerana kematian ini, dia kini seperti kanak-kanak?
so full of trust and joy, without fear
begitu penuh kepercayaan dan kegembiraan, tanpa rasa takut
Now Siddhartha also got some idea of why he had fought this self in vain
Kini Siddhartha juga mendapat beberapa idea mengapa dia telah melawan diri ini dengan sia-sia
he knew why he couldn't fight his self as a Brahman
dia tahu kenapa dia tidak boleh melawan dirinya sebagai seorang Brahman
Too much knowledge had held him back
Terlalu banyak ilmu telah menghalangnya
too many holy verses, sacrificial rules, and self-castigation
terlalu banyak ayat-ayat suci, peraturan korban, dan menghukum diri
all these things held him back
semua perkara ini menghalangnya
so much doing and striving for that goal!
begitu banyak melakukan dan berusaha untuk matlamat itu!

he had been full of arrogance
dia telah penuh dengan kesombongan
he was always the smartest
dia sentiasa paling bijak
he was always working the most
dia selalu bekerja paling banyak
he had always been one step ahead of all others
dia sentiasa selangkah di hadapan daripada yang lain
he was always the knowing and spiritual one
dia sentiasa tahu dan rohani
he was always considered the priest or wise one
dia sentiasa dianggap sebagai imam atau seorang yang bijaksana
his self had retreated into being a priest, arrogance, and spirituality
dirinya telah berundur menjadi imam, kesombongan, dan kerohanian
there it sat firmly and grew all this time
di sana ia duduk teguh dan berkembang selama ini
and he had thought he could kill it by fasting
dan dia menyangka dia boleh membunuhnya dengan berpuasa
Now he saw his life as it had become
Sekarang dia melihat kehidupannya seperti yang telah berlaku
he saw that the secret voice had been right
dia melihat bahawa suara rahsia itu betul
no teacher would ever have been able to bring about his salvation
tidak ada guru yang akan dapat membawa keselamatannya
Therefore, he had to go out into the world
Oleh itu, dia terpaksa pergi ke dunia
he had to lose himself to lust and power
dia terpaksa kehilangan dirinya kepada nafsu dan kuasa
he had to lose himself to women and money
dia terpaksa kehilangan dirinya kepada wanita dan wang

he had to become a merchant, a dice-gambler, a drinker
dia terpaksa menjadi saudagar, penjudi dadu, peminum
and he had to become a greedy person
dan dia terpaksa menjadi seorang yang tamak
he had to do this until the priest and Samana in him was dead
dia terpaksa melakukan ini sehingga paderi dan Samana dalam dirinya mati
Therefore, he had to continue bearing these ugly years
Oleh itu, dia terpaksa terus menanggung tahun-tahun hodoh ini
he had to bear the disgust and the teachings
dia terpaksa menanggung rasa jijik dan ajaran
he had to bear the pointlessness of a dreary and wasted life
dia terpaksa menanggung sia-sia kehidupan yang suram dan sia-sia
he had to conclude it up to its bitter end
dia terpaksa menyimpulkannya sehingga ke akhir pahit
he had to do this until Siddhartha the lustful could also die
dia terpaksa melakukan ini sehingga Siddhartha yang bernafsu juga boleh mati
He had died and a new Siddhartha had woken up from the sleep
Dia telah meninggal dunia dan Siddhartha baru telah bangun dari tidur
this new Siddhartha would also grow old
Siddhartha baharu ini juga akan menjadi tua
he would also have to die eventually
dia juga perlu mati akhirnya
Siddhartha was still mortal, as is every physical form
Siddhartha masih fana, begitu juga dengan setiap bentuk fizikal
But today he was young and a child and full of joy
Tetapi hari ini dia masih muda dan kanak-kanak dan penuh kegembiraan
He thought these thoughts to himself

Dia memikirkan pemikiran ini untuk dirinya sendiri
he listened with a smile to his stomach
dia mendengar sambil tersenyum ke perut
he listened gratefully to a buzzing bee
dia mendengar dengan penuh rasa terima kasih kepada seekor lebah yang berdengung
Cheerfully, he looked into the rushing river
Dengan riang dia memandang ke dalam sungai yang deras
he had never before liked a water as much as this one
sebelum ini dia tidak pernah menyukai air sebanyak ini
he had never before perceived the voice so stronger
dia tidak pernah merasakan suara itu lebih kuat sebelum ini
he had never understood the parable of the moving water so strongly
dia tidak pernah memahami perumpamaan air yang bergerak dengan begitu kuat
he had never before noticed how beautifully the river moved
dia tidak pernah menyedari betapa indahnya sungai itu bergerak
It seemed to him, as if the river had something special to tell him
Baginya, seolah-olah sungai itu mempunyai sesuatu yang istimewa untuk diberitahu kepadanya
something he did not know yet, which was still awaiting him
sesuatu yang dia tidak tahu lagi, yang masih menantinya
In this river, Siddhartha had intended to drown himself
Di sungai ini, Siddhartha berniat untuk menenggelamkan dirinya
in this river the old, tired, desperate Siddhartha had drowned today
di sungai ini Siddhartha yang tua, letih, terdesak telah lemas hari ini
But the new Siddhartha felt a deep love for this rushing water

Tetapi Siddhartha baru merasakan cinta yang mendalam untuk air yang mengalir ini
and he decided for himself, not to leave it very soon
dan dia memutuskan untuk dirinya sendiri, tidak meninggalkannya segera

The Ferryman
Takung Feri

"By this river I want to stay," thought Siddhartha
"Di tepi sungai ini saya mahu tinggal," fikir Siddhartha
"it is the same river which I have crossed a long time ago"
"Ia adalah sungai yang sama yang telah saya seberang lama dahulu"
"I was on my way to the childlike people"
"Saya dalam perjalanan ke orang seperti kanak-kanak"
"a friendly ferryman had guided me across the river"
"seorang feri yang ramah telah membimbing saya menyeberangi sungai"
"he is the one I want to go to"
"dialah yang saya nak pergi"
"starting out from his hut, my path led me to a new life"
"bermula dari pondoknya, jalan saya membawa saya ke kehidupan baru"
"a path which had grown old and is now dead"
"jalan yang telah menjadi tua dan kini mati"
"my present path shall also take its start there!"
"Laluan saya sekarang juga akan bermula di sana!"
Tenderly, he looked into the rushing water
Dengan lembut, dia melihat ke dalam air yang deras
he looked into the transparent green lines the water drew
dia melihat ke dalam garisan hijau lutsinar yang ditarik oleh air
the crystal lines of water were rich in secrets
garisan kristal air itu kaya dengan rahsia
he saw bright pearls rising from the deep
dia melihat mutiara terang naik dari dalam
quiet bubbles of air floating on the reflecting surface
gelembung udara yang tenang terapung di permukaan pemantulan
the blue of the sky depicted in the bubbles
biru langit yang digambarkan dalam buih

the river looked at him with a thousand eyes
sungai memandangnya dengan seribu mata
the river had green eyes and white eyes
sungai itu bermata hijau dan bermata putih
the river had crystal eyes and sky-blue eyes
sungai itu mempunyai mata kristal dan mata biru langit
he loved this water very much, it delighted him
dia sangat menyukai air ini, ia menggembirakan dia
he was grateful to the water
dia bersyukur dengan air itu
In his heart he heard the voice talking
Dalam hati dia terdengar suara itu bercakap
"Love this water! Stay near it!"
"Suka air ini! Kekal dekat dengannya!"
"Learn from the water!" his voice commanded him
"Belajar dari air!" suaranya menyuruhnya
Oh yes, he wanted to learn from it
Oh ya, dia mahu belajar daripadanya
he wanted to listen to the water
dia mahu mendengar air
He who would understand this water's secrets
Dia yang akan memahami rahsia air ini
he would also understand many other things
dia juga akan memahami banyak perkara lain
this is how it seemed to him
beginilah rupanya
But out of all secrets of the river, today he only saw one
Tetapi daripada semua rahsia sungai, hari ini dia hanya melihat satu
this secret touched his soul
rahsia ini menyentuh jiwanya
this water ran and ran, incessantly
air ini mengalir dan mengalir, tanpa henti
the water ran, but nevertheless it was always there
air mengalir, tetapi ia sentiasa ada
the water always, at all times, was the same

air sentiasa, pada setiap masa, adalah sama
and at the same time it was new in every moment
dan pada masa yang sama ia adalah baru dalam setiap saat
he who could grasp this would be great
dia yang dapat memahami ini akan menjadi hebat
but he didn't understand or grasp it
tetapi dia tidak memahami atau memahaminya
he only felt some idea of it stirring
dia hanya merasakan sedikit idea tentangnya bergolak
it was like a distant memory, a divine voices
ia seperti ingatan yang jauh, suara ilahi

Siddhartha rose as the workings of hunger in his body became unbearable
Siddhartha bangkit apabila kerja kelaparan dalam tubuhnya menjadi tidak tertanggung
In a daze he walked further away from the city
Dalam keadaan terpinga-pinga dia berjalan lebih jauh dari bandar
he walked up the river along the path by the bank
dia berjalan menyusuri sungai di sepanjang laluan di tepi tebing
he listened to the current of the water
dia mendengar arus air
he listened to the rumbling hunger in his body
dia mendengar rasa lapar yang berdentum di tubuhnya
When he reached the ferry, the boat was just arriving
Apabila dia tiba di feri, bot itu baru tiba
the same ferryman who had once transported the young Samana across the river
feri yang sama yang pernah mengangkut Samana muda menyeberangi sungai
he stood in the boat and Siddhartha recognised him
dia berdiri di dalam bot dan Siddhartha mengenalinya
he had also aged very much
dia juga telah berumur sangat lama

the ferryman was astonished to see such an elegant man walking on foot
feri itu terperanjat melihat seorang lelaki yang begitu anggun berjalan kaki
"Would you like to ferry me over?" he asked
"Adakah anda mahu membawa saya ke sini?" dia bertanya
he took him into his boat and pushed it off the bank
dia membawanya ke dalam botnya dan menolaknya dari tebing
"It's a beautiful life you have chosen for yourself" the passenger spoke
"Ia adalah kehidupan yang indah yang anda pilih untuk diri sendiri" penumpang itu bercakap
"It must be beautiful to live by this water every day"
"Mestilah indah hidup di tepi air ini setiap hari"
"and it must be beautiful to cruise on it on the river"
"dan pasti indah untuk berlayar di atasnya di sungai"
With a smile, the man at the oar moved from side to side
Dengan senyuman, lelaki di dayung itu bergerak dari sisi ke sisi
"It is as beautiful as you say, sir"
"Ia adalah seindah yang anda katakan, tuan"
"But isn't every life and all work beautiful?"
"Tetapi bukankah setiap kehidupan dan semua kerja itu indah?"
"This may be true" replied Siddhartha
"Ini mungkin benar" jawab Siddhartha
"But I envy you for your life"
"Tetapi saya iri hati awak untuk hidup awak"
"Ah, you would soon stop enjoying it"
"Ah, anda akan berhenti menikmatinya"
"This is no work for people wearing fine clothes"
"Ini bukan kerja untuk orang yang memakai pakaian yang bagus"
Siddhartha laughed at the observation
Siddhartha ketawa melihat pemerhatian itu

"Once before, I have been looked upon today because of my clothes"
"Pernah dahulu, saya telah dilihat hari ini kerana pakaian saya"

"I have been looked upon with distrust"
"Saya telah dipandang dengan rasa tidak percaya"

"they are a nuisance to me"
"mereka mengganggu saya"

"Wouldn't you, ferryman, like to accept these clothes"
"Takkan awak, feri, nak terima baju ni"

"because you must know, I have no money to pay your fare"
"sebab awak mesti tahu, saya tak ada duit nak bayar tambang awak"

"You're joking, sir," the ferryman laughed
"Anda bergurau, tuan," lelaki feri itu ketawa

"I'm not joking, friend"
"Saya tidak bergurau, kawan"

"once before you have ferried me across this water in your boat"
"Sebelum ini awak telah mengangkut saya menyeberangi air ini dengan bot awak"

"you did it for the immaterial reward of a good deed"
"kamu melakukannya untuk balasan yang tidak material dari perbuatan baik"

"ferry me across the river and accept my clothes for it"
"bawa saya menyeberangi sungai dan terima pakaian saya untuknya"

"And do you, sir, intent to continue travelling without clothes?"
"Dan adakah tuan, berniat untuk meneruskan perjalanan tanpa pakaian?"

"Ah, most of all I wouldn't want to continue travelling at all"
"Ah, yang paling penting saya tidak mahu meneruskan perjalanan sama sekali"

"I would rather you gave me an old loincloth"
"Saya lebih suka awak memberi saya cawat lama"

"I would like it if you kept me with you as your assistant"
"Saya suka jika awak menyimpan saya dengan awak sebagai pembantu awak"
"or rather, I would like if you accepted me as your trainee"
"atau lebih tepat, saya ingin jika anda menerima saya sebagai pelatih anda"
"because first I'll have to learn how to handle the boat"
"kerana mula-mula saya perlu belajar mengendalikan bot"
For a long time, the ferryman looked at the stranger
Lama juga si feri itu memandang orang yang tidak dikenali itu
he was searching in his memory for this strange man
dia sedang mencari dalam ingatannya untuk lelaki aneh ini
"Now I recognise you," he finally said
"Sekarang saya mengenali awak," akhirnya dia berkata
"At one time, you've slept in my hut"
"Suatu ketika, awak pernah tidur di pondok saya"
"this was a long time ago, possibly more than twenty years"
"ini sudah lama dahulu, mungkin lebih daripada dua puluh tahun"
"and you've been ferried across the river by me"
"dan awak telah diangkut ke seberang sungai oleh saya"
"that day we parted like good friends"
"Hari itu kita berpisah seperti kawan baik"
"Haven't you been a Samana?"
"Bukankah kamu pernah menjadi Samana?"
"I can't think of your name anymore"
"Saya tidak boleh memikirkan nama awak lagi"
"My name is Siddhartha, and I was a Samana"
"Nama saya Siddhartha, dan saya seorang Samana"
"I had still been a Samana when you last saw me"
"Saya masih menjadi Samana ketika kali terakhir anda melihat saya"
"So be welcome, Siddhartha. My name is Vasudeva"
"Jadi dialu-alukan, Siddhartha. Nama saya Vasudeva"
"You will, so I hope, be my guest today as well"

"Anda akan, jadi saya harap, menjadi tetamu saya hari ini juga"
"and you may sleep in my hut"
"dan awak boleh tidur di pondok saya"
"and you may tell me, where you're coming from"
"dan anda boleh memberitahu saya, dari mana anda datang"
"and you may tell me why these beautiful clothes are such a nuisance to you"
"dan anda boleh beritahu saya mengapa pakaian yang cantik ini mengganggu anda"
They had reached the middle of the river
Mereka sudah sampai ke tengah sungai
Vasudeva pushed the oar with more strength
Vasudeva menolak dayung dengan lebih kuat
in order to overcome the current
untuk mengatasi arus
He worked calmly, with brawny arms
Dia bekerja dengan tenang, dengan lengan yang tegang
his eyes were fixed in on the front of the boat
matanya tertancap pada bahagian hadapan bot
Siddhartha sat and watched him
Siddhartha duduk dan memerhatikannya
he remembered his time as a Samana
dia teringat zamannya sebagai Samana
he remembered how love for this man had stirred in his heart
dia teringat betapa cinta kepada lelaki ini telah berkobar di dalam hatinya
Gratefully, he accepted Vasudeva's invitation
Bersyukur, dia menerima jemputan Vasudeva
When they had reached the bank, he helped him to tie the boat to the stakes
Apabila mereka sampai ke tebing, dia membantunya mengikat perahu itu pada pancang
after this, the ferryman asked him to enter the hut
lepas ni feri ajak masuk pondok

he offered him bread and water, and Siddhartha ate with eager pleasure
dia menawarkan roti dan air kepadanya, dan Siddhartha makan dengan penuh keseronokan
and he also ate with eager pleasure of the mango fruits Vasudeva offered him
dan dia juga makan dengan penuh keseronokan buah mangga yang ditawarkan Vasudeva kepadanya

Afterwards, it was almost the time of the sunset
Selepas itu, hampir waktu matahari terbenam
they sat on a log by the bank
mereka duduk di atas kayu balak di tepi bank
Siddhartha told the ferryman about where he originally came from
Siddhartha memberitahu feri tentang asalnya
he told him about his life as he had seen it today
dia memberitahunya tentang kehidupannya seperti yang dia lihat hari ini
the way he had seen it in that hour of despair
cara dia telah melihatnya pada saat keputusasaan itu
the tale of his life lasted late into the night
kisah hidupnya berlarutan hingga larut malam
Vasudeva listened with great attention
Vasudeva mendengar dengan penuh perhatian
Listening carefully, he let everything enter his mind
Mendengar dengan teliti, dia membiarkan segala-galanya memasuki fikirannya
birthplace and childhood, all that learning
tempat kelahiran dan zaman kanak-kanak, semua pembelajaran itu
all that searching, all joy, all distress
semua pencarian itu, semua kegembiraan, semua kesusahan
This was one of the greatest virtues of the ferryman
Ini adalah salah satu kebaikan terbesar seorang feri
like only a few, he knew how to listen

seperti hanya beberapa orang, dia tahu bagaimana untuk mendengar
he did not have to speak a word
dia tidak perlu bercakap sepatah kata pun
but the speaker sensed how Vasudeva let his words enter his mind
tetapi penceramah itu merasakan bagaimana Vasudeva membiarkan kata-katanya memasuki fikirannya
his mind was quiet, open, and waiting
fikirannya tenang, terbuka, dan menunggu
he did not lose a single word
dia tidak kehilangan satu perkataan pun
he did not await a single word with impatience
dia tidak menunggu sepatah kata pun dengan rasa tidak sabar
he did not add his praise or rebuke
dia tidak menambah pujian atau tegurannya
he was just listening, and nothing else
dia hanya mendengar, dan tidak ada yang lain
Siddhartha felt what a happy fortune it is to confess to such a listener
Siddhartha merasakan betapa bertuahnya untuk mengaku kepada pendengar seperti itu
he felt fortunate to bury in his heart his own life
dia berasa bertuah kerana membenamkan dalam hatinya kehidupannya sendiri
he buried his own search and suffering
dia menguburkan pencarian dan penderitaannya sendiri
he told the tale of Siddhartha's life
dia menceritakan kisah hidup Siddhartha
when he spoke of the tree by the river
apabila dia bercakap tentang pokok di tepi sungai
when he spoke of his deep fall
apabila dia bercakap tentang kejatuhannya yang dalam
when he spoke of the holy Om
apabila dia bercakap tentang Om yang suci
when he spoke of how he had felt such a love for the river

apabila dia bercakap tentang bagaimana dia merasakan cinta kepada sungai itu
the ferryman listened to these things with twice as much attention
feri mendengar perkara-perkara ini dengan dua kali lebih banyak perhatian
he was entirely and completely absorbed by it
dia sepenuhnya dan sepenuhnya diserap olehnya
he was listening with his eyes closed
dia mendengar dengan mata tertutup
when Siddhartha fell silent a long silence occurred
apabila Siddhartha terdiam senyap yang lama berlaku
then Vasudeva spoke "It is as I thought"
kemudian Vasudeva bercakap "Ia adalah seperti yang saya fikirkan"
"The river has spoken to you"
"Sungai telah bercakap dengan anda"
"the river is your friend as well"
"Sungai itu kawan awak juga"
"the river speaks to you as well"
"sungai bercakap dengan anda juga"
"That is good, that is very good"
"Itu bagus, itu sangat bagus"
"Stay with me, Siddhartha, my friend"
"Tinggal bersama saya, Siddhartha, kawan saya"
"I used to have a wife"
"Saya pernah ada isteri"
"her bed was next to mine"
"katil dia sebelah katil aku"
"but she has died a long time ago"
"tapi dia dah lama meninggal"
"for a long time, I have lived alone"
"Sudah lama saya tinggal sendirian"
"Now, you shall live with me"
"Sekarang, awak akan tinggal bersama saya"
"there is enough space and food for both of us"

"ada cukup ruang dan makanan untuk kita berdua"
"I thank you," said Siddhartha
"Saya terima kasih," kata Siddhartha
"I thank you and accept"
"Saya terima kasih dan terima"
"And I also thank you for this, Vasudeva"
"Dan saya juga berterima kasih untuk ini, Vasudeva"
"I thank you for listening to me so well"
"Saya terima kasih kerana mendengar saya dengan baik"
"people who know how to listen are rare"
"jarang orang yang tahu mendengar"
"I have not met a single person who knew it as well as you do"
"Saya tidak pernah bertemu seorang pun yang mengetahuinya sebaik anda"
"I will also learn in this respect from you"
"Saya juga akan belajar dalam hal ini daripada anda"
"You will learn it," spoke Vasudeva
"Anda akan mempelajarinya," kata Vasudeva
"but you will not learn it from me"
"tetapi anda tidak akan belajar daripada saya"
"The river has taught me to listen"
"Sungai telah mengajar saya untuk mendengar"
"you will learn to listen from the river as well"
"anda akan belajar mendengar dari sungai juga"
"It knows everything, the river"
"Ia tahu segala-galanya, sungai"
"everything can be learned from the river"
"semuanya boleh dipelajari dari sungai"
"See, you've already learned this from the water too"
"Lihat, anda juga telah mempelajari ini dari air"
"you have learned that it is good to strive downwards"
"anda telah belajar bahawa adalah baik untuk berusaha ke bawah"
"you have learned to sink and to seek depth"
"kamu telah belajar untuk tenggelam dan mencari kedalaman"

"The rich and elegant Siddhartha is becoming an oarsman's servant"
"Siddhartha yang kaya dan anggun menjadi hamba pendayung"
"the learned Brahman Siddhartha becomes a ferryman"
"Brahman Siddhartha yang terpelajar menjadi seorang feri"
"this has also been told to you by the river"
"ini juga telah diberitahu kepada kamu di tepi sungai"
"You'll learn the other thing from it as well"
"Anda akan belajar perkara lain daripadanya juga"
Siddhartha spoke after a long pause
Siddhartha bercakap selepas berhenti seketika
"What other things will I learn, Vasudeva?"
"Apakah perkara lain yang akan saya pelajari, Vasudeva?"
Vasudeva rose. "It is late," he said
Vasudeva bangkit. "Sudah lewat," katanya
and Vasudeva proposed going to sleep
dan Vasudeva mencadangkan untuk tidur
"I can't tell you that other thing, oh friend"
"Saya tidak boleh memberitahu anda perkara lain itu, oh kawan"
"You'll learn the other thing, or perhaps you know it already"
"Anda akan mempelajari perkara lain, atau mungkin anda sudah mengetahuinya"
"See, I'm no learned man"
"Lihat, saya bukan lelaki yang terpelajar"
"I have no special skill in speaking"
"Saya tidak mempunyai kemahiran khusus dalam bercakap"
"I also have no special skill in thinking"
"Saya juga tidak mempunyai kemahiran khusus dalam berfikir"
"All I'm able to do is to listen and to be godly"
"Apa yang saya mampu lakukan ialah mendengar dan bertuhan"
"I have learned nothing else"

"Saya tidak belajar apa-apa lagi"
"If I was able to say and teach it, I might be a wise man"
"Jika saya dapat mengatakan dan mengajarnya, saya mungkin seorang yang bijak"
"but like this I am only a ferryman"
"tetapi seperti ini saya hanya seorang feri"
"and it is my task to ferry people across the river"
"dan menjadi tugas saya untuk mengangkut orang menyeberangi sungai"
"I have transported many thousands of people"
"Saya telah mengangkut beribu-ribu orang"
"and to all of them, my river has been nothing but an obstacle"
"dan bagi mereka semua, sungai saya hanyalah penghalang"
"it was something that got in the way of their travels"
"Ia adalah sesuatu yang menghalang perjalanan mereka"
"they travelled to seek money and business"
"mereka mengembara untuk mencari wang dan perniagaan"
"they travelled for weddings and pilgrimages"
"mereka mengembara untuk perkahwinan dan ziarah"
"and the river was obstructing their path"
"dan sungai itu menghalang laluan mereka"
"the ferryman's job was to get them quickly across that obstacle"
"tugas feri adalah untuk membawa mereka dengan cepat melepasi halangan itu"
"But for some among thousands, a few, the river has stopped being an obstacle"
"Tetapi bagi sesetengah daripada beribu-ribu, sebilangan kecil, sungai telah berhenti menjadi penghalang"
"they have heard its voice and they have listened to it"
"mereka telah mendengar suaranya dan mereka telah mendengarnya"
"and the river has become sacred to them"
"dan sungai itu telah menjadi suci bagi mereka"
"it become sacred to them as it has become sacred to me"

"Ia menjadi suci bagi mereka sebagaimana ia telah menjadi suci bagiku"
"for now, let us rest, Siddhartha"
"Sekarang, mari kita berehat, Siddhartha"

Siddhartha stayed with the ferryman and learned to operate the boat
Siddhartha tinggal bersama feri dan belajar mengendalikan bot
when there was nothing to do at the ferry, he worked with Vasudeva in the rice-field
apabila tiada apa yang boleh dilakukan di feri, dia bekerja dengan Vasudeva di sawah
he gathered wood and plucked the fruit off the banana-trees
dia memungut kayu dan memetik buah-buahan dari pokok pisang
He learned to build an oar and how to mend the boat
Dia belajar membuat dayung dan cara membaiki bot
he learned how to weave baskets and repaid the hut
dia belajar menganyam bakul dan membayar balik pondok itu
and he was joyful because of everything he learned
dan dia gembira kerana semua yang dia pelajari
the days and months passed quickly
hari dan bulan berlalu dengan pantas
But more than Vasudeva could teach him, he was taught by the river
Tetapi lebih daripada yang Vasudeva dapat mengajarnya, dia diajar di tepi sungai
Incessantly, he learned from the river
Tanpa henti, dia belajar dari sungai
Most of all, he learned to listen
Paling penting, dia belajar mendengar
he learned to pay close attention with a quiet heart
dia belajar menumpukan perhatian dengan hati yang tenang
he learned to keep a waiting, open soul
dia belajar untuk terus menunggu, jiwa terbuka

he learned to listen without passion
dia belajar mendengar tanpa semangat
he learned to listen without a wish
dia belajar mendengar tanpa hajat
he learned to listen without judgement
dia belajar mendengar tanpa menghakimi
he learned to listen without an opinion
dia belajar mendengar tanpa pendapat

In a friendly manner, he lived side by side with Vasudeva
Dengan cara yang mesra, dia tinggal berdampingan dengan Vasudeva
occasionally they exchanged some words
sesekali mereka bertukar-tukar kata
then, at length, they thought about the words
kemudian, panjang lebar, mereka memikirkan kata-kata itu
Vasudeva was no friend of words
Vasudeva bukan kawan kata-kata
Siddhartha rarely succeeded in persuading him to speak
Siddhartha jarang berjaya memujuknya untuk bercakap
"did you too learn that secret from the river?"
"Adakah anda juga belajar rahsia itu dari sungai?"
"the secret that there is no time?"
"rahsia yang tiada masa?"
Vasudeva's face was filled with a bright smile
Wajah Vasudeva dipenuhi dengan senyuman cerah
"Yes, Siddhartha," he spoke
"Ya, Siddhartha," dia bercakap
"I learned that the river is everywhere at once"
"Saya mengetahui bahawa sungai itu ada di mana-mana sekaligus"
"it is at the source and at the mouth of the river"
"ia berada di sumber dan di muara sungai"
"it is at the waterfall and at the ferry"
"ia adalah di air terjun dan di feri"
"it is at the rapids and in the sea"

"ia berada di jeram dan di laut"
"it is in the mountains and everywhere at once"
"ia berada di pergunungan dan di mana-mana sekaligus"
"and I learned that there is only the present time for the river"
"dan saya belajar bahawa hanya ada masa sekarang untuk sungai"
"it does not have the shadow of the past"
"ia tidak mempunyai bayangan masa lalu"
"and it does not have the shadow of the future"
"dan ia tidak mempunyai bayangan masa depan"
"is this what you mean?" he asked
"inikah yang awak maksudkan?" dia bertanya
"This is what I meant," said Siddhartha
"Inilah yang saya maksudkan," kata Siddhartha
"And when I had learned it, I looked at my life"
"Dan apabila saya telah mempelajarinya, saya melihat kehidupan saya"
"and my life was also a river"
"dan hidup saya juga sungai"
"the boy Siddhartha was only separated from the man Siddhartha by a shadow"
"budak lelaki Siddhartha hanya dipisahkan daripada lelaki Siddhartha oleh bayang-bayang"
"and a shadow separated the man Siddhartha from the old man Siddhartha"
"dan bayangan memisahkan lelaki Siddhartha daripada lelaki tua Siddhartha"
"things are separated by a shadow, not by something real"
"benda dipisahkan oleh bayang-bayang, bukan oleh sesuatu yang nyata"
"Also, Siddhartha's previous births were not in the past"
"Selain itu, kelahiran Siddhartha sebelum ini bukanlah pada masa lalu"
"and his death and his return to Brahma is not in the future"

"dan kematiannya dan kembalinya kepada Brahma bukanlah pada masa hadapan"
"nothing was, nothing will be, but everything is"
"tiada ada, tiada akan jadi, tetapi semuanya ada"
"everything has existence and is present"
"semuanya ada dan ada"
Siddhartha spoke with ecstasy
Siddhartha bercakap dengan penuh kegembiraan
this enlightenment had delighted him deeply
pencerahan ini sangat menggembirakannya
"was not all suffering time?"
"Bukankah semua masa menderita?"
"were not all forms of tormenting oneself a form of time?"
"Bukankah semua bentuk menyeksa diri adalah satu bentuk masa?"
"was not everything hard and hostile because of time?"
"bukankah segala-galanya sukar dan bermusuhan kerana masa?"
"is not everything evil overcome when one overcomes time?"
"Bukankah semua kejahatan dapat diatasi apabila seseorang mengatasi masa?"
"as soon as time leaves the mind, does suffering leave too?"
"sebaik sahaja masa pergi dari fikiran, adakah penderitaan akan pergi juga?"
Siddhartha had spoken in ecstatic delight
Siddhartha telah bercakap dengan gembira
but Vasudeva smiled at him brightly and nodded in confirmation
tetapi Vasudeva tersenyum kepadanya dengan terang dan mengangguk sebagai pengesahan
silently he nodded and brushed his hand over Siddhartha's shoulder
secara senyap dia mengangguk dan menepis tangannya pada bahu Siddhartha
and then he turned back to his work
dan kemudian dia kembali kepada kerjanya

And Siddhartha asked Vasudeva again another time
Dan Siddhartha bertanya kepada Vasudeva sekali lagi
the river had just increased its flow in the rainy season
sungai itu baru sahaja meningkatkan alirannya pada musim hujan
and it made a powerful noise
dan ia mengeluarkan bunyi yang kuat
"Isn't it so, oh friend, the river has many voices?"
"Bukankah begitu, wahai kawan, sungai itu mempunyai banyak suara?"
"Hasn't it the voice of a king and of a warrior?"
"Bukankah itu suara raja dan pahlawan?"
"Hasn't it the voice of of a bull and of a bird of the night?"
"Bukankah itu suara lembu jantan dan suara burung malam?"
"Hasn't it the voice of a woman giving birth and of a sighing man?"
"Bukankah itu suara perempuan bersalin dan suara lelaki yang mengeluh?"
"and does it not also have a thousand other voices?"
"dan tidakkah ia juga mempunyai seribu suara lain?"
"it is as you say it is," Vasudeva nodded
"Ia seperti yang anda katakan," Vasudeva mengangguk
"all voices of the creatures are in its voice"
"semua suara makhluk ada dalam suaranya"
"And do you know..." Siddhartha continued
"Dan adakah anda tahu..." Siddhartha menyambung
"what word does it speak when you succeed in hearing all of voices at once?"
"apa perkataan yang dituturkan apabila anda berjaya mendengar semua suara sekaligus?"
Happily, Vasudeva's face was smiling
Dengan gembira, wajah Vasudeva sedang tersenyum
he bent over to Siddhartha and spoke the holy Om into his ear

dia membongkok ke Siddhartha dan bercakap Om suci ke telinganya
And this had been the very thing which Siddhartha had also been hearing
Dan ini adalah perkara yang Siddhartha juga telah mendengar

time after time, his smile became more similar to the ferryman's
dari semasa ke semasa, senyumannya semakin serupa dengan si feri
his smile became almost just as bright as the ferryman's
senyumannya menjadi hampir sama cerah seperti lelaki feri itu
it was almost just as thoroughly glowing with bliss
ia hampir sama bersinar dengan kebahagiaan
shining out of thousand small wrinkles
bersinar daripada ribuan kedutan kecil
just like the smile of a child
sama seperti senyuman kanak-kanak
just like the smile of an old man
sama seperti senyuman orang tua
Many travellers, seeing the two ferrymen, thought they were brothers
Ramai pengembara, melihat dua orang feri itu, menyangka mereka adalah saudara
Often, they sat in the evening together by the bank
Selalunya, mereka duduk pada waktu petang bersama-sama di tepi bank
they said nothing and both listened to the water
mereka tidak berkata apa-apa dan kedua-duanya mendengar air
the water, which was not water to them
air, yang bukan air bagi mereka
it wasn't water, but the voice of life
itu bukan air, tetapi suara kehidupan
the voice of what exists and what is eternally taking shape

suara apa yang wujud dan apa yang wujud selama-lamanya
it happened from time to time that both thought of the same thing
ia berlaku dari semasa ke semasa bahawa kedua-duanya memikirkan perkara yang sama
they thought of a conversation from the day before
mereka memikirkan perbualan dari hari sebelumnya
they thought of one of their travellers
mereka memikirkan salah seorang pengembara mereka
they thought of death and their childhood
mereka memikirkan kematian dan zaman kanak-kanak mereka
they heard the river tell them the same thing
mereka mendengar sungai memberitahu mereka perkara yang sama
both delighted about the same answer to the same question
kedua-duanya gembira dengan jawapan yang sama untuk soalan yang sama
There was something about the two ferrymen which was transmitted to others
Ada sesuatu tentang dua orang feri itu yang dihantar kepada orang lain
it was something which many of the travellers felt
ia adalah sesuatu yang dirasai oleh ramai pengembara
travellers would occasionally look at the faces of the ferrymen
pengembara akan sesekali memandang wajah para feri
and then they told the story of their life
dan kemudian mereka menceritakan kisah hidup mereka
they confessed all sorts of evil things
mereka mengaku segala macam perkara jahat
and they asked for comfort and advice
dan mereka meminta keselesaan dan nasihat
occasionally someone asked for permission to stay for a night
sesekali ada yang meminta izin untuk bermalam

they also wanted to listen to the river
mereka juga ingin mendengar suara sungai
It also happened that curious people came
Ia juga berlaku bahawa orang yang ingin tahu datang
they had been told that there were two wise men
mereka telah diberitahu bahawa terdapat dua orang bijak pandai
or they had been told there were two sorcerers
atau mereka telah diberitahu ada dua orang ahli sihir
The curious people asked many questions
Orang yang ingin tahu bertanya banyak soalan
but they got no answers to their questions
tetapi mereka tidak mendapat jawapan kepada soalan mereka
they found neither sorcerers nor wise men
mereka tidak menjumpai ahli sihir mahupun orang bijak pandai
they only found two friendly little old men, who seemed to be mute
mereka hanya menjumpai dua lelaki tua kecil yang mesra, yang kelihatan bisu
they seemed to have become a bit strange in the forest by themselves
mereka seolah-olah menjadi agak pelik di dalam hutan dengan sendirinya
And the curious people laughed about what they had heard
Dan orang yang ingin tahu ketawa tentang apa yang mereka dengar
they said common people were foolishly spreading empty rumours
mereka kata rakyat jelata menyebarkan khabar angin kosong secara bodoh

The years passed by, and nobody counted them
Tahun berlalu, dan tiada siapa yang menghitungnya
Then, at one time, monks came by on a pilgrimage

Kemudian, pada suatu ketika, para bhikkhu datang untuk berziarah
they were followers of Gotama, the Buddha
mereka adalah pengikut Gotama, Sang Buddha
they asked to be ferried across the river
mereka meminta untuk diangkut ke seberang sungai
they told them they were in a hurry to get back to their wise teacher
mereka memberitahu mereka bahawa mereka tergesa-gesa untuk kembali kepada guru mereka yang bijak
news had spread the exalted one was deadly sick
berita telah tersebar bahawa yang dimuliakan sakit maut
he would soon die his last human death
dia tidak lama lagi akan mati kematian manusia terakhirnya
in order to become one with the salvation
untuk menjadi satu dengan keselamatan
It was not long until a new flock of monks came
Tidak lama kemudian sekawan baru sami datang
they were also on their pilgrimage
mereka juga sedang menunaikan haji
most of the travellers spoke of nothing other than Gotama
kebanyakan pengembara tidak bercakap apa-apa selain Gotama
his impending death was all they thought about
kematiannya yang akan datang adalah semua yang mereka fikirkan
if there had been war, just as many would travel
jika ada peperangan, sama seperti ramai yang akan mengembara
just as many would come to the coronation of a king
sama seperti ramai yang akan datang ke pertabalan seorang raja
they gathered like ants in droves
mereka berkumpul seperti semut berbondong-bondong
they flocked, like being drawn onwards by a magic spell

mereka berpusu-pusu, seperti ditarik ke hadapan oleh mantera ajaib
they went to where the great Buddha was awaiting his death
mereka pergi ke tempat Buddha agung sedang menunggu kematiannya
the perfected one of an era was to become one with the glory
satu zaman yang sempurna adalah menjadi satu dengan kemuliaan
Often, Siddhartha thought in those days of the dying wise man
Selalunya, Siddhartha berfikir pada zaman itu orang bijak yang hampir mati
the great teacher whose voice had admonished nations
guru besar yang suaranya telah menasihati bangsa-bangsa
the one who had awoken hundreds of thousands
yang telah membangunkan ratusan ribu
a man whose voice he had also once heard
seorang lelaki yang suaranya juga pernah didengarinya
a teacher whose holy face he had also once seen with respect
seorang guru yang wajah sucinya juga pernah dilihatnya dengan penuh hormat
Kindly, he thought of him
Baik hati, dia memikirkannya
he saw his path to perfection before his eyes
dia melihat jalannya menuju kesempurnaan di hadapan matanya
and he remembered with a smile those words he had said to him
dan dia teringat dengan senyuman kata-kata yang dia katakan kepadanya
when he was a young man and spoke to the exalted one
ketika dia masih muda dan bercakap dengan Yang Maha Tinggi
They had been, so it seemed to him, proud and precious words

Mereka telah, jadi ia seolah-olah dia, bangga dan kata-kata berharga
with a smile, he remembered the the words
sambil tersenyum, dia teringat kata-kata itu
he knew that there was nothing standing between Gotama and him any more
dia tahu bahawa tidak ada lagi yang berdiri di antara Gotama dan dia
he had known this for a long time already
dia sudah lama mengetahui perkara ini
though he was still unable to accept his teachings
walaupun dia masih tidak dapat menerima ajarannya
there was no teaching a truly searching person
tidak ada mengajar orang yang benar-benar mencari
someone who truly wanted to find, could accept
seseorang yang benar-benar ingin mencari, boleh menerima
But he who had found the answer could approve of any teaching
Tetapi dia yang telah menemui jawapannya boleh menyetujui apa-apa pengajaran
every path, every goal, they were all the same
setiap jalan, setiap matlamat, semuanya sama
there was nothing standing between him and all the other thousands any more
tidak ada lagi yang berdiri di antara dia dan beribu-ribu yang lain
the thousands who lived in that what is eternal
beribu-ribu yang hidup di dalamnya apa yang kekal
the thousands who breathed what is divine
beribu-ribu yang menghembuskan apa yang ilahi

On one of these days, Kamala also went to him
Pada satu hari ini, Kamala juga pergi kepadanya
she used to be the most beautiful of the courtesans
dia pernah menjadi yang paling cantik di antara pelacur
A long time ago, she had retired from her previous life

Lama dahulu, dia telah bersara dari kehidupan sebelumnya
she had given her garden to the monks of Gotama as a gift
dia telah memberikan tamannya kepada para bhikkhu Gotama sebagai hadiah
she had taken her refuge in the teachings
dia telah berlindung dalam ajaran
she was among the friends and benefactors of the pilgrims
dia adalah antara sahabat dan dermawan para jemaah haji
she was together with Siddhartha, the boy
dia bersama-sama dengan Siddhartha, budak lelaki itu
Siddhartha the boy was her son
Siddhartha budak lelaki itu adalah anaknya
she had gone on her way due to the news of the near death of Gotama
dia telah pergi kerana berita tentang kematian Gotama yang hampir mati
she was in simple clothes and on foot
dia berpakaian sederhana dan berjalan kaki
and she was With her little son
dan dia bersama anak kecilnya
she was travelling by the river
dia mengembara di tepi sungai
but the boy had soon grown tired
tetapi budak itu tidak lama kemudian menjadi letih
he desired to go back home
dia berhasrat untuk pulang ke rumah
he desired to rest and eat
dia ingin berehat dan makan
he became disobedient and started whining
dia menjadi tidak taat dan mula merengek
Kamala often had to take a rest with him
Kamala sering terpaksa berehat dengannya
he was accustomed to getting what he wanted
dia sudah biasa mendapatkan apa yang dia mahukan
she had to feed him and comfort him
dia terpaksa memberinya makan dan menghiburkannya

she had to scold him for his behaviour
dia terpaksa memarahinya kerana kelakuannya
He did not comprehend why he had to go on this exhausting pilgrimage
Dia tidak faham kenapa dia terpaksa pergi haji yang memenatkan ini
he did not know why he had to go to an unknown place
dia tidak tahu kenapa dia perlu pergi ke tempat yang tidak diketahui
he did know why he had to see a holy dying stranger
dia tahu kenapa dia perlu berjumpa dengan orang asing yang suci
"So what if he died?" he complained
"Jadi bagaimana jika dia mati?" dia mengeluh
why should this concern him?
mengapa ini harus membimbangkannya?
The pilgrims were getting close to Vasudeva's ferry
Jemaah haji semakin hampir dengan feri Vasudeva
little Siddhartha once again forced his mother to rest
Siddhartha kecil sekali lagi memaksa ibunya berehat
Kamala had also become tired
Kamala juga telah menjadi letih
while the boy was chewing a banana, she crouched down on the ground
semasa budak itu mengunyah pisang, dia membongkok di atas tanah
she closed her eyes a bit and rested
dia menutup matanya sedikit dan berehat
But suddenly, she uttered a wailing scream
Tetapi tiba-tiba, dia mengeluarkan jeritan meraung
the boy looked at her in fear
budak lelaki itu memandangnya dengan ketakutan
he saw her face had grown pale from horror
dia melihat mukanya sudah pucat kerana seram
and from under her dress, a small, black snake fled

dan dari bawah pakaiannya, seekor ular kecil hitam melarikan diri
a snake by which Kamala had been bitten
seekor ular yang telah dipatuk oleh Kamala
Hurriedly, they both ran along the path, to reach people
Dengan tergesa-gesa, mereka berdua berlari di sepanjang laluan, untuk mencapai orang ramai
they got near to the ferry and Kamala collapsed
mereka menghampiri feri dan Kamala rebah
she was not able to go any further
dia tidak dapat pergi lebih jauh
the boy started crying miserably
budak itu mula menangis tersedu-sedu
his cries were only interrupted when he kissed his mother
tangisannya hanya terputus apabila dia mencium ibunya
she also joined his loud screams for help
dia turut menyertai jeritannya yang kuat meminta tolong
she screamed until the sound reached Vasudeva's ears
dia menjerit sehingga bunyi itu sampai ke telinga Vasudeva
Vasudeva quickly came and took the woman on his arms
Vasudeva segera datang dan membawa wanita itu ke dalam pelukannya
he carried her into the boat and the boy ran along
dia membawanya ke dalam bot dan budak itu berlari bersama
soon they reached the hut, where Siddhartha stood by the stove
tidak lama kemudian mereka sampai ke pondok, di mana Siddhartha berdiri di tepi dapur
he was just lighting the fire
dia hanya menyalakan api
He looked up and first saw the boy's face
Dia mendongak dan mula-mula melihat wajah budak itu
it wondrously reminded him of something
ia sangat mengingatkannya tentang sesuatu
like a warning to remember something he had forgotten
seperti amaran untuk mengingati sesuatu yang dia terlupa

Then he saw Kamala, whom he instantly recognised
Kemudian dia melihat Kamala, yang dikenalinya serta-merta
she lay unconscious in the ferryman's arms
dia terbaring tidak sedarkan diri dalam pelukan feri itu
now he knew that it was his own son
kini dia tahu bahawa itu adalah anaknya sendiri
his son whose face had been such a warning reminder to him
anaknya yang wajahnya telah menjadi peringatan amaran kepadanya
and the heart stirred in his chest
dan hati bergelora di dadanya
Kamala's wound was washed, but had already turned black
Luka Kamala telah dicuci, tetapi sudah menjadi hitam
and her body was swollen
dan badannya bengkak
she was made to drink a healing potion
dia disuruh minum ubat penawar
Her consciousness returned and she lay on Siddhartha's bed
Kesedarannya kembali dan dia berbaring di atas katil Siddhartha
Siddhartha stood over Kamala, who he used to love so much
Siddhartha berdiri di atas Kamala, yang dahulunya sangat dicintainya
It seemed like a dream to her
Ia seolah-olah mimpi baginya
with a smile, she looked at her friend's face
sambil tersenyum dia memandang wajah kawannya itu
slowly she realized her situation
perlahan-lahan dia menyedari keadaannya
she remembered she had been bitten
dia ingat dia telah digigit
and she timidly called for her son
dan dia dengan takut-takut memanggil anaknya
"He's with you, don't worry," said Siddhartha
"Dia bersama kamu, jangan risau," kata Siddhartha

Kamala looked into his eyes
Kamala memandang matanya
She spoke with a heavy tongue, paralysed by the poison
Dia bercakap dengan lidah yang berat, lumpuh oleh racun
"You've become old, my dear," she said
"Anda telah menjadi tua, sayang saya," katanya
"you've become gray," she added
"anda telah menjadi kelabu," tambahnya
"But you are like the young Samana, who came without clothes"
"Tetapi kamu seperti Samana muda, yang datang tanpa pakaian"
"you're like the Samana who came into my garden with dusty feet"
"Anda seperti Samana yang datang ke taman saya dengan kaki berdebu"
"You are much more like him than you were when you left me"
"Awak lebih seperti dia daripada awak ketika awak tinggalkan saya"
"In the eyes, you're like him, Siddhartha"
"Di mata, awak seperti dia, Siddhartha"
"Alas, I have also grown old"
"Aduhai, saya juga sudah tua"
"could you still recognise me?"
"bolehkah awak mengenali saya?"
Siddhartha smiled, "Instantly, I recognised you, Kamala, my dear"
Siddhartha tersenyum, "Seketika, saya mengenali awak, Kamala, sayang saya"
Kamala pointed to her boy
Kamala menunjuk anak lelakinya
"Did you recognise him as well?"
"Awak kenal dia juga?"
"He is your son," she confirmed
"Dia anak awak," dia mengesahkan

Her eyes became confused and fell shut
Matanya menjadi keliru dan terpejam
The boy wept and Siddhartha took him on his knees
Budak itu menangis dan Siddhartha membawanya berlutut
he let him weep and petted his hair
dia membiarkan dia menangis dan membelai rambutnya
at the sight of the child's face, a Brahman prayer came to his mind
apabila melihat wajah kanak-kanak itu, doa Brahman terlintas di fikirannya
a prayer which he had learned a long time ago
doa yang telah lama dipelajarinya
a time when he had been a little boy himself
suatu masa ketika dia sendiri masih kecil
Slowly, with a singing voice, he started to speak
Perlahan-lahan, dengan suara menyanyi, dia mula bersuara
from his past and childhood, the words came flowing to him
dari masa lalu dan zaman kanak-kanaknya, kata-kata itu mengalir kepadanya
And with that song, the boy became calm
Dan dengan lagu itu, budak itu menjadi tenang
he was only now and then uttering a sob
dia hanya sekarang dan kemudian mengeluarkan sebak
and finally he fell asleep
dan akhirnya dia tertidur
Siddhartha placed him on Vasudeva's bed
Siddhartha meletakkannya di atas katil Vasudeva
Vasudeva stood by the stove and cooked rice
Vasudeva berdiri di tepi dapur dan memasak nasi
Siddhartha gave him a look, which he returned with a smile
Siddhartha memberinya pandangan, yang dia kembali dengan senyuman
"She'll die," Siddhartha said quietly
"Dia akan mati," kata Siddhartha perlahan
Vasudeva knew it was true, and nodded
Vasudeva tahu itu benar, dan mengangguk

over his friendly face ran the light of the stove's fire
di atas muka mesranya terpancar cahaya api dapur
once again, Kamala returned to consciousness
sekali lagi, Kamala kembali sedar
the pain of the poison distorted her face
sakit racun itu memesongkan mukanya
Siddhartha's eyes read the suffering on her mouth
Mata Siddhartha membaca penderitaan di mulutnya
from her pale cheeks he could see that she was suffering
dari pipinya yang pucat dia dapat melihat bahawa dia menderita
Quietly, he read the pain in her eyes
Diam-diam dia membaca kesakitan di matanya
attentively, waiting, his mind become one with her suffering
penuh perhatian, menunggu, fikirannya menjadi satu dengan penderitaannya
Kamala felt it and her gaze sought his eyes
Kamala merasakannya dan pandangannya mencari matanya
Looking at him, she spoke
Memandangnya, dia bercakap
"Now I see that your eyes have changed as well"
"Sekarang saya nampak mata awak juga sudah berubah"
"They've become completely different"
"Mereka telah menjadi berbeza sama sekali"
"what do I still recognise in you that is Siddhartha?
"Apakah yang masih saya kenali dalam diri anda iaitu Siddhartha?
"It's you, and it's not you"
"Ini awak, dan bukan awak"
Siddhartha said nothing, quietly his eyes looked at hers
Siddhartha tidak berkata apa-apa, diam-diam matanya memandang ke arahnya
"You have achieved it?" she asked
"Anda telah mencapainya?" dia bertanya
"You have found peace?"
"Anda telah menemui kedamaian?"

He smiled and placed his hand on hers
Dia tersenyum dan meletakkan tangannya pada tangannya
"I'm seeing it" she said
"Saya melihatnya" katanya
"I too will find peace"
"Saya juga akan mendapat ketenangan"
"You have found it," Siddhartha spoke in a whisper
"Anda telah menemuinya," Siddhartha bercakap dalam bisikan
Kamala never stopped looking into his eyes
Kamala tidak berhenti memandang matanya
She thought about her pilgrimage to Gotama
Dia memikirkan tentang ziarahnya ke Gotama
the pilgrimage which she wanted to take
haji yang dia ingin pergi
in order to see the face of the perfected one
untuk melihat wajah yang sempurna
in order to breathe his peace
untuk menghirup ketenangannya
but she had now found it in another place
tetapi dia kini telah menemuinya di tempat lain
and this she thought that was good too
dan ini dia fikir itu juga bagus
it was just as good as if she had seen the other one
ia sama baiknya seolah-olah dia telah melihat yang lain
She wanted to tell this to him
Dia ingin memberitahu perkara ini kepadanya
but her tongue no longer obeyed her will
tetapi lidahnya tidak lagi menurut kehendaknya
Without speaking, she looked at him
Tanpa bercakap, dia memandangnya
he saw the life fading from her eyes
dia melihat kehidupan pudar dari matanya
the final pain filled her eyes and made them grow dim
kesakitan terakhir memenuhi matanya dan membuat mereka menjadi malap

the final shiver ran through her limbs
menggigil terakhir menjalar melalui anggota badannya
his finger closed her eyelids
jarinya menutup kelopak matanya

For a long time, he sat and looked at her peacefully dead face
Untuk masa yang lama, dia duduk dan memandang wajahnya yang aman damai
For a long time, he observed her mouth
Lama dia memerhatikan mulutnya
her old, tired mouth, with those lips, which had become thin
mulutnya yang tua dan letih, dengan bibir itu, yang telah menjadi nipis
he remembered he used to compare this mouth with a freshly cracked fig
dia ingat dia pernah membandingkan mulut ini dengan buah ara yang baru retak
this was in the spring of his years
ini adalah pada musim bunga tahunnya
For a long time, he sat and read the pale face
Lama dia duduk membaca muka pucat itu
he read the tired wrinkles
dia membaca kedutan yang letih
he filled himself with this sight
dia memenuhi dirinya dengan pemandangan ini
he saw his own face in the same manner
dia melihat wajahnya sendiri dengan cara yang sama
he saw his face was just as white
dia melihat mukanya sama putih
he saw his face was just as quenched out
dia melihat mukanya sama seperti dipadamkan
at the same time he saw his face and hers being young
pada masa yang sama dia melihat wajahnya dan wajahnya masih muda
their faces with red lips and fiery eyes

muka mereka dengan bibir merah dan mata berapi-api
the feeling of both being real at the same time
perasaan kedua-duanya menjadi nyata pada masa yang sama
the feeling of eternity completely filled every aspect of his being
perasaan keabadian sepenuhnya memenuhi setiap aspek makhluknya
in this hour he felt more deeply than than he had ever felt before
dalam jam ini dia berasa lebih mendalam daripada yang pernah dia rasakan sebelum ini
he felt the indestructibility of every life
dia merasakan ketidakmusnahan setiap kehidupan
he felt the eternity of every moment
dia merasakan keabadian setiap saat
When he rose, Vasudeva had prepared rice for him
Apabila dia bangkit, Vasudeva telah menyediakan nasi untuknya
But Siddhartha did not eat that night
Tetapi Siddhartha tidak makan malam itu
In the stable their goat stood
Di dalam kandang kambing mereka berdiri
the two old men prepared beds of straw for themselves
dua orang tua itu menyediakan katil jerami untuk diri mereka sendiri
Vasudeva laid himself down to sleep
Vasudeva membaringkan dirinya untuk tidur
But Siddhartha went outside and sat before the hut
Tetapi Siddhartha pergi ke luar dan duduk di hadapan pondok
he listened to the river, surrounded by the past
dia mendengar sungai, dikelilingi oleh masa lalu
he was touched and encircled by all times of his life at the same time
dia disentuh dan dikelilingi oleh semua masa dalam hidupnya pada masa yang sama

occasionally he rose and he stepped to the door of the hut
sesekali dia bangun dan dia melangkah ke pintu pondok
he listened whether the boy was sleeping
dia mendengar sama ada budak itu sedang tidur

before the sun could be seen, Vasudeva came out of the stable
sebelum matahari dapat dilihat, Vasudeva keluar dari kandang
he walked over to his friend
dia berjalan ke arah kawannya
"You haven't slept," he said
"Anda belum tidur," katanya
"No, Vasudeva. I sat here"
"Tidak, Vasudeva. Saya duduk di sini"
"I was listening to the river"
"Saya sedang mendengar sungai"
"the river has told me a lot"
"Sungai telah memberitahu saya banyak perkara"
"it has deeply filled me with the healing thought of oneness"
"ia telah sangat memenuhi saya dengan pemikiran penyembuhan kesatuan"
"You've experienced suffering, Siddhartha"
"Anda telah mengalami penderitaan, Siddhartha"
"but I see no sadness has entered your heart"
"tetapi saya tidak melihat kesedihan telah memasuki hati anda"
"No, my dear, how should I be sad?"
"Tidak, sayang, bagaimana saya harus bersedih?"
"I, who have been rich and happy"
"Saya, yang telah kaya dan bahagia"
"I have become even richer and happier now"
"Saya telah menjadi lebih kaya dan lebih bahagia sekarang"
"My son has been given to me"
"Anak saya telah diberikan kepada saya"
"Your son shall be welcome to me as well"

"Anak awak akan dialu-alukan untuk saya juga"
"But now, Siddhartha, let's get to work"
"Tetapi sekarang, Siddhartha, mari kita mula bekerja"
"there is much to be done"
"ada banyak yang perlu dilakukan"
"Kamala has died on the same bed on which my wife had died"
"Kamala telah meninggal dunia di atas katil yang sama di mana isteri saya telah meninggal dunia"
"Let us build Kamala's funeral pile on the hill"
"Mari kita bina timbunan pengebumian Kamala di atas bukit"
"the hill on which I my wife's funeral pile is"
"Bukit di mana saya menempatkan pengebumian isteri saya"
While the boy was still asleep, they built the funeral pile
Semasa budak itu masih tidur, mereka membina timbunan pengebumian

The Son
Anak

Timid and weeping, the boy had attended his mother's funeral
Penakut dan menangis, budak itu telah menghadiri pengebumian ibunya
gloomy and shy, he had listened to Siddhartha
muram dan malu, dia telah mendengar Siddhartha
Siddhartha greeted him as his son
Siddhartha menyambutnya sebagai anaknya
he welcomed him at his place in Vasudeva's hut
dia menyambutnya di tempatnya di pondok Vasudeva
Pale, he sat for many days by the hill of the dead
Pucat, dia duduk berhari-hari di tepi bukit orang mati
he did not want to eat
dia tidak mahu makan
he did not look at anyone
dia tidak memandang sesiapa pun
he did not open his heart
dia tidak membuka hatinya
he met his fate with resistance and denial
dia menemui nasibnya dengan tentangan dan penafian
Siddhartha spared giving him lessons
Siddhartha tidak memberinya pelajaran
and he let him do as he pleased
dan dia membiarkan dia melakukan sesuka hati
Siddhartha honoured his son's mourning
Siddhartha menghormati perkabungan anaknya
he understood that his son did not know him
dia faham bahawa anaknya tidak mengenalinya
he understood that he could not love him like a father
dia faham bahawa dia tidak boleh menyayanginya seperti seorang bapa
Slowly, he also understood that the eleven-year-old was a pampered boy

Perlahan-lahan dia juga faham bahawa kanak-kanak berusia sebelas tahun itu adalah budak manja
he saw that he was a mother's boy
dia melihat bahawa dia adalah anak lelaki ibu
he saw that he had grown up in the habits of rich people
dia melihat bahawa dia telah membesar dengan tabiat orang kaya
he was accustomed to finer food and a soft bed
dia terbiasa dengan makanan yang lebih halus dan katil yang empuk
he was accustomed to giving orders to servants
dia sudah biasa memberi perintah kepada hamba
the mourning child could not suddenly be content with a life among strangers
kanak-kanak yang sedang berduka itu tidak boleh tiba-tiba berpuas hati dengan kehidupan di kalangan orang asing
Siddhartha understood the pampered child would not willingly be in poverty
Siddhartha faham kanak-kanak yang dimanjakan itu tidak akan rela berada dalam kemiskinan
He did not force him to do these these things
Dia tidak memaksanya melakukan perkara-perkara ini
Siddhartha did many chores for the boy
Siddhartha melakukan banyak kerja untuk budak itu
he always saved the best piece of the meal for him
dia sentiasa menyimpan sekeping makanan yang terbaik untuknya
Slowly, he hoped to win him over, by friendly patience
Perlahan-lahan, dia berharap untuk memenanginya, dengan kesabaran yang mesra
Rich and happy, he had called himself, when the boy had come to him
Kaya dan gembira, dia telah memanggil dirinya sendiri, apabila budak itu datang kepadanya
Since then some time had passed
Sejak itu beberapa masa telah berlalu

but the boy remained a stranger and in a gloomy disposition
tetapi budak lelaki itu tetap orang asing dan dalam perangai yang muram
he displayed a proud and stubbornly disobedient heart
dia menunjukkan hati yang sombong dan degil ingkar
he did not want to do any work
dia tidak mahu melakukan apa-apa kerja
he did not pay his respect to the old men
dia tidak memberi penghormatan kepada orang tua
he stole from Vasudeva's fruit-trees
dia mencuri dari pokok buah-buahan Vasudeva
his son had not brought him happiness and peace
anaknya tidak membawa kebahagiaan dan kedamaian kepadanya
the boy had brought him suffering and worry
budak itu telah membawanya penderitaan dan kebimbangan
slowly Siddhartha began to understand this
perlahan-lahan Siddhartha mula memahami perkara ini
But he loved him regardless of the suffering he brought him
Tetapi dia menyayanginya tanpa mengira penderitaan yang dibawanya
he preferred the suffering and worries of love over happiness and joy without the boy
dia lebih suka penderitaan dan kebimbangan cinta daripada kebahagiaan dan kegembiraan tanpa budak lelaki itu
from when young Siddhartha was in the hut the old men had split the work
sejak Siddhartha muda berada di pondok orang tua telah membahagikan kerja
Vasudeva had again taken on the job of the ferryman
Vasudeva telah sekali lagi mengambil alih tugas sebagai pemandu feri
and Siddhartha, in order to be with his son, did the work in the hut and the field
dan Siddhartha, untuk bersama anaknya, melakukan kerja di pondok dan ladang

for long months Siddhartha waited for his son to understand him
Selama berbulan-bulan lamanya Siddhartha menunggu anaknya memahaminya
he waited for him to accept his love
dia menunggu dia menerima cintanya
and he waited for his son to perhaps reciprocate his love
dan dia menunggu anaknya mungkin membalas cintanya
For long months Vasudeva waited, watching
Selama berbulan-bulan lamanya Vasudeva menunggu, memerhati
he waited and said nothing
dia menunggu dan tidak berkata apa-apa
One day, young Siddhartha tormented his father very much
Pada suatu hari, Siddhartha muda sangat menyeksa ayahnya
he had broken both of his rice-bowls
dia telah memecahkan kedua-dua mangkuk nasinya
Vasudeva took his friend aside and talked to him
Vasudeva membawa rakannya ke tepi dan bercakap dengannya
"Pardon me," he said to Siddhartha
"Maafkan saya," katanya kepada Siddhartha
"from a friendly heart, I'm talking to you"
"dari hati yang mesra, saya bercakap dengan awak"
"I'm seeing that you are tormenting yourself"
"Saya nampak awak sedang menyeksa diri sendiri"
"I'm seeing that you're in grief"
"Saya nampak awak sedang bersedih"
"Your son, my dear, is worrying you"
"Anak awak, sayang saya, membimbangkan awak"
"and he is also worrying me"
"dan dia juga merisaukan saya"
"That young bird is accustomed to a different life"
"Burung muda itu sudah terbiasa dengan kehidupan yang berbeza"

"he is used to living in a different nest"
"dia sudah biasa tinggal di sarang yang berbeza"
"he has not, like you, run away from riches and the city"
"dia tidak, seperti kamu, lari dari kekayaan dan kota"
"he was not disgusted and fed up with the life in Sansara"
"dia tidak jijik dan muak dengan kehidupan di Sansara"
"he had to do all these things against his will"
"dia terpaksa melakukan semua perkara ini di luar kehendaknya"
"he had to leave all this behind"
"dia terpaksa meninggalkan semua ini"
"I asked the river, oh friend"
"Saya bertanya kepada sungai, oh kawan"
"many times I have asked the river"
"berkali-kali saya bertanya kepada sungai"
"But the river laughs at all of this"
"Tetapi sungai mentertawakan semua ini"
"it laughs at me and it laughs at you"
"ia ketawakan saya dan ia ketawakan awak"
"the river is shaking with laughter at our foolishness"
"Sungai bergegar dengan ketawa melihat kebodohan kami"
"Water wants to join water as youth wants to join youth"
"Air mahu menyertai air sebagaimana belia mahu menyertai belia"
"your son is not in the place where he can prosper"
"anak anda tidak berada di tempat di mana dia boleh berjaya"
"you too should ask the river"
"anda juga harus bertanya kepada sungai"
"you too should listen to it!"
"anda juga harus mendengarnya!"
Troubled, Siddhartha looked into his friendly face
Siddhartha bermasalah memandang wajah mesranya
he looked at the many wrinkles in which there was incessant cheerfulness
dia melihat kedutan yang banyak di dalamnya terdapat keceriaan yang tidak putus-putus

"How could I part with him?" he said quietly, ashamed
"Bagaimana saya boleh berpisah dengannya?" dia berkata perlahan, malu
"Give me some more time, my dear"
"Beri saya masa lagi, sayang"
"See, I'm fighting for him"
"Lihat, saya berjuang untuk dia"
"I'm seeking to win his heart"
"Saya sedang berusaha untuk memenangi hatinya"
"with love and with friendly patience I intend to capture it"
"dengan kasih sayang dan dengan kesabaran yang mesra saya berhasrat untuk menangkapnya"
"One day, the river shall also talk to him"
"Suatu hari nanti, sungai juga akan bercakap dengannya"
"he also is called upon"
"dia juga dipanggil"
Vasudeva's smile flourished more warmly
Senyuman Vasudeva berkembang lebih mesra
"Oh yes, he too is called upon"
"Oh ya, dia juga dipanggil"
"he too is of the eternal life"
"dia juga dari hidup yang kekal"
"But do we, you and me, know what he is called upon to do?"
"Tetapi adakah kita, anda dan saya, tahu apa yang dia perlu lakukan?"
"we know what path to take and what actions to perform"
"kami tahu jalan yang perlu diambil dan tindakan yang perlu dilakukan"
"we know what pain we have to endure"
"kita tahu kesakitan apa yang perlu kita tanggung"
"but does he know these things?"
"tetapi adakah dia tahu perkara ini?"
"Not a small one, his pain will be"
"Bukan kecil, sakitnya akan menjadi"
"after all, his heart is proud and hard"

"Lagipun, hatinya bangga dan keras"
"people like this have to suffer and err a lot"
"Orang seperti ini perlu menderita dan banyak melakukan kesilapan"
"they have to do much injustice"
"mereka perlu melakukan banyak ketidakadilan"
"and they have burden themselves with much sin"
"dan mereka telah membebani diri mereka dengan dosa yang banyak"
"Tell me, my dear," he asked of Siddhartha
"Beritahu saya, sayang saya," dia bertanya kepada Siddhartha
"you're not taking control of your son's upbringing?"
"kamu tidak mengawal didikan anak kamu?"
"You don't force him, beat him, or punish him?"
"Anda tidak memaksanya, memukulnya, atau menghukumnya?"
"No, Vasudeva, I don't do any of these things"
"Tidak, Vasudeva, saya tidak melakukan apa-apa perkara ini"
"I knew it. You don't force him"
"Saya tahu. Awak jangan paksa dia"
"you don't beat him and you don't give him orders"
"anda tidak memukulnya dan anda tidak memberinya arahan"
"because you know softness is stronger than hard"
"kerana kamu tahu kelembutan lebih kuat daripada keras"
"you know water is stronger than rocks"
"Anda tahu air lebih kuat daripada batu"
"and you know love is stronger than force"
"dan anda tahu cinta lebih kuat daripada paksaan"
"Very good, I praise you for this"
"Sangat bagus, saya memuji anda untuk ini"
"But aren't you mistaken in some way?"
"Tetapi adakah anda tidak tersilap dalam beberapa cara?"
"don't you think that you are forcing him?"
"Tidakkah anda fikir anda memaksanya?"
"don't you perhaps punish him a different way?"

"Tidakkah anda mungkin menghukum dia dengan cara yang berbeza?"
"Don't you shackle him with your love?"
"Awak tak belenggu dia dengan cinta awak?"
"Don't you make him feel inferior every day?"
"Awak tak buat dia rasa rendah diri setiap hari?"
"doesn't your kindness and patience make it even harder for him?"
"bukankah kebaikan dan kesabaranmu menyusahkan dia lagi?"
"aren't you forcing him to live in a hut with two old banana-eaters?"
"bukankah awak paksa dia tinggal di pondok bersama dua orang tua pemakan pisang?"
"old men to whom even rice is a delicacy"
"Orang tua yang walaupun nasi adalah makanan istimewa"
"old men whose thoughts can't be his"
"orang tua yang fikirannya tidak boleh menjadi miliknya"
"old men whose hearts are old and quiet"
"orang tua yang hatinya sudah tua dan tenang"
"old men whose hearts beat in a different pace than his"
"Orang tua yang jantungnya berdegup dengan kadar yang berbeza daripadanya"
"Isn't he forced and punished by all this?""
"Bukankah dia dipaksa dan dihukum dengan semua ini?""
Troubled, Siddhartha looked to the ground
Dengan risau, Siddhartha memandang ke tanah
Quietly, he asked, "What do you think should I do?"
Dengan senyap, dia bertanya, "Apa yang anda fikir harus saya lakukan?"
Vasudeva spoke, "Bring him into the city"
Vasudeva berkata, "Bawa dia ke kota"
"bring him into his mother's house"
"bawa dia masuk ke rumah ibunya"
"there'll still be servants around, give him to them"
"masih ada hamba di sekeliling, berikan dia kepada mereka"

"And if there aren't any servants, bring him to a teacher"
"Dan jika tidak ada hamba, bawalah dia kepada seorang guru"
"but don't bring him to a teacher for teachings' sake"
"tetapi jangan bawa dia kepada guru untuk tujuan pengajaran"
"bring him to a teacher so that he is among other children"
"bawa dia kepada guru supaya dia berada di kalangan kanak-kanak lain"
"and bring him to the world which is his own"
"dan bawa dia ke dunia miliknya"
"have you never thought of this?"
"Awak tak pernah terfikir ke ni?"
"you're seeing into my heart," Siddhartha spoke sadly
"Anda melihat ke dalam hati saya," Siddhartha bercakap dengan sedih
"Often, I have thought of this"
"Selalunya, saya terfikir perkara ini"
"but how can I put him into this world?"
"tetapi bagaimana saya boleh meletakkan dia ke dunia ini?"
"Won't he become exuberant?"
"Tidakkah dia menjadi bersemangat?"
"won't he lose himself to pleasure and power?"
"tidakkah dia akan kehilangan dirinya kepada kesenangan dan kuasa?"
"won't he repeat all of his father's mistakes?"
"takkan dia takkan ulang semua kesilapan ayah dia?"
"won't he perhaps get entirely lost in Sansara?"
"bukankah dia mungkin tersesat sepenuhnya di Sansara?"
Brightly, the ferryman's smile lit up
Terang, senyuman lelaki feri itu terpancar
softly, he touched Siddhartha's arm
lembut, dia menyentuh lengan Siddhartha
"Ask the river about it, my friend!"
"Tanya sungai tentang hal itu, kawan saya!"
"Hear the river laugh about it!"
"Dengar sungai ketawa tentangnya!"

"Would you actually believe that you had committed your foolish acts?
"Adakah anda benar-benar percaya bahawa anda telah melakukan perbuatan bodoh anda?

"in order to spare your son from committing them too"
"untuk menghindarkan anak anda daripada melakukannya juga"

"And could you in any way protect your son from Sansara?"
"Dan bolehkah kamu melindungi anak kamu daripada Sansara?"

"How could you protect him from Sansara?"
"Bagaimana kamu boleh melindungi dia daripada Sansara?"

"By means of teachings, prayer, admonition?"
"Dengan pengajaran, doa, nasihat?"

"My dear, have you entirely forgotten that story?"
"Sayang, adakah awak sudah lupa sama sekali cerita itu?"

"the story containing so many lessons"
"cerita yang mengandungi banyak pengajaran"

"the story about Siddhartha, a Brahman's son"
"kisah tentang Siddhartha, anak lelaki Brahman"

"the story which you once told me here on this very spot?"
"cerita yang pernah awak ceritakan kepada saya di sini di tempat ini?"

"Who has kept the Samana Siddhartha safe from Sansara?"
"Siapakah yang telah menyelamatkan Samana Siddhartha daripada Sansara?"

"who has kept him from sin, greed, and foolishness?"
"Siapakah yang telah memeliharanya daripada dosa, ketamakan, dan kebodohan?"

"Were his father's religious devotion able to keep him safe?
"Adakah ketaatan agama bapanya mampu menyelamatkannya?

"were his teacher's warnings able to keep him safe?"
"adakah amaran gurunya dapat memastikan dia selamat?"

"could his own knowledge keep him safe?"
"Adakah pengetahuannya sendiri dapat menyelamatkannya?"

"was his own search able to keep him safe?"
"Adakah pencariannya sendiri dapat memastikan dia selamat?"
"What father has been able to protect his son?"
"Ayah mana yang telah dapat melindungi anaknya?"
"what father could keep his son from living his life for himself?"
"Bapa mana yang boleh menghalang anaknya daripada menjalani hidupnya untuk dirinya sendiri?"
"what teacher has been able to protect his student?"
"guru apa yang telah dapat melindungi muridnya?"
"what teacher can stop his student from soiling himself with life?"
"guru mana yang boleh menghalang anak muridnya daripada mengotori dirinya dengan kehidupan?"
"who could stop him from burdening himself with guilt?"
"siapa yang boleh menghalang dia daripada membebankan dirinya dengan rasa bersalah?"
"who could stop him from drinking the bitter drink for himself?"
"siapa yang boleh menghalangnya daripada meminum minuman pahit itu untuk dirinya sendiri?"
"who could stop him from finding his path for himself?"
"siapa yang boleh menghalangnya daripada mencari jalan untuk dirinya sendiri?"
"did you think anybody could be spared from taking this path?"
"Adakah anda fikir sesiapa boleh terhindar daripada mengambil jalan ini?"
"did you think that perhaps your little son would be spared?"
"Adakah anda fikir mungkin anak kecil anda akan diselamatkan?"
"did you think your love could do all that?"
"Adakah anda fikir cinta anda boleh melakukan semua itu?"
"did you think your love could keep him from suffering"

"Adakah anda fikir cinta anda boleh menghalangnya daripada menderita"
"did you think your love could protect him from pain and disappointment?"
"Adakah anda fikir cinta anda boleh melindungi dia daripada kesakitan dan kekecewaan?
"you could die ten times for him"
"Anda boleh mati sepuluh kali untuknya"
"but you could take no part of his destiny upon yourself"
"tetapi anda tidak boleh mengambil sebahagian daripada takdirnya ke atas diri anda"
Never before, Vasudeva had spoken so many words
Tidak pernah sebelum ini, Vasudeva telah mengucapkan begitu banyak perkataan
Kindly, Siddhartha thanked him
Dengan hormat, Siddhartha mengucapkan terima kasih kepadanya
he went troubled into the hut
dia masuk ke dalam pondok

he could not sleep for a long time
dia tidak boleh tidur lama
Vasudeva had told him nothing he had not already thought and known
Vasudeva tidak memberitahunya apa-apa yang dia belum fikir dan ketahui
But this was a knowledge he could not act upon
Tetapi ini adalah pengetahuan yang dia tidak boleh bertindak
stronger than knowledge was his love for the boy
lebih kuat daripada pengetahuan adalah cintanya kepada budak itu
stronger than knowledge was his tenderness
lebih kuat daripada pengetahuan adalah kelembutannya
stronger than knowledge was his fear to lose him
lebih kuat daripada pengetahuan adalah ketakutannya untuk kehilangannya

had he ever lost his heart so much to something?
pernahkah dia kehilangan hatinya kepada sesuatu?
had he ever loved any person so blindly?
pernahkah dia mencintai mana-mana orang secara buta?
had he ever suffered for someone so unsuccessfully?
adakah dia pernah menderita untuk seseorang yang tidak berjaya?
had he ever made such sacrifices for anyone and yet been so unhappy?
pernahkah dia melakukan pengorbanan sebegitu untuk sesiapa namun begitu tidak berpuas hati?
Siddhartha could not heed his friend's advice
Siddhartha tidak dapat mengendahkan nasihat rakannya
he could not give up the boy
dia tidak boleh melepaskan budak itu
He let the boy give him orders
Dia membiarkan budak itu memberinya arahan
he let him disregard him
dia membiarkan dia tidak mempedulikannya
He said nothing and waited
Dia tidak berkata apa-apa dan menunggu
daily, he attempted the struggle of friendliness
setiap hari, dia mencuba perjuangan persahabatan
he initiated the silent war of patience
dia memulakan perang senyap kesabaran
Vasudeva also said nothing and waited
Vasudeva juga tidak berkata apa-apa dan menunggu
They were both masters of patience
Mereka berdua adalah ahli kesabaran

one time the boy's face reminded him very much of Kamala
Suatu ketika wajah budak lelaki itu mengingatkannya kepada Kamala
Siddhartha suddenly had to think of something Kamala had once said

Siddhartha tiba-tiba terpaksa memikirkan sesuatu yang pernah dikatakan oleh Kamala

"You cannot love" she had said to him
"Anda tidak boleh mencintai" katanya kepadanya
and he had agreed with her
dan dia telah bersetuju dengannya
and he had compared himself with a star
dan dia telah membandingkan dirinya dengan bintang
and he had compared the childlike people with falling leaves
dan dia telah membandingkan orang seperti kanak-kanak dengan daun yang gugur
but nevertheless, he had also sensed an accusation in that line
tetapi bagaimanapun, dia juga telah merasakan satu tuduhan dalam baris itu
Indeed, he had never been able to love
Sesungguhnya dia tidak pernah dapat mencintai
he had never been able to devote himself completely to another person
dia tidak pernah dapat mengabdikan dirinya sepenuhnya kepada orang lain
he had never been able to to forget himself
dia tidak pernah dapat melupakan dirinya
he had never been able to commit foolish acts for the love of another person
dia tidak pernah mampu melakukan perbuatan bodoh demi cinta orang lain
at that time it seemed to set him apart from the childlike people
pada masa itu ia seolah-olah membezakannya daripada orang-orang seperti kanak-kanak
But ever since his son was here, Siddhartha also become a childlike person
Tetapi sejak anaknya berada di sini, Siddhartha juga menjadi seorang yang seperti kanak-kanak

he was suffering for the sake of another person
dia menderita demi orang lain
he was loving another person
dia mencintai orang lain
he was lost to a love for someone else
dia hilang cinta pada orang lain
he had become a fool on account of love
dia telah menjadi bodoh kerana cinta
Now he too felt the strongest and strangest of all passions
Sekarang dia juga merasakan yang paling kuat dan paling aneh dari semua nafsu
he suffered from this passion miserably
dia mengalami keghairahan ini dengan teruk
and he was nevertheless in bliss
dan dia bagaimanapun berada dalam kebahagiaan
he was nevertheless renewed in one respect
dia bagaimanapun diperbaharui dalam satu aspek
he was enriched by this one thing
dia diperkaya dengan perkara yang satu ini
He sensed very well that this blind love for his son was a passion
Dia merasakan dengan baik bahawa cinta buta terhadap anaknya ini adalah keghairahan
he knew that it was something very human
dia tahu bahawa ia adalah sesuatu yang sangat manusiawi
he knew that it was Sansara
dia tahu bahawa itu adalah Sansara
he knew that it was a murky source, dark waters
dia tahu bahawa ia adalah sumber yang keruh, air yang gelap
but he felt it was not worthless, but necessary
tetapi dia merasakan ia tidak bernilai, tetapi perlu
it came from the essence of his own being
ia datang dari hakikat dirinya sendiri
This pleasure also had to be atoned for
Nikmat ini juga terpaksa ditebus
this pain also had to be endured

kesakitan ini juga terpaksa ditanggung
these foolish acts also had to be committed
perbuatan bodoh ini juga terpaksa dilakukan
Through all this, the son let him commit his foolish acts
Melalui semua ini, anak lelaki itu membiarkan dia melakukan perbuatan bodohnya
he let him court for his affection
dia membiarkan dia merayu kerana kasih sayangnya
he let him humiliate himself every day
dia membiarkan dia mengaibkan dirinya setiap hari
he gave in to the moods of his son
dia mengalah dengan perasaan anaknya
his father had nothing which could have delighted him
bapanya tidak mempunyai apa-apa yang boleh menggembirakannya
and he nothing that the boy feared
dan dia tiada apa yang ditakuti budak itu
He was a good man, this father
Dia seorang lelaki yang baik, bapa ini
he was a good, kind, soft man
dia seorang yang baik, baik, lembut
perhaps he was a very devout man
mungkin dia seorang yang sangat taat
perhaps he was a saint, the boy thought
mungkin dia seorang wali, fikir budak itu
but all these attributes could not win the boy over
tetapi semua sifat ini tidak dapat memenangkan budak itu
He was bored by this father, who kept him imprisoned
Dia bosan dengan bapa ini, yang membuatnya dipenjarakan
a prisoner in this miserable hut of his
seorang banduan di pondoknya yang malang ini
he was bored of him answering every naughtiness with a smile
dia bosan dengan dia menjawab setiap kenakalan dengan senyuman

he didn't appreciate insults being responded to by friendliness
dia tidak menghargai penghinaan yang dibalas dengan keramahan
he didn't like viciousness returned in kindness
dia tidak suka keganasan dibalas dengan kebaikan
this very thing was the hated trick of this old sneak
perkara ini adalah helah yang dibenci oleh penyeludupan lama ini
Much more the boy would have liked it if he had been threatened by him
Lebih-lebih lagi budak itu akan suka jika dia diugut olehnya
he wanted to be abused by him
dia mahu didera olehnya

A day came when young Siddhartha had had enough
Suatu hari datang ketika Siddhartha muda sudah cukup
what was on his mind came bursting forth
apa yang ada dalam fikirannya tercetus
and he openly turned against his father
dan dia secara terang-terangan menentang bapanya
Siddhartha had given him a task
Siddhartha telah memberinya tugas
he had told him to gather brushwood
dia telah menyuruhnya mengumpul kayu berus
But the boy did not leave the hut
Tetapi budak itu tidak meninggalkan pondok itu
in stubborn disobedience and rage, he stayed where he was
dalam ketidaktaatan dan kemarahan yang degil, dia tinggal di tempatnya
he thumped on the ground with his feet
dia menghentak tanah dengan kakinya
he clenched his fists and screamed in a powerful outburst
dia mengepal penumbuknya dan menjerit dengan kuat
he screamed his hatred and contempt into his father's face
dia menjerit kebencian dan penghinaan ke muka bapanya

"Get the brushwood for yourself!" he shouted, foaming at the mouth

"Dapatkan kayu berus itu untuk diri sendiri!" jeritnya sambil berbuih mulut

"I'm not your servant"

"Saya bukan hamba awak"

"I know that you won't hit me, you wouldn't dare"

"Saya tahu anda tidak akan memukul saya, anda tidak akan berani"

"I know that you constantly want to punish me"

"Saya tahu awak sentiasa mahu menghukum saya"

"you want to put me down with your religious devotion and your indulgence"

"kamu mahu merendahkan saya dengan ketaatan agama dan kepuasan kamu"

"You want me to become like you"

"Anda mahu saya menjadi seperti anda"

"you want me to be just as devout, soft, and wise as you"

"anda mahu saya menjadi sama taat, lembut, dan bijak seperti anda"

"but I won't do it, just to make you suffer"

"tetapi saya tidak akan melakukannya, hanya untuk membuat awak menderita"

"I would rather become a highway-robber than be as soft as you"

"Saya lebih suka menjadi perompak jalan raya daripada menjadi selembut awak"

"I would rather be a murderer than be as wise as you"

"Saya lebih suka menjadi pembunuh daripada menjadi bijak seperti kamu"

"I would rather go to hell, than to become like you!"

"Saya lebih suka pergi ke neraka, daripada menjadi seperti awak!"

"I hate you, you're not my father

"Saya benci awak, awak bukan ayah saya

"even if you've slept with my mother ten times, you are not my father!"
"Walaupun awak sudah sepuluh kali tidur dengan ibu saya, awak bukan ayah saya!"
Rage and grief boiled over in him
Rasa geram dan duka membuak-buak dalam dirinya
he foamed at his father in a hundred savage and evil words
dia berbuih kepada bapanya dengan seratus perkataan yang buas dan jahat
Then the boy ran away into the forest
Kemudian budak itu melarikan diri ke dalam hutan
it was late at night when the boy returned
dah lewat malam baru budak tu balik
But the next morning, he had disappeared
Tetapi keesokan paginya, dia telah hilang
What had also disappeared was a small basket
Yang turut hilang ialah bakul kecil
the basket in which the ferrymen kept those copper and silver coins
bakul tempat para feri menyimpan syiling tembaga dan perak itu
the coins which they received as a fare
syiling yang mereka terima sebagai tambang
The boat had also disappeared
Bot itu juga telah hilang
Siddhartha saw the boat lying by the opposite bank
Siddhartha melihat bot itu terletak di tepi tebing bertentangan
Siddhartha had been shivering with grief
Siddhartha telah menggigil kerana kesedihan
the ranting speeches the boy had made touched him
ucapan-ucapan kasar yang dibuat oleh budak lelaki itu menyentuhnya
"I must follow him," said Siddhartha
"Saya mesti mengikut dia," kata Siddhartha
"A child can't go through the forest all alone, he'll perish"

"Seorang kanak-kanak tidak boleh melalui hutan seorang diri, dia akan binasa"
"We must build a raft, Vasudeva, to get over the water"
"Kita mesti membina rakit, Vasudeva, untuk mengatasi air"
"We will build a raft" said Vasudeva
"Kami akan membina rakit" kata Vasudeva
"we will build it to get our boat back"
"kami akan membinanya untuk mendapatkan bot kami kembali"
"But you shall not run after your child, my friend"
"Tetapi kamu jangan mengejar anakmu, kawanku"
"he is no child anymore"
"dia bukan anak lagi"
"he knows how to get around"
"dia tahu bagaimana untuk berkeliling"
"He's looking for the path to the city"
"Dia sedang mencari jalan ke bandar"
"and he is right, don't forget that"
"dan dia betul, jangan lupa itu"
"he's doing what you've failed to do yourself"
"dia melakukan apa yang anda gagal lakukan sendiri"
"he's taking care of himself"
"dia menjaga dirinya"
"he's taking his course for himself"
"dia mengambil kursus untuk dirinya sendiri"
"Alas, Siddhartha, I see you suffering"
"Aduhai, Siddhartha, saya melihat awak menderita"
"but you're suffering a pain at which one would like to laugh"
"tetapi anda mengalami kesakitan yang mana seseorang ingin ketawa"
"you're suffering a pain at which you'll soon laugh yourself"
"Anda mengalami kesakitan yang mana anda akan ketawa sendiri"
Siddhartha did not answer his friend
Siddhartha tidak menjawab kawannya

He already held the axe in his hands
Dia sudah memegang kapak di tangannya
and he began to make a raft of bamboo
dan dia mula membuat rakit daripada buluh
Vasudeva helped him to tie the canes together with ropes of grass
Vasudeva membantunya mengikat tongkat bersama-sama dengan tali rumput
When they crossed the river they drifted far off their course
Apabila mereka menyeberangi sungai mereka hanyut jauh dari laluan mereka
they pulled the raft upriver on the opposite bank
mereka menarik rakit ke hulu sungai di tebing bertentangan
"Why did you take the axe along?" asked Siddhartha
"Kenapa awak bawa kapak itu bersama?" tanya Siddhartha
"It might have been possible that the oar of our boat got lost"
"Mungkin mungkin dayung bot kami hilang"
But Siddhartha knew what his friend was thinking
Tetapi Siddhartha tahu apa yang difikirkan oleh rakannya
He thought, the boy would have thrown away the oar
Dia fikir, budak itu akan membuang dayung itu
in order to get some kind of revenge
untuk membalas dendam
and in order to keep them from following him
dan untuk menghalang mereka daripada mengikutinya
And in fact, there was no oar left in the boat
Dan sebenarnya, tidak ada dayung yang tinggal di dalam bot
Vasudeva pointed to the bottom of the boat
Vasudeva menunjuk ke bahagian bawah bot
and he looked at his friend with a smile
dan dia memandang rakannya dengan senyuman
he smiled as if he wanted to say something
dia tersenyum seperti ingin berkata sesuatu
"Don't you see what your son is trying to tell you?"
"Tidakkah kamu nampak apa yang anak kamu cuba sampaikan kepada kamu?"

"Don't you see that he doesn't want to be followed?"
"Awak nampak tak dia tak nak ikut?"
But he did not say this in words
Tetapi dia tidak mengatakan ini dengan kata-kata
He started making a new oar
Dia mula membuat dayung baru
But Siddhartha bid his farewell, to look for the run-away
Tetapi Siddhartha mengucapkan selamat tinggal, untuk mencari pelarian
Vasudeva did not stop him from looking for his child
Vasudeva tidak menghalangnya daripada mencari anaknya

Siddhartha had been walking through the forest for a long time
Siddhartha telah berjalan melalui hutan untuk masa yang lama
the thought occurred to him that his search was useless
terfikir bahawa pencariannya tidak berguna
Either the boy was far ahead and had already reached the city
Sama ada budak itu jauh di hadapan dan sudah sampai ke bandar
or he would conceal himself from him
atau dia akan menyembunyikan dirinya daripadanya
he continued thinking about his son
dia terus memikirkan tentang anaknya
he found that he was not worried for his son
dia mendapati bahawa dia tidak bimbang untuk anaknya
he knew deep inside that he had not perished
dia tahu jauh di dalam hati bahawa dia tidak binasa
nor was he in any danger in the forest
dan dia juga tidak berada dalam bahaya di dalam hutan
Nevertheless, he ran without stopping
Namun begitu, dia berlari tanpa henti
he was not running to save him
dia tidak berlari untuk menyelamatkannya

he was running to satisfy his desire
dia berlari untuk memenuhi keinginannya
he wanted to perhaps see him one more time
dia mungkin mahu berjumpa dengannya sekali lagi
And he ran up to just outside of the city
Dan dia berlari ke luar bandar
When, near the city, he reached a wide road
Apabila, berhampiran bandar, dia sampai ke jalan yang luas
he stopped, by the entrance of the beautiful pleasure-garden
dia berhenti, dengan pintu masuk taman keseronokan yang indah
the garden which used to belong to Kamala
taman yang dahulunya milik Kamala
the garden where he had seen her for the first time
taman tempat dia melihatnya buat kali pertama
when she was sitting in her sedan-chair
ketika dia duduk di kerusi sedannya
The past rose up in his soul
Masa lalu bangkit dalam jiwanya
again, he saw himself standing there
sekali lagi, dia melihat dirinya berdiri di situ
a young, bearded, naked Samana
seorang Samana muda, berjanggut, telanjang
his hair hair was full of dust
rambutnya penuh dengan habuk
For a long time, Siddhartha stood there
Untuk masa yang lama, Siddhartha berdiri di sana
he looked through the open gate into the garden
dia melihat melalui pintu pagar yang terbuka ke dalam taman
he saw monks in yellow robes walking among the beautiful trees
dia melihat rahib berjubah kuning berjalan di antara pokok-pokok yang indah
For a long time, he stood there, pondering
Lama dia berdiri di situ sambil merenung
he saw images and listened to the story of his life

dia melihat imej dan mendengar kisah hidupnya
For a long time, he stood there looking at the monks
Untuk masa yang lama, dia berdiri di sana sambil melihat para bhikkhu
he saw young Siddhartha in their place
dia melihat Siddhartha muda di tempat mereka
he saw young Kamala walking among the high trees
dia melihat Kamala muda berjalan di antara pokok yang tinggi
Clearly, he saw himself being served food and drink by Kamala
Jelas, dia melihat dirinya dihidangkan makanan dan minuman oleh Kamala
he saw himself receiving his first kiss from her
dia melihat dirinya menerima ciuman pertama daripadanya
he saw himself looking proudly and disdainfully back on his life as a Brahman
dia melihat dirinya memandang dengan bangga dan menghina kehidupannya sebagai seorang Brahman
he saw himself beginning his worldly life, proudly and full of desire
dia melihat dirinya memulakan kehidupan dunianya, dengan bangga dan penuh keinginan
He saw Kamaswami, the servants, the orgies
Dia melihat Kamaswami, para pelayan, pesta pora
he saw the gamblers with the dice
dia melihat penjudi dengan dadu
he saw Kamala's song-bird in the cage
dia melihat burung nyanyian Kamala di dalam sangkar
he lived through all this again
dia mengharungi semua ini semula
he breathed Sansara and was once again old and tired
dia menghembuskan nafas Sansara dan sekali lagi tua dan letih
he felt the disgust and the wish to annihilate himself again

dia merasakan rasa jijik dan keinginan untuk memusnahkan dirinya semula
and he was healed again by the holy Om
dan dia disembuhkan semula oleh Om yang kudus
for a long time Siddhartha had stood by the gate
untuk masa yang lama Siddhartha berdiri di tepi pintu
he realised his desire was foolish
dia menyedari keinginannya itu bodoh
he realized it was foolishness which had made him go up to this place
dia sedar adalah kebodohan yang menyebabkan dia pergi ke tempat ini
he realized he could not help his son
dia sedar dia tidak dapat menolong anaknya
and he realized that he was not allowed to cling to him
dan dia sedar bahawa dia tidak dibenarkan berpaut kepadanya
he felt the love for the run-away deeply in his heart
dia merasakan cinta untuk melarikan diri jauh di dalam hatinya
the love for his son felt like a wound
kasih sayang terhadap anaknya itu terasa seperti luka
but this wound had not been given to him in order to turn the knife in it
tetapi luka ini tidak diberikan kepadanya untuk memusingkan pisau di dalamnya
the wound had to become a blossom
luka itu terpaksa menjadi bunga
and his wound had to shine
dan lukanya terpaksa bersinar
That this wound did not blossom or shine yet made him sad
Bahawa luka ini tidak berbunga atau bersinar lagi membuatkan dia sedih
Instead of the desired goal, there was emptiness
Daripada matlamat yang diingini, terdapat kekosongan
emptiness had drawn him here, and sadly he sat down

kekosongan telah menarik dia ke sini, dan malangnya dia duduk
he felt something dying in his heart
dia merasakan ada sesuatu yang mati di dalam hatinya
he experienced emptiness and saw no joy any more
dia mengalami kekosongan dan tidak melihat kegembiraan lagi
there was no goal for which to aim for
tiada matlamat yang hendak disasarkan
He sat lost in thought and waited
Dia duduk termenung dan menunggu
This he had learned by the river
Ini dia pelajari di tepi sungai
waiting, having patience, listening attentively
menunggu, mempunyai kesabaran, mendengar dengan penuh perhatian
And he sat and listened, in the dust of the road
Dan dia duduk dan mendengar, dalam debu jalan
he listened to his heart, beating tiredly and sadly
dia mendengar kata hatinya, berdegup kepenatan dan sedih
and he waited for a voice
dan dia menunggu suara
Many an hour he crouched, listening
Berjam-jam dia membongkok, mendengar
he saw no images any more
dia tidak melihat imej lagi
he fell into emptiness and let himself fall
dia jatuh ke dalam kekosongan dan membiarkan dirinya jatuh
he could see no path in front of him
dia tidak dapat melihat laluan di hadapannya
And when he felt the wound burning, he silently spoke the Om
Dan apabila dia merasakan luka itu terbakar, dia secara senyap bercakap Om
he filled himself with Om
dia mengisi dirinya dengan Om

The monks in the garden saw him
Para bhikkhu di taman melihatnya
dust was gathering on his gray hair
habuk berkumpul di rambut ubannya
since he crouched for many hours, one of monks placed two bananas in front of him
sejak dia merengkok berjam-jam, salah seorang rahib meletakkan dua pisang di hadapannya
The old man did not see him
Orang tua itu tidak melihatnya

From this petrified state, he was awoken by a hand touching his shoulder
Dari keadaan yang membatu ini, dia dikejutkan oleh tangan yang menyentuh bahunya
Instantly, he recognised this tender bashful touch
Serta-merta, dia mengenali sentuhan malu yang lembut ini
Vasudeva had followed him and waited
Vasudeva telah mengikutinya dan menunggu
he regained his senses and rose to greet Vasudeva
dia kembali sedar dan bangkit untuk menyambut Vasudeva
he looked into Vasudeva's friendly face
dia memandang wajah mesra Vasudeva
he looked into the small wrinkles
dia melihat ke dalam kedutan kecil
his wrinkles were as if they were filled with nothing but his smile
kedutannya seolah-olah dipenuhi dengan apa-apa selain senyumannya
he looked into the happy eyes, and then he smiled too
dia melihat ke dalam mata gembira, dan kemudian dia tersenyum juga
Now he saw the bananas lying in front of him
Kini dia ternampak pisang terhampar di hadapannya
he picked the bananas up and gave one to the ferryman

dia mengambil pisang itu dan memberikannya kepada tukang feri

After eating the bananas, they silently went back into the forest

Selepas makan pisang, mereka senyap masuk semula ke dalam hutan

they returned home to the ferry

mereka pulang ke rumah menaiki feri

Neither one talked about what had happened that day

Tidak ada yang bercakap tentang apa yang berlaku pada hari itu

neither one mentioned the boy's name

tiada seorang pun yang menyebut nama budak itu

neither one spoke about him running away

tiada seorang pun bercakap tentang dia melarikan diri

neither one spoke about the wound

tiada seorang pun bercakap tentang luka itu

In the hut, Siddhartha lay down on his bed

Di pondok itu, Siddhartha berbaring di atas katilnya

after a while Vasudeva came to him

selepas beberapa ketika Vasudeva datang kepadanya

he offered him a bowl of coconut-milk

dia menawarkan semangkuk santan kepadanya

but he was already asleep

tetapi dia sudah tidur

Om

For a long time the wound continued to burn
Lama-lama luka itu terus melecur
Siddhartha had to ferry many travellers across the river
Siddhartha terpaksa mengangkut ramai pengembara menyeberangi sungai
many of the travellers were accompanied by a son or a daughter
ramai pengembara ditemani oleh anak lelaki atau perempuan
and he saw none of them without envying them
dan dia tidak melihat seorang pun daripada mereka tanpa iri hati kepada mereka
he couldn't see them without thinking about his lost son
dia tidak dapat melihat mereka tanpa memikirkan anaknya yang hilang
"So many thousands possess the sweetest of good fortunes"
"Beribu-ribu orang memiliki keberuntungan yang paling manis"
"why don't I also possess this good fortune?"
"mengapa saya tidak juga memiliki nasib baik ini?"
"even thieves and robbers have children and love them"
"Pencuri dan perompak pun mempunyai anak dan menyayangi mereka"
"and they are being loved by their children"
"dan mereka disayangi oleh anak-anak mereka"
"all are loved by their children except for me"
"semua disayangi oleh anak-anak mereka kecuali saya"
he now thought like the childlike people, without reason
dia kini berfikir seperti orang kanak-kanak, tanpa sebab
he had become one of the childlike people
dia telah menjadi salah seorang yang seperti kanak-kanak
he looked upon people differently than before
dia memandang orang lain daripada sebelumnya
he was less smart and less proud of himself
dia kurang cerdik dan kurang berbangga dengan dirinya

but instead, he was warmer and more curious
tetapi sebaliknya, dia lebih hangat dan lebih ingin tahu
when he ferried travellers, he was more involved than before
apabila dia mengangkut pengembara, dia lebih terlibat daripada sebelumnya
childlike people, businessmen, warriors, women
orang seperti kanak-kanak, ahli perniagaan, pahlawan, wanita
these people did not seem alien to him, as they used to
orang-orang ini tidak kelihatan asing baginya, seperti dahulu
he understood them and shared their life
dia memahami mereka dan berkongsi kehidupan mereka
a life which was not guided by thoughts and insight
kehidupan yang tidak dipandu oleh pemikiran dan wawasan
but a life guided solely by urges and wishes
tetapi kehidupan yang dipandu semata-mata oleh desakan dan keinginan
he felt like the the childlike people
dia berasa seperti orang seperti kanak-kanak
he was bearing his final wound
dia menanggung luka terakhirnya
he was nearing perfection
dia menghampiri kesempurnaan
but the childlike people still seemed like his brothers
tetapi orang-orang seperti kanak-kanak masih kelihatan seperti saudara-saudaranya
their vanities, desires for possession were no longer ridiculous to him
kesombongan mereka, keinginan untuk memiliki tidak lagi mengarut baginya
they became understandable and lovable
mereka menjadi mudah difahami dan disayangi
they even became worthy of veneration to him
mereka bahkan menjadi layak dihormati kepadanya
The blind love of a mother for her child
Kasih buta seorang ibu terhadap anaknya

the stupid, blind pride of a conceited father for his only son
kebanggaan bodoh dan buta seorang bapa yang sombong terhadap anak lelaki tunggalnya
the blind, wild desire of a young, vain woman for jewellery
keinginan buta dan liar seorang wanita muda yang sia-sia untuk barang kemas
her wish for admiring glances from men
keinginannya untuk mengagumi pandangan daripada lelaki
all of these simple urges were not childish notions
semua desakan mudah ini bukanlah tanggapan kebudak-budakan
but they were immensely strong, living, and prevailing urges
tetapi mereka sangat kuat, hidup, dan desakan yang berlaku
he saw people living for the sake of their urges
dia melihat orang hidup untuk kepentingan desakan mereka
he saw people achieving rare things for their urges
dia melihat orang mencapai perkara yang jarang berlaku untuk desakan mereka
travelling, conducting wars, suffering
mengembara, melakukan peperangan, penderitaan
they bore an infinite amount of suffering
mereka menanggung penderitaan yang tidak terhingga
and he could love them for it, because he saw life
dan dia boleh mengasihi mereka untuk itu, kerana dia melihat kehidupan
that what is alive was in each of their passions
bahawa apa yang hidup ada dalam setiap nafsu mereka
that what is is indestructible was in their urges, the Brahman
bahawa apa yang tidak dapat dihancurkan adalah dalam desakan mereka, Brahman
these people were worthy of love and admiration
orang-orang ini layak dicintai dan dikagumi
they deserved it for their blind loyalty and blind strength
mereka berhak mendapatnya kerana kesetiaan buta dan kekuatan buta mereka

there was nothing that they lacked
tiada apa yang mereka kurang
Siddhartha had nothing which would put him above the rest, except one thing
Siddhartha tidak mempunyai apa-apa yang akan meletakkan dia di atas yang lain, kecuali satu perkara
there still was a small thing he had which they didn't
masih ada perkara kecil yang dia ada yang tidak mereka miliki
he had the conscious thought of the oneness of all life
dia mempunyai pemikiran sedar tentang kesatuan semua kehidupan
but Siddhartha even doubted whether this knowledge should be valued so highly
tetapi Siddhartha malah meragui sama ada ilmu ini patut dihargai dengan begitu tinggi
it might also be a childish idea of the thinking people
ia juga mungkin idea kebudak-budakan orang yang berfikir
the worldly people were of equal rank to the wise men
orang-orang duniawi adalah setaraf dengan orang-orang bijak
animals too can in some moments seem to be superior to humans
haiwan juga pada beberapa ketika kelihatan lebih hebat daripada manusia
they are superior in their tough, unrelenting performance of what is necessary
mereka lebih unggul dalam prestasi yang sukar dan tidak putus-putus daripada apa yang diperlukan
an idea slowly blossomed in Siddhartha
idea perlahan-lahan berkembang di Siddhartha
and the idea slowly ripened in him
dan idea itu perlahan-lahan matang dalam dirinya
he began to see what wisdom actually was
dia mula nampak apa hikmah sebenarnya
he saw what the goal of his long search was
dia melihat apakah matlamat pencariannya yang lama

his search was nothing but a readiness of the soul
pencariannya tidak lain hanyalah kesediaan jiwa
a secret art to think every moment, while living his life
seni rahsia untuk berfikir setiap saat, semasa menjalani hidupnya
it was the thought of oneness
ia adalah pemikiran kesatuan
to be able to feel and inhale the oneness
untuk dapat merasakan dan menghirup keesaan
Slowly this awareness blossomed in him
Perlahan-lahan kesedaran ini mekar dalam dirinya
it was shining back at him from Vasudeva's old, childlike face
itu bersinar kembali kepadanya dari wajah tua Vasudeva seperti kanak-kanak
harmony and knowledge of the eternal perfection of the world
keharmonian dan pengetahuan tentang kesempurnaan abadi dunia
smiling and to be part of the oneness
tersenyum dan menjadi sebahagian daripada kesatuan
But the wound still burned
Tetapi luka itu masih melecur
longingly and bitterly Siddhartha thought of his son
Dengan rasa rindu dan pahit Siddhartha memikirkan anaknya
he nurtured his love and tenderness in his heart
dia menyuburkan cinta dan kelembutan di dalam hatinya
he allowed the pain to gnaw at him
dia membiarkan kesakitan itu menggigitnya
he committed all foolish acts of love
dia melakukan semua tindakan cinta yang bodoh
this flame would not go out by itself
api ini tidak akan padam dengan sendirinya

one day the wound burned violently
satu hari luka itu melecur dengan kuat

driven by a yearning, Siddhartha crossed the river
didorong oleh kerinduan, Siddhartha menyeberangi sungai
he got off the boat and was willing to go to the city
dia turun dari perahu dan sanggup pergi ke kota
he wanted to look for his son again
dia mahu mencari anaknya semula
The river flowed softly and quietly
Sungai itu mengalir dengan lembut dan senyap
it was the dry season, but its voice sounded strange
ia adalah musim kemarau, tetapi suaranya kedengaran pelik
it was clear to hear that the river laughed
jelas kedengaran sungai itu ketawa
it laughed brightly and clearly at the old ferryman
ia ketawa dengan terang dan jelas kepada lelaki feri tua itu
he bent over the water, in order to hear even better
dia membongkok di atas air, untuk mendengar lebih baik
and he saw his face reflected in the quietly moving waters
dan dia melihat wajahnya dipantulkan dalam air yang bergerak dengan tenang
in this reflected face there was something
dalam wajah yang dipantulkan ini ada sesuatu
something which reminded him, but he had forgotten
sesuatu yang mengingatkannya, tetapi dia terlupa
as he thought about it, he found it
semasa dia memikirkannya, dia mendapatinya
this face resembled another face which he used to know and love
wajah ini menyerupai wajah lain yang pernah dikenali dan dicintainya
but he also used to fear this face
tetapi dia juga pernah takut dengan wajah ini
It resembled his father's face, the Brahman
Ia menyerupai wajah bapanya, Brahman
he remembered how he had forced his father to let him go
dia teringat bagaimana dia telah memaksa ayahnya untuk melepaskannya

he remembered how he had bid his farewell to him
dia teringat bagaimana dia mengucapkan selamat tinggal kepadanya
he remembered how he had gone and had never come back
dia teringat bagaimana dia telah pergi dan tidak pernah kembali
Had his father not also suffered the same pain for him?
Bukankah ayahnya juga mengalami kesakitan yang sama untuknya?
was his father's pain not the pain Siddhartha is suffering now?
adakah kesakitan ayahnya bukan kesakitan yang dialami Siddhartha sekarang?
Had his father not long since died?
Adakah ayahnya tidak lama meninggal dunia?
had he died without having seen his son again?
adakah dia mati tanpa melihat anaknya lagi?
Did he not have to expect the same fate for himself?
Adakah dia tidak perlu mengharapkan nasib yang sama untuk dirinya sendiri?
Was it not a comedy in a fateful circle?
Adakah ia bukan komedi dalam kalangan yang menentukan?
The river laughed about all of this
Sungai ketawa tentang semua ini
everything came back which had not been suffered
segalanya kembali yang tidak dideritai
everything came back which had not been solved
semuanya kembali yang tidak dapat diselesaikan
the same pain was suffered over and over again
sakit yang sama dideritai berulang kali
Siddhartha went back into the boat
Siddhartha kembali ke dalam bot
and he returned back to the hut
dan dia kembali semula ke pondok
he was thinking of his father and of his son
dia memikirkan ayahnya dan anaknya

he thought of having been laughed at by the river
dia fikir telah ditertawakan oleh sungai
he was at odds with himself and tending towards despair
dia bertentangan dengan dirinya dan cenderung ke arah putus asa
but he was also tempted to laugh
tetapi dia juga tergoda untuk ketawa
he could laugh at himself and the entire world
dia boleh mentertawakan dirinya dan seluruh dunia
Alas, the wound was not blossoming yet
Aduh, luka belum kembang lagi
his heart was still fighting his fate
hatinya masih melawan nasib
cheerfulness and victory were not yet shining from his suffering
keceriaan dan kemenangan masih belum terpancar dari penderitaannya
Nevertheless, he felt hope along with the despair
Namun begitu, dia merasakan harapan bersama dengan keputusasaan
once he returned to the hut he felt an undefeatable desire to open up to Vasudeva
sebaik dia kembali ke pondok dia merasakan keinginan yang tidak dapat dikalahkan untuk membuka diri kepada Vasudeva
he wanted to show him everything
dia mahu menunjukkan kepadanya segala-galanya
he wanted to say everything to the master of listening
dia ingin mengatakan segala-galanya kepada tuan mendengar

Vasudeva was sitting in the hut, weaving a basket
Vasudeva sedang duduk di pondok, menganyam bakul
He no longer used the ferry-boat
Dia tidak lagi menggunakan bot feri
his eyes were starting to get weak
matanya mula lemah

his arms and hands were getting weak as well
lengan dan tangannya juga semakin lemah
only the joy and cheerful benevolence of his face was unchanging
hanya kegembiraan dan kebaikan wajahnya yang tidak berubah
Siddhartha sat down next to the old man
Siddhartha duduk di sebelah lelaki tua itu
slowly, he started talking about what they had never spoke about
perlahan-lahan, dia mula bercakap tentang apa yang mereka tidak pernah bercakap tentang
he told him of his walk to the city
dia memberitahunya tentang perjalanannya ke bandar
he told at him of the burning wound
dia memberitahunya tentang luka yang terbakar itu
he told him about the envy of seeing happy fathers
dia memberitahunya tentang iri hati melihat bapa gembira
his knowledge of the foolishness of such wishes
pengetahuannya tentang kebodohan keinginan tersebut
his futile fight against his wishes
perjuangannya yang sia-sia terhadap kehendaknya
he was able to say everything, even the most embarrassing parts
dia mampu mengatakan segala-galanya, walaupun bahagian yang paling memalukan
he told him everything he could tell him
dia memberitahu dia semua yang dia boleh beritahu dia
he showed him everything he could show him
dia menunjukkan kepadanya segala yang dia boleh tunjukkan kepadanya
He presented his wound to him
Dia menghadiahkan lukanya kepadanya
he also told him how he had fled today
dia juga memberitahunya bagaimana dia melarikan diri hari ini

he told him how he ferried across the water
dia memberitahunya bagaimana dia menyeberangi air
a childish run-away, willing to walk to the city
pelarian kanak-kanak, sanggup berjalan kaki ke bandar
and he told him how the river had laughed
dan dia memberitahunya bagaimana sungai itu ketawa
he spoke for a long time
dia bercakap untuk masa yang lama
Vasudeva was listening with a quiet face
Vasudeva mendengar dengan wajah yang tenang
Vasudeva's listening gave Siddhartha a stronger sensation than ever before
Pendengaran Vasudeva memberi Siddhartha sensasi yang lebih kuat daripada sebelumnya
he sensed how his pain and fears flowed over to him
dia merasakan bagaimana kesakitan dan ketakutannya mengalir kepadanya
he sensed how his secret hope flowed over him
dia merasakan bagaimana harapan rahsianya mengalir ke atas dirinya
To show his wound to this listener was the same as bathing it in the river
Untuk menunjukkan lukanya kepada pendengar ini adalah sama seperti mandi di sungai
the river would have cooled Siddhartha's wound
sungai itu akan menyejukkan luka Siddhartha
the quiet listening cooled Siddhartha's wound
pendengaran yang tenang menyejukkan luka Siddhartha
it cooled him until he become one with the river
ia menyejukkan dia sehingga dia menjadi satu dengan sungai
While he was still speaking, still admitting and confessing
Semasa dia masih bercakap, masih mengaku dan mengaku
Siddhartha felt more and more that this was no longer Vasudeva
Siddhartha semakin merasakan bahawa ini bukan lagi Vasudeva

it was no longer a human being who was listening to him
bukan lagi manusia yang mendengarnya
this motionless listener was absorbing his confession into himself
pendengar yang tidak bergerak ini menyerap pengakuannya ke dalam dirinya
this motionless listener was like a tree the rain
pendengar yang tidak bergerak ini adalah seperti pokok hujan
this motionless man was the river itself
lelaki yang tidak bergerak ini adalah sungai itu sendiri
this motionless man was God himself
lelaki yang tidak bergerak ini adalah Tuhan sendiri
the motionless man was the eternal itself
lelaki yang tidak bergerak itu sendiri yang kekal
Siddhartha stopped thinking of himself and his wound
Siddhartha berhenti memikirkan dirinya dan lukanya
this realisation of Vasudeva's changed character took possession of him
kesedaran tentang perubahan watak Vasudeva ini menguasai dirinya
and the more he entered into it, the less wondrous it became
dan semakin dia masuk ke dalamnya, semakin tidak menakjubkan itu
the more he realised that everything was in order and natural
semakin dia menyedari bahawa segala-galanya adalah teratur dan semula jadi
he realised that Vasudeva had already been like this for a long time
dia sedar bahawa Vasudeva sudah lama begini
he had just not quite recognised it yet
dia baru sahaja tidak mengenalinya lagi
yes, he himself had almost reached the same state
ya, dia sendiri hampir sampai ke negeri yang sama
He felt, that he was now seeing old Vasudeva as the people see the gods

Dia merasakan, bahawa dia kini melihat Vasudeva tua seperti orang melihat dewa-dewa

and he felt that this could not last

dan dia merasakan bahawa ini tidak boleh bertahan

in his heart, he started bidding his farewell to Vasudeva

dalam hatinya, dia mula mengucapkan selamat tinggal kepada Vasudeva

Throughout all this, he talked incessantly

Sepanjang semua ini, dia bercakap tanpa henti

When he had finished talking, Vasudeva turned his friendly eyes at him

Apabila dia selesai bercakap, Vasudeva mengalihkan pandangannya yang mesra kepadanya

the eyes which had grown slightly weak

mata yang telah menjadi lemah sedikit

he said nothing, but let his silent love and cheerfulness shine

dia tidak berkata apa-apa, tetapi biarkan cinta senyap dan keceriaannya bersinar

his understanding and knowledge shone from him

kefahaman dan ilmunya terpancar daripadanya

He took Siddhartha's hand and led him to the seat by the bank

Dia mengambil tangan Siddhartha dan membawanya ke tempat duduk di tepi bank

he sat down with him and smiled at the river

dia duduk bersamanya dan tersenyum ke arah sungai

"You've heard it laugh," he said

"Anda pernah mendengarnya ketawa," katanya

"But you haven't heard everything"

"Tetapi awak tidak mendengar semuanya"

"Let's listen, you'll hear more"

"Mari dengar, anda akan mendengar lebih banyak lagi"

Softly sounded the river, singing in many voices

Kedengaran lembut sungai, menyanyi dengan banyak suara

Siddhartha looked into the water

Siddhartha melihat ke dalam air
images appeared to him in the moving water
imej kelihatan kepadanya di dalam air yang bergerak
his father appeared, lonely and mourning for his son
bapanya muncul, kesepian dan berkabung untuk anaknya
he himself appeared in the moving water
dia sendiri muncul di dalam air yang bergerak
he was also being tied with the bondage of yearning to his distant son
dia juga sedang diikat dengan ikatan kerinduan kepada anaknya yang jauh
his son appeared, lonely as well
anaknya muncul, kesepian juga
the boy, greedily rushing along the burning course of his young wishes
budak lelaki itu, dengan rakus bergegas sepanjang perjalanan yang membakar hasrat mudanya
each one was heading for his goal
masing-masing menuju ke matlamatnya
each one was obsessed by the goal
masing-masing taksub dengan matlamat
each one was suffering from the pursuit
masing-masing menderita kerana mengejar
The river sang with a voice of suffering
Sungai bernyanyi dengan suara penderitaan
longingly it sang and flowed towards its goal
dengan rindu ia menyanyi dan mengalir ke arah tujuannya
"Do you hear?" Vasudeva asked with a mute gaze
"Awak dengar tak?" Vasudeva bertanya dengan pandangan bisu
Siddhartha nodded in reply
Siddhartha mengangguk sebagai jawapan
"Listen better!" Vasudeva whispered
"Dengar lebih baik!" bisik Vasudeva
Siddhartha made an effort to listen better
Siddhartha berusaha untuk mendengar dengan lebih baik

The image of his father appeared
Imej bapanya muncul
his own image merged with his father's
imejnya sendiri bergabung dengan bapanya
the image of his son merged with his image
imej anaknya bergabung dengan imejnya
Kamala's image also appeared and was dispersed
Imej Kamala juga muncul dan tersebar
and the image of Govinda, and other images
dan imej Govinda, dan imej lain
and all the imaged merged with each other
dan semua imej digabungkan antara satu sama lain
all the imaged turned into the river
semua gambar bertukar menjadi sungai
being the river, they all headed for the goal
sebagai sungai, mereka semua menuju ke matlamat
longing, desiring, suffering flowed together
kerinduan, keinginan, penderitaan mengalir bersama
and the river's voice sounded full of yearning
dan suara sungai itu kedengaran penuh kerinduan
the river's voice was full of burning woe
suara sungai itu penuh dengan celaka yang membara
the river's voice was full of unsatisfiable desire
suara sungai penuh dengan keinginan yang tidak memuaskan
For the goal, the river was heading
Untuk gol, sungai sedang menuju
Siddhartha saw the river hurrying towards its goal
Siddhartha melihat sungai itu bergegas ke arah tujuannya
the river of him and his loved ones and of all people he had ever seen
sungai dia dan orang yang dikasihinya dan semua orang yang pernah dilihatnya
all of these waves and waters were hurrying
semua ombak dan air ini deras
they were all suffering towards many goals
mereka semua menderita ke arah banyak matlamat

the waterfall, the lake, the rapids, the sea
air terjun, tasik, jeram, laut
and all goals were reached
dan semua matlamat tercapai
and every goal was followed by a new one
dan setiap matlamat diikuti dengan yang baru
and the water turned into vapour and rose to the sky
dan air itu bertukar menjadi wap dan naik ke langit
the water turned into rain and poured down from the sky
air bertukar menjadi hujan dan mencurah-curah dari langit
the water turned into a source
air bertukar menjadi sumber
then the source turned into a stream
maka sumber itu bertukar menjadi sungai
the stream turned into a river
sungai itu bertukar menjadi sungai
and the river headed forwards again
dan sungai itu menuju ke hadapan semula
But the longing voice had changed
Tetapi suara rindu itu telah berubah
It still resounded, full of suffering, searching
Ia masih bergema, penuh dengan penderitaan, mencari
but other voices joined the river
tetapi suara lain menyertai sungai
there were voices of joy and of suffering
terdengar suara kegembiraan dan penderitaan
good and bad voices, laughing and sad ones
baik dan buruk suara, ketawa dan sedih
a hundred voices, a thousand voices
seratus suara, seribu suara
Siddhartha listened to all these voices
Siddhartha mendengar semua suara ini
He was now nothing but a listener
Dia kini hanyalah seorang pendengar
he was completely concentrated on listening
dia benar-benar tertumpu mendengar

he was completely empty now
dia benar-benar kosong sekarang
he felt that he had now finished learning to listen
dia merasakan bahawa dia kini telah selesai belajar mendengar
Often before, he had heard all this
Selalunya sebelum ini, dia pernah mendengar semua ini
he had heard these many voices in the river
dia telah mendengar banyak suara ini di sungai
today the voices in the river sounded new
hari ini suara di sungai kedengaran baru
Already, he could no longer tell the many voices apart
Sudah, dia tidak dapat membezakan banyak suara
there was no difference between the happy voices and the weeping ones
tiada beza antara suara gembira dan menangis
the voices of children and the voices of men were one
suara kanak-kanak dan suara lelaki adalah satu
all these voices belonged together
semua suara ini adalah milik bersama
the lamentation of yearning and the laughter of the knowledgeable one
ratapan rindu dan tawa orang yang berilmu
the scream of rage and the moaning of the dying ones
jeritan kemarahan dan rintihan orang-orang yang nazak
everything was one and everything was intertwined
semuanya adalah satu dan semuanya saling berkait
everything was connected and entangled a thousand times
semuanya bersambung dan terjerat seribu kali
everything together, all voices, all goals
semuanya bersama, semua suara, semua matlamat
all yearning, all suffering, all pleasure
semua kerinduan, semua penderitaan, semua kesenangan
all that was good and evil
semua yang baik dan jahat
all of this together was the world

semua ini bersama-sama adalah dunia
All of it together was the flow of events
Semuanya bersama-sama adalah aliran peristiwa
all of it was the music of life
semua itu adalah muzik kehidupan
when Siddhartha was listening attentively to this river
apabila Siddhartha mendengar dengan penuh perhatian kepada sungai ini
the song of a thousand voices
lagu seribu suara
when he neither listened to the suffering nor the laughter
apabila dia tidak mendengar penderitaan mahupun ketawa
when he did not tie his soul to any particular voice
apabila dia tidak mengikat jiwanya kepada mana-mana suara tertentu
when he submerged his self into the river
apabila dia menenggelamkan dirinya ke dalam sungai
but when he heard them all he perceived the whole, the oneness
tetapi apabila dia mendengar semuanya, dia merasakan keseluruhannya, kesatuan
then the great song of the thousand voices consisted of a single word
maka lagu hebat seribu suara itu terdiri daripada satu perkataan
this word was Om; the perfection
perkataan ini ialah Om; kesempurnaan

"Do you hear" Vasudeva's gaze asked again
"Awak dengar" pandangan Vasudeva bertanya lagi
Brightly, Vasudeva's smile was shining
Jelas, senyuman Vasudeva bersinar
it was floating radiantly over all the wrinkles of his old face
ia terapung berseri di atas semua kedutan wajah tuanya
the same way the Om was floating in the air over all the voices of the river

dengan cara yang sama Om terapung di udara di atas semua suara sungai
Brightly his smile was shining, when he looked at his friend
Cerah senyumannya terpancar, apabila memandang sahabatnya itu
and brightly the same smile was now starting to shine on Siddhartha's face
dan cerah senyuman yang sama kini mula bersinar di wajah Siddhartha
His wound had blossomed and his suffering was shining
Lukanya telah berbunga dan penderitaannya bersinar
his self had flown into the oneness
dirinya telah terbang ke dalam kesatuan
In this hour, Siddhartha stopped fighting his fate
Pada jam ini, Siddhartha berhenti melawan nasibnya
at the same time he stopped suffering
pada masa yang sama dia berhenti menderita
On his face flourished the cheerfulness of a knowledge
Di wajahnya terpancar keceriaan sebuah ilmu
a knowledge which was no longer opposed by any will
ilmu yang tidak lagi ditentang oleh mana-mana kehendak
a knowledge which knows perfection
ilmu yang mengenal kesempurnaan
a knowledge which is in agreement with the flow of events
pengetahuan yang sesuai dengan aliran peristiwa
a knowledge which is with the current of life
ilmu yang sesuai dengan arus kehidupan
full of sympathy for the pain of others
penuh simpati terhadap kesakitan orang lain
full of sympathy for the pleasure of others
penuh simpati terhadap kesenangan orang lain
devoted to the flow, belonging to the oneness
mengabdikan diri kepada aliran, kepunyaan keesaan
Vasudeva rose from the seat by the bank
Vasudeva bangkit dari tempat duduk di tepi bank
he looked into Siddhartha's eyes

dia memandang ke dalam mata Siddhartha
and he saw the cheerfulness of the knowledge shining in his eyes
dan dia melihat keceriaan ilmu itu bersinar di matanya
he softly touched his shoulder with his hand
dia menyentuh lembut bahunya dengan tangannya
"I've been waiting for this hour, my dear"
"Saya telah menunggu jam ini, sayang saya"
"Now that it has come, let me leave"
"Sekarang sudah tiba, biarkan saya pergi"
"For a long time, I've been waiting for this hour"
"Sudah lama saya menunggu jam ini"
"for a long time, I've been Vasudeva the ferryman"
"Sejak sekian lama, saya telah menjadi penumpang feri Vasudeva"
"Now it's enough. Farewell"
"Sekarang cukuplah. Selamat tinggal"
"farewell river, farewell Siddhartha!"
"sungai selamat tinggal, selamat tinggal Siddhartha!"
Siddhartha made a deep bow before him who bid his farewell
Siddhartha membungkuk dalam-dalam di hadapannya yang mengucapkan selamat tinggal
"I've known it," he said quietly
"Saya sudah tahu," katanya perlahan
"You'll go into the forests?"
"Awak akan pergi ke dalam hutan?"
"I'm going into the forests"
"Saya akan pergi ke dalam hutan"
"I'm going into the oneness" spoke Vasudeva with a bright smile
"Saya akan pergi ke kesatuan" bercakap Vasudeva dengan senyuman cerah
With a bright smile, he left
Dengan senyuman cerah, dia pergi
Siddhartha watched him leaving

Siddhartha memerhatikan dia pergi
With deep joy, with deep solemnity he watched him leave
Dengan kegembiraan yang mendalam, dengan kesungguhan yang mendalam dia melihat dia pergi
he saw his steps were full of peace
dia melihat langkahnya penuh kedamaian
he saw his head was full of lustre
dia melihat kepalanya penuh dengan kilauan
he saw his body was full of light
dia melihat tubuhnya penuh cahaya

Govinda

Govinda had been with the monks for a long time
Govinda telah lama bersama para bhikkhu
when not on pilgrimages, he spent his time in the pleasure-garden
apabila tidak pergi haji, dia menghabiskan masanya di taman kesenangan
the garden which the courtesan Kamala had given the followers of Gotama
taman yang diberikan oleh pelacur Kamala kepada pengikut Gotama
he heard talk of an old ferryman, who lived a day's journey away
dia mendengar cakap-cakap tentang seorang feri tua, yang tinggal sehari perjalanan jauhnya
he heard many regarded him as a wise man
dia mendengar ramai yang menganggapnya sebagai seorang yang bijak
When Govinda went back, he chose the path to the ferry
Apabila Govinda balik, dia memilih laluan ke feri
he was eager to see the ferryman
dia tidak sabar-sabar untuk melihat orang feri itu
he had lived his entire life by the rules
dia telah menjalani seluruh hidupnya mengikut peraturan
he was looked upon with veneration by the younger monks
dia dipandang dengan penghormatan oleh para bhikkhu yang lebih muda
they respected his age and modesty
mereka menghormati umur dan kesederhanaannya
but his restlessness had not perished from his heart
tetapi kegelisahannya tidak hilang dari hatinya
he was searching for what he had not found
dia mencari apa yang tidak ditemuinya
He came to the river and asked the old man to ferry him over

Dia datang ke sungai dan meminta orang tua itu mengangkutnya
when they got off the boat on the other side, he spoke with the old man
apabila mereka turun dari perahu di seberang, dia bercakap dengan orang tua itu

"You're very good to us monks and pilgrims"
"Kamu sangat baik kepada kami para rahib dan jemaah haji"
"you have ferried many of us across the river"
"anda telah mengangkut ramai daripada kami menyeberangi sungai"
"Aren't you too, ferryman, a searcher for the right path?"
"Bukankah awak juga, orang feri, seorang pencari jalan yang benar?"
smiling from his old eyes, Siddhartha spoke
tersenyum dari mata tuanya, Siddhartha bercakap
"oh venerable one, do you call yourself a searcher?"
"Wahai Yang Mulia, adakah anda memanggil diri anda seorang pencari?"
"are you still a searcher, although already well in years?"
"Adakah anda masih seorang pencari, walaupun sudah lama sihat?"
"do you search while wearing the robe of Gotama's monks?"
"Adakah anda mencari sambil memakai jubah sami Gotama?"
"It's true, I'm old," spoke Govinda
"Memang benar, saya sudah tua," kata Govinda
"but I haven't stopped searching"
"tetapi saya tidak berhenti mencari"
"I will never stop searching"
"Saya tidak akan berhenti mencari"
"this seems to be my destiny"
"ini nampaknya takdir saya"
"You too, so it seems to me, have been searching"
"Anda juga, jadi saya nampaknya, telah mencari"
"Would you like to tell me something, oh honourable one?"

"Adakah anda ingin memberitahu saya sesuatu, wahai Yang Berhormat?"
"What might I have that I could tell you, oh venerable one?"
"Apa yang saya ada yang boleh saya beritahu kepada anda, oh Yang Mulia?"
"Perhaps I could tell you that you're searching far too much?"
"Mungkin saya boleh memberitahu anda bahawa anda terlalu banyak mencari?"
"Could I tell you that you don't make time for finding?"
"Bolehkah saya memberitahu anda bahawa anda tidak meluangkan masa untuk mencari?"
"How come?" asked Govinda
"Macam mana?" tanya Govinda
"When someone is searching they might only see what they search for"
"Apabila seseorang mencari mereka mungkin hanya melihat apa yang mereka cari"
"he might not be able to let anything else enter his mind"
"dia mungkin tidak boleh membiarkan apa-apa lagi memasuki fikirannya"
"he doesn't see what he is not searching for"
"dia tidak nampak apa yang dia tidak cari"
"because he always thinks of nothing but the object of his search"
"kerana dia selalu memikirkan apa-apa selain objek pencariannya"
"he has a goal, which he is obsessed with"
"dia mempunyai matlamat, yang dia taksub dengannya"
"Searching means having a goal"
"Mencari bermakna mempunyai matlamat"
"But finding means being free, open, and having no goal"
"Tetapi mencari bermakna bebas, terbuka, dan tidak mempunyai matlamat"
"You, oh venerable one, are perhaps indeed a searcher"

"Engkau, wahai Yang Mulia, mungkin memang seorang pencari"

"because, when striving for your goal, there are many things you don't see"

"kerana, apabila berusaha untuk mencapai matlamat anda, terdapat banyak perkara yang anda tidak nampak"

"you might not see things which are directly in front of your eyes"

"anda mungkin tidak melihat perkara yang berada di hadapan mata anda"

"I don't quite understand yet," said Govinda, "what do you mean by this?"

"Saya masih belum faham," kata Govinda, "apa yang anda maksudkan dengan ini?"

"oh venerable one, you've been at this river before, a long time ago"

"Wahai Yang Mulia, anda telah berada di sungai ini sebelum ini, lama dahulu"

"and you have found a sleeping man by the river"

"dan kamu telah menjumpai seorang lelaki yang sedang tidur di tepi sungai"

"you have sat down with him to guard his sleep"

"Anda telah duduk bersamanya untuk menjaga tidurnya"

"but, oh Govinda, you did not recognise the sleeping man"

"Tetapi, oh Govinda, awak tidak mengenali lelaki yang sedang tidur itu"

Govinda was astonished, as if he had been the object of a magic spell

Govinda terkejut, seolah-olah dia telah menjadi objek sihir

the monk looked into the ferryman's eyes

sami itu memandang ke dalam mata lelaki feri itu

"Are you Siddhartha?" he asked with a timid voice

"Adakah anda Siddhartha?" dia bertanya dengan suara yang malu-malu

"I wouldn't have recognised you this time either!"

"Saya juga tidak akan mengenali awak kali ini!"

"from my heart, I'm greeting you, Siddhartha"
"Dari hati saya, saya menyapa awak, Siddhartha"
"from my heart, I'm happy to see you once again!"
"dari hati saya, saya gembira dapat berjumpa dengan awak sekali lagi!"
"You've changed a lot, my friend"
"Awak dah banyak berubah kawan"
"and you've now become a ferryman?"
"dan anda kini telah menjadi seorang feri?"
In a friendly manner, Siddhartha laughed
Dengan cara yang mesra, Siddhartha ketawa
"yes, I am a ferryman"
"ya, saya seorang feri"
"Many people, Govinda, have to change a lot"
"Ramai orang, Govinda, perlu banyak berubah"
"they have to wear many robes"
"mereka perlu memakai banyak jubah"
"I am one of those who had to change a lot"
"Saya salah seorang yang terpaksa banyak berubah"
"Be welcome, Govinda, and spend the night in my hut"
"Selamat datang, Govinda, dan bermalam di pondok saya"
Govinda stayed the night in the hut
Govinda bermalam di pondok
he slept on the bed which used to be Vasudeva's bed
dia tidur di atas katil yang pernah menjadi katil Vasudeva
he posed many questions to the friend of his youth
banyak soalan yang diajukannya kepada sahabat zaman mudanya itu
Siddhartha had to tell him many things from his life
Siddhartha terpaksa memberitahunya banyak perkara dari hidupnya

then the next morning came
kemudian pagi esok datang
the time had come to start the day's journey
tiba masanya untuk memulakan perjalanan hari itu

without hesitation, Govinda asked one more question
tanpa teragak-agak, Govinda bertanyakan satu soalan lagi
"Before I continue on my path, Siddhartha, permit me to ask one more question"
"Sebelum saya meneruskan perjalanan saya, Siddhartha, izinkan saya bertanya satu soalan lagi"
"Do you have a teaching that guides you?"
"Adakah anda mempunyai ajaran yang membimbing anda?"
"Do you have a faith or a knowledge you follow"
"Adakah kamu mempunyai iman atau ilmu yang kamu ikuti"
"is there a knowledge which helps you to live and do right?"
"adakah pengetahuan yang membantu anda untuk hidup dan melakukan yang betul?"
"You know well, my dear, I have always been distrustful of teachers"
"Anda tahu betul, sayang saya, saya sentiasa tidak percaya kepada guru"
"as a young man I already started to doubt teachers"
"sebagai seorang lelaki muda saya sudah mula meragui guru"
"when we lived with the penitents in the forest, I distrusted their teachings"
"Ketika kami tinggal bersama orang yang bertaubat di dalam hutan, saya tidak mempercayai ajaran mereka"
"and I turned my back to them"
"dan saya membelakangi mereka"
"I have remained distrustful of teachers"
"Saya tetap tidak mempercayai guru"
"Nevertheless, I have had many teachers since then"
"Namun begitu, saya mempunyai ramai guru sejak itu"
"A beautiful courtesan has been my teacher for a long time"
"Seorang pelacur yang cantik telah menjadi guru saya untuk masa yang lama"
"a rich merchant was my teacher"
"seorang saudagar kaya adalah guru saya"
"and some gamblers with dice taught me"
"dan beberapa penjudi dengan dadu mengajar saya"

"Once, even a follower of Buddha has been my teacher"
"Suatu ketika, bahkan seorang pengikut Buddha telah menjadi guru saya"
"he was travelling on foot, pilgering"
"dia berjalan kaki, berziarah"
"and he sat with me when I had fallen asleep in the forest"
"dan dia duduk bersama saya ketika saya tertidur di dalam hutan"
"I've also learned from him, for which I'm very grateful"
"Saya juga telah belajar daripadanya, yang mana saya amat bersyukur"
"But most of all, I have learned from this river"
"Tetapi yang paling penting, saya telah belajar dari sungai ini"
"and I have learned most from my predecessor, the ferryman Vasudeva"
"dan saya telah belajar paling banyak daripada pendahulu saya, feri Vasudeva"
"He was a very simple person, Vasudeva, he was no thinker"
"Dia seorang yang sangat sederhana, Vasudeva, dia bukan pemikir"
"but he knew what is necessary just as well as Gotama"
"tetapi dia tahu apa yang perlu sama seperti Gotama"
"he was a perfect man, a saint"
"dia seorang yang sempurna, seorang yang suci"
"Siddhartha still loves to mock people, it seems to me"
"Siddhartha masih suka mengejek orang, nampaknya saya"
"I believe in you and I know that you haven't followed a teacher"
"Saya percaya pada awak dan saya tahu awak tidak mengikuti guru"
"But haven't you found something by yourself?"
"Tetapi adakah anda tidak menemui sesuatu sendiri?"
"though you've found no teachings, you still found certain thoughts"
"walaupun anda tidak menemui ajaran, anda masih menemui pemikiran tertentu"

"certain insights, which are your own"
"cerapan tertentu, yang anda miliki"
"insights which help you to live"
"pandangan yang membantu anda untuk hidup"
"Haven't you found something like this?"
"Awak tak jumpa benda macam ni ke?"
"If you would like to tell me, you would delight my heart"
"Jika anda ingin memberitahu saya, anda akan menggembirakan hati saya"
"you are right, I have had thoughts and gained many insights"
"anda betul, saya telah berfikir dan mendapat banyak pandangan"
"Sometimes I have felt knowledge in me for an hour"
"Kadang-kadang saya merasakan ilmu dalam diri saya selama sejam"
"at other times I have felt knowledge in me for an entire day"
"pada masa lain saya merasakan pengetahuan dalam diri saya sepanjang hari"
"the same knowledge one feels when one feels life in one's heart"
"Ilmu yang sama dirasai apabila seseorang merasakan kehidupan di dalam hati"
"There have been many thoughts"
"Terdapat banyak pemikiran"
"but it would be hard for me to convey these thoughts to you"
"tetapi sukar bagi saya untuk menyampaikan fikiran ini kepada anda"
"my dear Govinda, this is one of my thoughts which I have found"
"Sayang Govinda, ini adalah salah satu pemikiran saya yang saya temui"
"wisdom cannot be passed on"
"kebijaksanaan tidak boleh diwariskan"

"Wisdom which a wise man tries to pass on always sounds like foolishness"
"Kebijaksanaan yang cuba disampaikan oleh orang bijak selalu terdengar seperti kebodohan"

"Are you kidding?" asked Govinda
"Awak bergurau ke?" tanya Govinda

"I'm not kidding, I'm telling you what I have found"
"Saya tidak bergurau, saya memberitahu anda apa yang saya dapati"

"Knowledge can be conveyed, but wisdom can't"
"Ilmu boleh disampaikan, tetapi kebijaksanaan tidak boleh"

"wisdom can be found, it can be lived"
"kebijaksanaan boleh didapati, ia boleh dihayati"

"it is possible to be carried by wisdom"
"adalah mungkin untuk dibawa oleh kebijaksanaan"

"miracles can be performed with wisdom"
"keajaiban boleh dilakukan dengan kebijaksanaan"

"but wisdom cannot be expressed in words or taught"
"tetapi kebijaksanaan tidak dapat diungkapkan dengan kata-kata atau diajar"

"This was what I sometimes suspected, even as a young man"
"Inilah yang kadang-kadang saya syak, walaupun semasa muda"

"this is what has driven me away from the teachers"
"Inilah yang membuatkan saya jauh dari guru-guru"

"I have found a thought which you'll regard as foolishness"
"Saya telah menemui satu pemikiran yang akan anda anggap sebagai kebodohan"

"but this thought has been my best"
"tetapi pemikiran ini adalah yang terbaik saya"

"The opposite of every truth is just as true!"
"Kebalikan dari setiap kebenaran adalah sama benar!"

"any truth can only be expressed when it is one-sided"
"sebarang kebenaran hanya boleh dinyatakan apabila ia berat sebelah"

"only one sided things can be put into words"
"hanya perkara sebelah pihak boleh diungkapkan dengan kata-kata"
"Everything which can be thought is one-sided"
"Segala sesuatu yang boleh difikirkan adalah berat sebelah"
"it's all one-sided, so it's just one half"
"semuanya berat sebelah, jadi hanya separuh"
"it all lacks completeness, roundness, and oneness"
"semuanya tidak mempunyai kesempurnaan, kebulatan, dan kesatuan"
"the exalted Gotama spoke in his teachings of the world"
"Gotama yang mulia berbicara dalam ajaran dunianya"
"but he had to divide the world into Sansara and Nirvana"
"tetapi dia terpaksa membahagikan dunia kepada Sansara dan Nirvana"
"he had divided the world into deception and truth"
"dia telah membahagikan dunia kepada penipuan dan kebenaran"
"he had divided the world into suffering and salvation"
"dia telah membahagikan dunia kepada penderitaan dan keselamatan"
"the world cannot be explained any other way"
"dunia tidak boleh dijelaskan dengan cara lain"
"there is no other way to explain it, for those who want to teach"
"tidak ada cara lain untuk menjelaskannya, bagi mereka yang ingin mengajar"
"But the world itself is never one-sided"
"Tetapi dunia itu sendiri tidak pernah berat sebelah"
"the world exists around us and inside of us"
"dunia wujud di sekeliling kita dan di dalam diri kita"
"A person or an act is never entirely Sansara or entirely Nirvana"
"Seseorang atau perbuatan tidak pernah sepenuhnya Sansara atau Nirvana sepenuhnya"
"a person is never entirely holy or entirely sinful"

"seseorang tidak pernah sepenuhnya suci atau sepenuhnya berdosa"
"It seems like the world can be divided into these opposites"
"Nampaknya dunia boleh dibahagikan kepada yang bertentangan ini"
"but that's because we are subject to deception"
"tetapi itu kerana kita tertakluk kepada penipuan"
"it's as if the deception was something real"
"seolah-olah penipuan itu adalah sesuatu yang nyata"
"Time is not real, Govinda"
"Masa tidak nyata, Govinda"
"I have experienced this often and often again"
"Saya sering mengalami ini dan sering sekali lagi"
"when time is not real, the gap between the world and the eternity is also a deception"
"Apabila masa tidak nyata, jurang antara dunia dan keabadian juga adalah penipuan"
"the gap between suffering and blissfulness is not real"
"jurang antara penderitaan dan kebahagiaan adalah tidak nyata"
"there is no gap between evil and good"
"tiada jurang antara kejahatan dan kebaikan"
"all of these gaps are deceptions"
"semua jurang ini adalah penipuan"
"but these gaps appear to us nonetheless"
"tetapi jurang ini kelihatan kepada kami tetap"
"How come?" asked Govinda timidly
"Macam mana?" tanya Govinda takut-takut
"Listen well, my dear," answered Siddhartha
"Dengar baik-baik, sayang," jawab Siddhartha
"The sinner, which I am and which you are, is a sinner"
"Orang yang berdosa, saya dan awak, adalah berdosa"
"but in times to come the sinner will be Brahma again"
"tetapi pada masa yang akan datang orang yang berdosa akan menjadi Brahma lagi"
"he will reach the Nirvana and be Buddha"

"dia akan mencapai Nirvana dan menjadi Buddha"
"the times to come are a deception"
"masa yang akan datang adalah penipuan"
"the times to come are only a parable!"
"masa yang akan datang hanyalah perumpamaan!"
"The sinner is not on his way to become a Buddha"
"Orang berdosa tidak dalam perjalanan untuk menjadi seorang Buddha"
"he is not in the process of developing"
"dia tidak dalam proses membangun"
"our capacity for thinking does not know how else to picture these things"
"kemampuan kita untuk berfikir tidak tahu bagaimana lagi untuk menggambarkan perkara ini"
"No, within the sinner there already is the future Buddha"
"Tidak, dalam diri orang berdosa sudah ada Buddha masa depan"
"his future is already all there"
"masa depannya sudah ada"
"you have to worship the Buddha in the sinner"
"Anda perlu menyembah Buddha dalam pendosa"
"you have to worship the Buddha hidden in everyone"
"Anda perlu menyembah Buddha yang tersembunyi di dalam setiap orang"
"the hidden Buddha which is coming into being the possible"
"Buddha tersembunyi yang menjadi mungkin"
"The world, my friend Govinda, is not imperfect"
"Dunia, kawan saya Govinda, tidak sempurna"
"the world is on no slow path towards perfection"
"dunia tidak berada di jalan yang perlahan menuju kesempurnaan"
"no, the world is perfect in every moment"
"tidak, dunia ini sempurna pada setiap saat"
"all sin already carries the divine forgiveness in itself"

"semua dosa sudah membawa pengampunan ilahi dalam dirinya sendiri"
"all small children already have the old person in themselves"
"semua kanak-kanak kecil sudah mempunyai orang tua dalam diri mereka"
"all infants already have death in them"
"semua bayi sudah mempunyai kematian di dalamnya"
"all dying people have the eternal life"
"semua orang yang mati mempunyai hidup yang kekal"
"we can't see how far another one has already progressed on his path"
"kita tidak dapat melihat sejauh mana yang lain telah maju dalam laluannya"
"in the robber and dice-gambler, the Buddha is waiting"
"dalam perompak dan penjudi dadu, Buddha sedang menunggu"
"in the Brahman, the robber is waiting"
"Di Brahman, perompak sedang menunggu"
"in deep meditation, there is the possibility to put time out of existence"
"dalam meditasi yang mendalam, ada kemungkinan untuk meletakkan masa daripada kewujudan"
"there is the possibility to see all life simultaneously"
"ada kemungkinan untuk melihat semua kehidupan secara serentak"
"it is possible to see all life which was, is, and will be"
"adalah mungkin untuk melihat semua kehidupan yang ada, sekarang, dan akan ada"
"and there everything is good, perfect, and Brahman"
"dan di sana semuanya baik, sempurna, dan Brahman"
"Therefore, I see whatever exists as good"
"Oleh itu, saya melihat apa sahaja yang wujud adalah baik"
"death is to me like life"
"kematian bagi saya seperti kehidupan"
"to me sin is like holiness"

"Bagi saya dosa adalah seperti kekudusan"
"wisdom can be like foolishness"
"kebijaksanaan boleh menjadi seperti kebodohan"
"everything has to be as it is"
"semuanya mesti seperti sedia ada"
"everything only requires my consent and willingness"
"semuanya hanya memerlukan persetujuan dan kerelaan saya"
"all that my view requires is my loving agreement to be good for me"
"Semua yang saya perlukan adalah persetujuan saya yang penuh kasih sayang untuk menjadi baik untuk saya"
"my view has to do nothing but work for my benefit"
"pandangan saya tidak perlu berbuat apa-apa selain bekerja untuk kepentingan saya"
"and then my perception is unable to ever harm me"
"dan kemudian persepsi saya tidak dapat membahayakan saya"
"I have experienced that I needed sin very much"
"Saya telah mengalami bahawa saya sangat memerlukan dosa"
"I have experienced this in my body and in my soul"
"Saya telah mengalami ini dalam badan dan jiwa saya"
"I needed lust, the desire for possessions, and vanity"
"Saya memerlukan nafsu, keinginan untuk harta benda, dan kesombongan"
"and I needed the most shameful despair"
"dan saya memerlukan keputusasaan yang paling memalukan"
"in order to learn how to give up all resistance"
"untuk belajar bagaimana untuk melepaskan semua rintangan"
"in order to learn how to love the world"
"untuk belajar mencintai dunia"
"in order to stop comparing things to some world I wished for"

"untuk berhenti membandingkan sesuatu dengan dunia yang saya inginkan"
"I imagined some kind of perfection I had made up"
"Saya membayangkan sejenis kesempurnaan yang telah saya reka"
"but I have learned to leave the world as it is"
"tetapi saya telah belajar untuk meninggalkan dunia sebagaimana adanya"
"I have learned to love the world as it is"
"Saya telah belajar untuk mencintai dunia sebagaimana adanya"
"and I learned to enjoy being a part of it"
"dan saya belajar untuk menikmati menjadi sebahagian daripadanya"
"These, oh Govinda, are some of the thoughts which have come into my mind"
"Ini, oh Govinda, adalah beberapa pemikiran yang telah terlintas di fikiran saya"

Siddhartha bent down and picked up a stone from the ground
Siddhartha tunduk dan mengambil batu dari tanah
he weighed the stone in his hand
dia menimbang batu di tangannya
"This here," he said playing with the rock, "is a stone"
"Ini di sini," katanya bermain dengan batu, "adalah batu"
"this stone will, after a certain time, perhaps turn into soil"
"batu ini, selepas masa tertentu, mungkin akan bertukar menjadi tanah"
"it will turn from soil into a plant or animal or human being"
"ia akan bertukar dari tanah menjadi tumbuhan atau haiwan atau manusia"
"In the past, I would have said this stone is just a stone"
"Dulu, saya akan kata batu ini hanyalah batu"
"I might have said it is worthless"
"Saya mungkin berkata ia tidak bernilai"

"I would have told you this stone belongs to the world of the Maya"
"Saya akan memberitahu anda batu ini milik dunia Maya"
"but I wouldn't have seen that it has importance"
"tetapi saya tidak akan melihat bahawa ia mempunyai kepentingan"
"it might be able to become a spirit in the cycle of transformations"
"ia mungkin boleh menjadi semangat dalam kitaran transformasi"
"therefore I also grant it importance"
"oleh itu saya juga memberi kepentingan"
"Thus, I would perhaps have thought in the past"
"Oleh itu, saya mungkin akan berfikir pada masa lalu"
"But today I think differently about the stone"
"Tetapi hari ini saya berfikir secara berbeza tentang batu itu"
"this stone is a stone, and it is also animal, god, and Buddha"
"batu ini adalah batu, dan ia juga haiwan, dewa, dan Buddha"
"I do not venerate and love it because it could turn into this or that"
"Saya tidak menghormati dan menyukainya kerana ia boleh berubah menjadi ini atau itu"
"I love it because it is those things"
"Saya suka kerana ia adalah perkara-perkara itu"
"this stone is already everything"
"batu ini sudah menjadi segala-galanya"
"it appears to me now and today as a stone"
"ia kelihatan kepada saya sekarang dan hari ini sebagai batu"
"that is why I love this"
"sebab itu saya suka ini"
"that is why I see worth and purpose in each of its veins and cavities"
"sebab itu saya melihat nilai dan tujuan dalam setiap urat dan rongganya"
"I see value in its yellow, gray, and hardness"
"Saya melihat nilai dalam kuning, kelabu dan kekerasannya"

"I appreciated the sound it makes when I knock at it"
"Saya menghargai bunyi yang dihasilkan apabila saya mengetuknya"
"I love the dryness or wetness of its surface"
"Saya suka kekeringan atau kebasahan permukaannya"
"There are stones which feel like oil or soap"
"Ada batu yang terasa seperti minyak atau sabun"
"and other stones feel like leaves or sand"
"dan batu lain terasa seperti daun atau pasir"
"and every stone is special and prays the Om in its own way"
"dan setiap batu adalah istimewa dan berdoa kepada Om dengan caranya sendiri"
"each stone is Brahman"
"setiap batu adalah Brahman"
"but simultaneously, and just as much, it is a stone"
"tetapi pada masa yang sama, dan sama seperti itu, ia adalah batu"
"it is a stone regardless of whether it's oily or juicy"
"ia adalah batu tidak kira sama ada ia berminyak atau berair"
"and this why I like and regard this stone"
"dan inilah sebabnya saya suka dan menganggap batu ini"
"it is wonderful and worthy of worship"
"Ia adalah indah dan patut disembah"
"But let me speak no more of this"
"Tetapi biarlah saya tidak bercakap lagi tentang ini"
"words are not good for transmitting the secret meaning"
"Kata-kata tidak baik untuk menyampaikan maksud rahsia"
"everything always becomes a bit different, as soon as it is put into words"
"semuanya sentiasa menjadi sedikit berbeza, sebaik sahaja ia diungkapkan dengan kata-kata"
"everything gets distorted a little by words"
"semuanya diputarbelitkan sedikit dengan kata-kata"
"and then the explanation becomes a bit silly"
"dan kemudian penjelasannya menjadi agak bodoh"
"yes, and this is also very good, and I like it a lot"

"ya, dan ini juga sangat bagus, dan saya sangat menyukainya"
"I also very much agree with this"
"Saya juga sangat bersetuju dengan ini"
"one man's treasure and wisdom always sounds like foolishness to another person"
"Harta dan kebijaksanaan seseorang selalu terdengar seperti kebodohan bagi orang lain"
Govinda listened silently to what Siddhartha was saying
Govinda mendengar dengan senyap apa yang Siddhartha katakan
there was a pause and Govinda hesitantly asked a question
ada jeda dan Govinda teragak-agak bertanya soalan
"Why have you told me this about the stone?"
"Kenapa awak beritahu saya tentang batu itu?"
"I did it without any specific intention"
"Saya melakukannya tanpa sebarang niat khusus"
"perhaps what I meant was, that I love this stone and the river"
"Mungkin yang saya maksudkan ialah, saya suka batu ini dan sungai"
"and I love all these things we are looking at"
"dan saya suka semua perkara yang kita lihat ini"
"and we can learn from all these things"
"dan kita boleh belajar dari semua perkara ini"
"I can love a stone, Govinda"
"Saya boleh suka batu, Govinda"
"and I can also love a tree or a piece of bark"
"dan saya juga boleh menyukai pokok atau sekeping kulit kayu"
"These are things, and things can be loved"
"Ini adalah perkara, dan perkara boleh disayangi"
"but I cannot love words"
"tetapi saya tidak boleh suka kata-kata"
"therefore, teachings are no good for me"
"Oleh itu, ajaran tidak baik untuk saya"

"teachings have no hardness, softness, colours, edges, smell, or taste"
"Ajaran tidak mempunyai kekerasan, kelembutan, warna, tepi, bau, atau rasa"
"teachings have nothing but words"
"Ajaran tidak mempunyai apa-apa selain perkataan"
"perhaps it is words which keep you from finding peace"
"Mungkin kata-kata itu menghalangmu daripada mencari ketenangan"
"because salvation and virtue are mere words"
"kerana keselamatan dan kebajikan hanyalah perkataan"
"Sansara and Nirvana are also just mere words, Govinda"
"Sansara dan Nirvana juga hanya kata-kata, Govinda"
"there is no thing which would be Nirvana"
"tidak ada perkara yang akan menjadi Nirvana"
"therefore Nirvana is just the word"
" oleh itu Nirvana hanyalah perkataan"
Govinda objected, "Nirvana is not just a word, my friend"
Govinda membantah, "Nirvana bukan sekadar perkataan, kawan saya"
"Nirvana is a word, but also it is a thought"
"Nirvana adalah perkataan, tetapi juga ia adalah pemikiran"
Siddhartha continued, "it might be a thought"
Siddhartha meneruskan, "itu mungkin satu pemikiran"
"I must confess, I don't differentiate much between thoughts and words"
"Saya mesti mengaku, saya tidak banyak membezakan antara pemikiran dan perkataan"
"to be honest, I also have no high opinion of thoughts"
"Sejujurnya, saya juga tidak mempunyai pemikiran yang tinggi"
"I have a better opinion of things than thoughts"
"Saya mempunyai pendapat yang lebih baik tentang sesuatu daripada pemikiran"
"Here on this ferry-boat, for instance, a man has been my predecessor"

"Di sini di atas bot feri ini, sebagai contoh, seorang lelaki telah menjadi pendahulu saya"
"he was also one of my teachers"
"dia juga salah seorang guru saya"
"a holy man, who has for many years simply believed in the river"
"seorang lelaki suci, yang selama bertahun-tahun hanya percaya pada sungai"
"and he believed in nothing else"
"dan dia tidak percaya kepada yang lain"
"He had noticed that the river spoke to him"
"Dia perasan bahawa sungai itu bercakap dengannya"
"he learned from the river"
"dia belajar dari sungai"
"the river educated and taught him"
"sungai mendidik dan mengajarnya"
"the river seemed to be a god to him"
"Sungai itu seolah-olah menjadi tuhan baginya"
"for many years he did not know that everything was as divine as the river"
"Selama bertahun-tahun dia tidak tahu bahawa segala-galanya adalah ilahi seperti sungai"
"the wind, every cloud, every bird, every beetle"
"angin, setiap awan, setiap burung, setiap kumbang"
"they can teach just as much as the river"
"mereka boleh mengajar sama seperti sungai"
"But when this holy man went into the forests, he knew everything"
"Tetapi apabila orang suci ini pergi ke dalam hutan, dia tahu segala-galanya"
"he knew more than you and me, without teachers or books"
"dia tahu lebih banyak daripada anda dan saya, tanpa guru atau buku"
"he knew more than us only because he had believed in the river"

"dia tahu lebih daripada kita hanya kerana dia percaya kepada sungai"

Govinda still had doubts and questions
Govinda masih mempunyai keraguan dan persoalan
"But is that what you call things actually something real?"
"Tetapi adakah itu yang anda panggil perkara sebenarnya sesuatu yang nyata?"
"do these things have existence?"
"adakah benda-benda ini wujud?"
"Isn't it just a deception of the Maya"
"Bukankah ia hanya penipuan Maya"
"aren't all these things an image and illusion?"
"bukankah semua perkara ini adalah imej dan ilusi?"
"Your stone, your tree, your river"
"Batu anda, pokok anda, sungai anda"
"are they actually a reality?"
"adakah mereka sebenarnya realiti?"
"This too," spoke Siddhartha, "I do not care very much about"
"Ini juga," kata Siddhartha, "Saya tidak kisah sangat"
"Let the things be illusions or not"
"Biarkan perkara itu ilusi atau tidak"
"after all, I would then also be an illusion"
"Lagipun, saya juga akan menjadi ilusi"
"and if these things are illusions then they are like me"
"dan jika perkara ini adalah ilusi maka mereka seperti saya"
"This is what makes them so dear and worthy of veneration for me"
"Inilah yang menjadikan mereka sangat disayangi dan layak dihormati untuk saya"
"these things are like me and that is how I can love them"
"perkara-perkara ini adalah seperti saya dan itulah cara saya boleh mencintai mereka"
"this is a teaching you will laugh about"
"ini adalah pengajaran yang anda akan ketawakan"

"love, oh Govinda, seems to me to be the most important thing of all"

"Sayang, oh Govinda, nampaknya saya yang paling penting"

"to thoroughly understand the world may be what great thinkers do"

"untuk memahami dunia secara menyeluruh mungkin perkara yang dilakukan oleh pemikir hebat"

"they explain the world and despise it"

"mereka menerangkan dunia dan menghinanya"

"But I'm only interested in being able to love the world"

"Tetapi saya hanya berminat untuk dapat mencintai dunia"

"I am not interested in despising the world"

"Saya tidak berminat untuk menghina dunia"

"I don't want to hate the world"

"Saya tidak mahu membenci dunia"

"and I don't want the world to hate me"

"dan saya tidak mahu dunia membenci saya"

"I want to be able to look upon the world and myself with love"

"Saya mahu dapat melihat dunia dan diri saya dengan cinta"

"I want to look upon all beings with admiration"

"Saya ingin melihat semua makhluk dengan kekaguman"

"I want to have a great respect for everything"

"Saya mahu menghormati segala-galanya"

"This I understand," spoke Govinda

"Ini saya faham," kata Govinda

"But this very thing was discovered by the exalted one to be a deception"

"Tetapi perkara ini telah ditemui oleh Yang Mahatinggi sebagai penipuan"

"He commands benevolence, clemency, sympathy, tolerance"

"Dia memerintahkan kebajikan, pengampunan, simpati, toleransi"

"but he does not command love"

"tetapi dia tidak memerintahkan cinta"

"he forbade us to tie our heart in love to earthly things"

"dia melarang kita menambat hati kita dengan cinta kepada perkara duniawi"
"I know it, Govinda," said Siddhartha, and his smile shone golden
"Saya tahu, Govinda," kata Siddhartha, dan senyumannya bersinar keemasan
"And behold, with this we are right in the thicket of opinions"
"Dan lihatlah, dengan ini kita betul-betul di dalam kerumitan pendapat"
"now we are in the dispute about words"
"sekarang kita dalam pertikaian tentang kata-kata"
"For I cannot deny, my words of love are a contradiction"
"Kerana saya tidak dapat menafikan, kata-kata cinta saya adalah percanggahan"
"they seem to be in contradiction with Gotama's words"
"mereka nampaknya bertentangan dengan kata-kata Gotama"
"For this very reason, I distrust words so much"
"Atas sebab ini, saya sangat tidak mempercayai kata-kata"
"because I know this contradiction is a deception"
"kerana saya tahu percanggahan ini adalah satu penipuan"
"I know that I am in agreement with Gotama"
"Saya tahu bahawa saya bersetuju dengan Gotama"
"How could he not know love when he has discovered all elements of human existence"
"Bagaimana dia tidak mengenali cinta sedangkan dia telah menemui semua unsur kewujudan manusia"
"he has discovered their transitoriness and their meaninglessness"
"dia telah menemui kefanaan dan ketiadaannya"
"and yet he loved people very much"
"namun dia sangat menyayangi orang"
"he used a long, laborious life only to help and teach them!"
"dia menggunakan kehidupan yang panjang dan susah payah hanya untuk membantu dan mengajar mereka!"

"Even with your great teacher, I prefer things over the words"
"Walaupun dengan guru anda yang hebat, saya lebih suka perkara daripada perkataan"
"I place more importance on his acts and life than on his speeches"
"Saya lebih mementingkan perbuatan dan kehidupannya daripada ucapannya"
"I value the gestures of his hand more than his opinions"
"Saya lebih menghargai isyarat tangannya daripada pendapatnya"
"for me there was nothing in his speech and thoughts"
"Bagi saya tiada apa-apa dalam ucapan dan pemikirannya"
"I see his greatness only in his actions and in his life"
"Saya melihat kehebatannya hanya dalam tindakannya dan dalam hidupnya"

For a long time, the two old men said nothing
Untuk masa yang lama, dua orang tua itu tidak berkata apa-apa
Then Govinda spoke, while bowing for a farewell
Kemudian Govinda bersuara, sambil tunduk untuk mengucapkan selamat tinggal
"I thank you, Siddhartha, for telling me some of your thoughts"
"Saya berterima kasih kepada anda, Siddhartha, kerana memberitahu saya beberapa pemikiran anda"
"These thoughts are partially strange to me"
"Pemikiran ini sebahagiannya pelik bagi saya"
"not all of these thoughts have been instantly understandable to me"
"tidak semua pemikiran ini dapat saya fahami dengan serta-merta"
"This being as it may, I thank you"
"Walaupun makhluk ini, saya berterima kasih"
"and I wish you to have calm days"

"dan saya berharap anda mempunyai hari yang tenang"
But secretly he thought something else to himself
Tetapi diam-diam dia memikirkan sesuatu yang lain untuk dirinya sendiri
"This Siddhartha is a bizarre person"
"Siddhartha ini seorang yang pelik"
"he expresses bizarre thoughts"
"dia meluahkan fikiran pelik"
"his teachings sound foolish"
"ajarannya kelihatan bodoh"
"the exalted one's pure teachings sound very different"
"ajaran murni yang dimuliakan terdengar sangat berbeza"
"those teachings are clearer, purer, more comprehensible"
"ajaran itu lebih jelas, lebih murni, lebih mudah difahami"
"there is nothing strange, foolish, or silly in those teachings"
"tidak ada yang aneh, bodoh, atau bodoh dalam ajaran itu"
"But Siddhartha's hands seemed different from his thoughts"
"Tetapi tangan Siddhartha kelihatan berbeza daripada pemikirannya"
"his feet, his eyes, his forehead, his breath"
"kakinya, matanya, dahinya, nafasnya"
"his smile, his greeting, his walk"
"senyumannya, salamnya, berjalannya"
"I haven't met another man like him since Gotama became one with the Nirvana"
"Saya tidak pernah bertemu lelaki lain seperti dia sejak Gotama menjadi satu dengan Nirwana"
"since then I haven't felt the presence of a holy man"
"sejak itu saya tidak merasakan kehadiran orang suci"
"I have only found Siddhartha, who is like this"
"Saya hanya menemui Siddhartha, yang seperti ini"
"his teachings may be strange and his words may sound foolish"
"Ajarannya mungkin aneh dan kata-katanya mungkin terdengar bodoh"

"but purity shines out of his gaze and hand"
"tetapi kesucian terpancar dari pandangan dan tangannya"
"his skin and his hair radiates purity"
"kulit dan rambutnya memancarkan kesucian"
"purity shines out of every part of him"
"kesucian terpancar dari setiap bahagian dirinya"
"a calmness, cheerfulness, mildness and holiness shines from him"
"ketenangan, keceriaan, kelembutan dan kesucian bersinar daripadanya"
"something which I have seen in no other person"
"sesuatu yang saya tidak pernah lihat pada orang lain"
"I have not seen it since the final death of our exalted teacher"
"Saya tidak melihatnya sejak kematian terakhir guru kita yang mulia"
While Govinda thought like this, there was a conflict in his heart
Semasa Govinda berfikiran begini, timbul konflik di hatinya
he once again bowed to Siddhartha
dia sekali lagi tunduk kepada Siddhartha
he felt he was drawn forward by love
dia merasakan dia ditarik ke hadapan oleh cinta
he bowed deeply to him who was calmly sitting
dia tunduk sedalam-dalamnya kepadanya yang sedang duduk tenang
"Siddhartha," he spoke, "we have become old men"
"Siddhartha," dia bercakap, "kita telah menjadi orang tua"
"It is unlikely for one of us to see the other again in this incarnation"
"Tidak mungkin salah seorang daripada kita dapat melihat yang lain lagi dalam penjelmaan ini"
"I see, beloved, that you have found peace"
"Saya lihat, kekasih, bahawa anda telah menemui kedamaian"
"I confess that I haven't found it"
"Saya mengaku bahawa saya tidak menemuinya"

"Tell me, oh honourable one, one more word"
"Beritahu saya, oh Yang Berhormat, satu perkataan lagi"
"give me something on my way which I can grasp"
"berikan saya sesuatu dalam perjalanan saya yang saya boleh fahami"
"give me something which I can understand!"
"Beri saya sesuatu yang saya boleh faham!"
"give me something I can take with me on my path"
"berikan saya sesuatu yang saya boleh bawa bersama saya di jalan saya"
"my path is often hard and dark, Siddhartha"
"Laluan saya selalunya sukar dan gelap, Siddhartha"
Siddhartha said nothing and looked at him
Siddhartha tidak berkata apa-apa dan memandangnya
he looked at him with his ever unchanged, quiet smile
dia memandangnya dengan senyuman yang tidak berubah dan tenang
Govinda stared at his face with fear
Govinda merenung wajahnya dengan ketakutan
there was yearning and suffering in his eyes
ada kerinduan dan penderitaan di matanya
the eternal search was visible in his look
pencarian abadi kelihatan pada pandangannya
you could see his eternal inability to find
anda boleh melihat ketidakupayaan kekalnya untuk mencari
Siddhartha saw it and smiled
Siddhartha melihatnya dan tersenyum
"Bend down to me!" he whispered quietly in Govinda's ear
"Tunduk pada saya!" dia berbisik perlahan di telinga Govinda
"Like this, and come even closer!"
"Macam ini, dan datang lebih dekat!"
"Kiss my forehead, Govinda!"
"Cium dahi saya, Govinda!"
Govinda was astonished, but drawn on by great love and expectation

Govinda terkejut, tetapi tertarik dengan cinta dan harapan yang besar
he obeyed his words and bent down closely to him
dia menuruti kata-katanya dan tunduk rapat kepadanya
and he touched his forehead with his lips
dan dia menyentuh dahinya dengan bibirnya
when he did this, something miraculous happened to him
apabila dia melakukan ini, sesuatu yang ajaib berlaku kepadanya
his thoughts were still dwelling on Siddhartha's wondrous words
fikirannya masih memikirkan kata-kata Siddhartha yang menakjubkan
he was still reluctantly struggling to think away time
dia masih dengan berat hati bergelut untuk memikirkan masa
he was still trying to imagine Nirvana and Sansara as one
dia masih cuba membayangkan Nirvana dan Sansara sebagai satu
there was still a certain contempt for the words of his friend
masih ada yang menghina kata-kata kawannya itu
those words were still fighting in him
kata-kata itu masih bertarung dalam dirinya
those words were still fighting against an immense love and veneration
kata-kata itu masih melawan cinta dan penghormatan yang besar
and during all these thoughts, something else happened to him
dan semasa semua pemikiran ini, sesuatu yang lain berlaku kepadanya
He no longer saw the face of his friend Siddhartha
Dia tidak lagi melihat wajah sahabatnya Siddhartha
instead of Siddhartha's face, he saw other faces
bukannya muka Siddhartha, dia nampak muka lain
he saw a long sequence of faces
dia melihat urutan wajah yang panjang

he saw a flowing river of faces
dia melihat sungai muka yang mengalir
hundreds and thousands of faces, which all came and disappeared
ratusan dan ribuan wajah, yang semuanya datang dan hilang
and yet they all seemed to be there simultaneously
namun mereka semua seolah-olah berada di sana serentak
they constantly changed and renewed themselves
mereka sentiasa berubah dan memperbaharui diri mereka
they were themselves and they were still all Siddhartha's face
mereka adalah diri mereka sendiri dan mereka masih berwajah Siddhartha
he saw the face of a fish with an infinitely painfully opened mouth
dia ternampak muka ikan dengan mulut ternganga tak terhingga sakitnya
the face of a dying fish, with fading eyes
muka ikan yang mati, dengan mata yang pudar
he saw the face of a new-born child, red and full of wrinkles
dia melihat wajah seorang anak yang baru lahir, merah dan penuh kedutan
it was distorted from crying
ia diputarbelitkan daripada menangis
he saw the face of a murderer
dia melihat wajah seorang pembunuh
he saw him plunging a knife into the body of another person
dia ternampak dia menghunuskan pisau ke badan orang lain
he saw, in the same moment, this criminal in bondage
dia melihat, pada masa yang sama, penjenayah ini dalam perhambaan
he saw him kneeling before a crowd
dia melihat dia berlutut di hadapan orang ramai
and he saw his head being chopped off by the executioner
dan dia melihat kepalanya dipenggal oleh algojo

he saw the bodies of men and women
dia melihat mayat lelaki dan perempuan
they were naked in positions and cramps of frenzied love
mereka berbogel dalam kedudukan dan kekejangan cinta yang menggila
he saw corpses stretched out, motionless, cold, void
dia melihat mayat terbentang, tidak bergerak, sejuk, kosong
he saw the heads of animals
dia melihat kepala binatang
heads of boars, of crocodiles, and of elephants
kepala babi, buaya, dan gajah
he saw the heads of bulls and of birds
dia melihat kepala lembu jantan dan kepala burung
he saw gods; Krishna and Agni
dia melihat tuhan; Krishna dan Agni
he saw all of these figures and faces in a thousand relationships with one another
dia melihat semua figura dan wajah ini dalam seribu hubungan antara satu sama lain
each figure was helping the other
setiap figura saling membantu
each figure was loving their relationship
setiap tokoh menyayangi hubungan mereka
each figure was hating their relationship, destroying it
setiap tokoh membenci hubungan mereka, memusnahkannya
and each figure was giving re-birth to their relationship
dan setiap figura sedang melahirkan semula hubungan mereka
each figure was a will to die
setiap tokoh adalah wasiat untuk mati
they were passionately painful confessions of transitoriness
mereka adalah pengakuan fana yang sangat menyakitkan
and yet none of them died, each one only transformed
tetapi tidak seorang pun daripada mereka mati, masing-masing hanya berubah

they were always reborn and received more and more new faces
mereka sentiasa dilahirkan semula dan menerima lebih banyak muka baru
no time passed between the one face and the other
tiada masa berlalu antara muka yang satu dengan muka yang lain
all of these figures and faces rested
semua figura dan wajah ini direhatkan
they flowed and generated themselves
mereka mengalir dan menjana sendiri
they floated along and merged with each other
mereka terapung bersama dan bergabung antara satu sama lain
and they were all constantly covered by something thin
dan mereka semua sentiasa dilindungi oleh sesuatu yang nipis
they had no individuality of their own
mereka tidak mempunyai keperibadian mereka sendiri
but yet they were existing
tetapi mereka masih wujud
they were like a thin glass or ice
mereka seperti kaca nipis atau ais
they were like a transparent skin
mereka seperti kulit yang telus
they were like a shell or mould or mask of water
mereka seperti cangkerang atau acuan atau topeng air
and this mask was smiling
dan topeng ini tersenyum
and this mask was Siddhartha's smiling face
dan topeng ini adalah wajah Siddhartha yang tersenyum
the mask which Govinda was touching with his lips
topeng yang Govinda sentuh dengan bibirnya
And, Govinda saw it like this
Dan, Govinda melihatnya seperti ini
the smile of the mask
senyuman topeng

the smile of oneness above the flowing forms
senyuman keesaan di atas bentuk yang mengalir
the smile of simultaneousness above the thousand births and deaths
senyuman serentak di atas seribu kelahiran dan kematian
the smile of Siddhartha's was precisely the same
senyuman Siddhartha adalah sama
Siddhartha's smile was the same as the quiet smile of Gotama, the Buddha
Senyuman Siddhartha adalah sama dengan senyuman tenang Gotama, Sang Buddha
it was delicate and impenetrable smile
ia adalah senyuman yang halus dan tidak dapat ditembusi
perhaps it was benevolent and mocking, and wise
mungkin ia adalah baik dan mengejek, dan bijak
the thousand-fold smile of Gotama, the Buddha
senyuman seribu kali ganda Gotama, Sang Buddha
as he had seen it himself with great respect a hundred times
kerana dia telah melihatnya sendiri dengan penuh hormat seratus kali
Like this, Govinda knew, the perfected ones are smiling
Seperti ini, Govinda tahu, mereka yang sempurna tersenyum
he did not know anymore whether time existed
dia tidak tahu lagi sama ada masa itu wujud
he did not know whether the vision had lasted a second or a hundred years
dia tidak tahu sama ada penglihatan itu bertahan sesaat atau seratus tahun
he did not know whether a Siddhartha or a Gotama existed
dia tidak tahu sama ada Siddhartha atau Gotama wujud
he did not know if a me or a you existed
dia tidak tahu sama ada saya atau awak wujud
he felt in his as if he had been wounded by a divine arrow
dia merasakan dalam dirinya seolah-olah dia telah dicederakan oleh anak panah ilahi
the arrow pierced his innermost self

anak panah itu menusuk ke dalam dirinya
the injury of the divine arrow tasted sweet
kecederaan anak panah ketuhanan terasa manis
Govinda was enchanted and dissolved in his innermost self
Govinda terpesona dan larut dalam dirinya yang paling dalam
he stood still for a little while
dia terdiam seketika
he bent over Siddhartha's quiet face, which he had just kissed
dia membongkok wajah Siddhartha yang tenang, yang baru diciumnya
the face in which he had just seen the scene of all manifestations
wajah di mana dia baru sahaja melihat pemandangan semua manifestasi
the face of all transformations and all existence
wajah semua transformasi dan semua kewujudan
the face he was looking at was unchanged
wajah yang dipandangnya tidak berubah
under its surface, the depth of the thousand folds had closed up again
di bawah permukaannya, kedalaman seribu lipatan telah ditutup semula
he smiled silently, quietly, and softly
dia tersenyum senyap, senyap, dan lembut
perhaps he smiled very benevolently and mockingly
mungkin dia tersenyum sangat baik dan mengejek
precisely this was how the exalted one smiled
Beginilah cara Yang Mulia tersenyum
Deeply, Govinda bowed to Siddhartha
Dalam-dalam, Govinda tunduk kepada Siddhartha
tears he knew nothing of ran down his old face
air mata dia tidak tahu mengalir di wajah tuanya
his tears burned like a fire of the most intimate love
air matanya membara seperti api cinta yang paling intim

he felt the humblest veneration in his heart
dia merasakan penghormatan yang paling rendah di dalam hatinya
Deeply, he bowed, touching the ground
Dalam-dalam, dia tunduk, menyentuh tanah
he bowed before him who was sitting motionlessly
dia tunduk di hadapannya yang sedang duduk tidak bergerak
his smile reminded him of everything he had ever loved in his life
senyumannya mengingatkan dia akan semua yang dia cintai sepanjang hidupnya
his smile reminded him of everything in his life that he found valuable and holy
senyumannya mengingatkan dia tentang segala-galanya dalam hidupnya yang dia dapati berharga dan suci

www.tranzlaty.com

www.ingramcontent.com/pod-product-compliance
Lightning Source LLC
Chambersburg PA
CBHW010019130526
44590CB00048B/3816